高职高专汽车专业系列教材

汽车 4S 店经营管理
(第 3 版)(微课版)

姚凤莉　黄艳玲　金艳秋
孙　莹　张　睿　李　爽　编　著

U0361714

清华大学出版社
北京

内 容 简 介

　　本书结合高等职业教育改革的目标，针对汽车 4S 店对其从业人员的岗位能力要求，对相关知识和技能进行了系统的整合，并遵循职业教育知识"必需、够用"的原则，强调对工作岗位实际业务的处理能力，以及对实践动手能力的训练与培养。

　　本书内容通俗易懂，具有很强的操作性，不仅可以作为在校学生学习汽车企业经营管理的教材，也可以作为汽车销售和服务企业从业人员的业务培训教材，以及在职人员的实践工作指导用书。

本书封面贴有清华大学出版社防伪标签，无标签者不得销售。

版权所有，侵权必究。举报：010-62782989，beiqinquan@tup.tsinghua.edu.cn。

图书在版编目(CIP)数据

汽车 4S 店经营管理：微课版 / 姚凤莉等编著.
3 版. -- 北京 ：清华大学出版社，2024. 10. -- (高职
高专汽车专业系列教材). -- ISBN 978-7-302-67249-4

Ⅰ. F717.5

中国国家版本馆 CIP 数据核字第 20242PG997 号

责任编辑：孙晓红
封面设计：刘孝琼
责任校对：孙晶晶
责任印制：刘海龙

出版发行：清华大学出版社
　　　　　网　　　址：https://www.tup.com.cn，https://www.wqxuetang.com
　　　　　地　　　址：北京清华大学学研大厦 A 座　　　邮　　编：100084
　　　　　社 总 机：010-8347000　　　　　　　　　　邮　　购：010-62786544
　　　　　投稿与读者服务：010-62776969，c-service@tup.tsinghua.edu.cn
　　　　　质量反馈：010-62772015，zhiliang@tup.tsinghua.edu.cn
　　　　　课件下载：https://www.tup.com.cn，010-62791865
印 装 者：三河市人民印务有限公司
经　　销：全国新华书店
开　　本：185mm×260mm　　　印　张：15.75　　　字　数：395 千字
版　　次：2014 年 3 月第 1 版　2024 年 9 月第 3 版　　印　次：2024 年 9 月第 1 次印刷
定　　价：48.00 元

产品编号：101631-01

前　言

改革开放四十多年来，中国的汽车市场发生了翻天覆地的变化，2022 年我国汽车产销量已连续 14 年位居全世界第一，党的二十大报告更为汽车产业的发展指明了新的发展方向，增强了行业自信。在汽车市场快速发展的今天，汽车销售和服务企业面对的不仅仅是发展的机遇，也面对着行业竞争带来的诸多挑战。汽车企业能否培养和吸引既掌握企业经营管理知识，同时又具有良好综合素质的职业人才，是企业生存和发展的关键。"汽车 4S 店经营管理"课程对于培养学生掌握汽车 4S 店经营与管理的基本业务能力，在汽车销售和服务企业，特别是在汽车 4S 店胜任相应岗位的业务工作方面具有重要作用。

本书的编者深入学习和贯彻党的二十大精神，将"落实立德树人"的根本任务与教材内容相结合，对教材内容进行了重组和更新。本书内容上符合高等职业教育的要求，从汽车 4S 店经营与管理的实际业务出发，主要介绍了汽车销售和服务企业各工作岗位实际业务的处理方法，还涵盖了企业管理、个人综合素质等基本知识；体系上克服了篇幅长、字数多等缺点，注重对知识和技能的指导，通过设计实际工作业务情境，指导学生在模拟的工作场景中自主学习和研究工作业务的处理方法，对于培养学生的实际动手能力具有针对性的帮助。本书具有较强的实践性和应用性，希望能带给高职汽车类及汽车营销类专业学生全新的学习体验，获取更多的知识和技能储备，为将来的就业和创业做好准备。

本书内容包括汽车 4S 店经营管理概述、汽车 4S 店人力资源管理、汽车 4S 店销售管理、汽车 4S 店售后服务管理、汽车 4S 店配件管理、汽车 4S 店信息反馈及客户管理和汽车 4S 店财务管理。

本书由辽宁省交通高等专科学校的姚凤莉统筹并编著，参与编著的还有黄艳玲、金艳秋、孙莹、张睿和李爽等老师。本书在编写过程中，参考和借鉴了大量的文献资料，在此特向资料的作者们表示诚挚的敬意和衷心的谢意！同时也得到了同人的大力支持和帮助，在此一并表示感谢！

由于编者的时间和水平有限，书中难免存在不当及疏漏之处，敬请广大读者批评指正！

编　者

目　　录

第一章　汽车 4S 店经营管理概述

【知识点】

◎ 了解我国汽车行业的发展现状，熟悉汽车 4S 店的含义。

◎ 掌握汽车特许经营的含义和特征。

◎ 熟悉汽车 4S 店的优势和义务，了解汽车 4S 店的建店条件。

◎ 熟悉汽车 4S 店的经营思想。

◎ 掌握汽车 4S 店经营管理的内容。

改革开放四十多年来，中国的汽车产业从无到有，从小到大，其发展速度举世瞩目，特别是在加入 WTO 后世界知名汽车制造企业大多到我国投资建厂，开办合资企业，极大地推动了我国汽车业的发展。据国务院发展研究中心信息网报道，中国汽车销量从 2000 年的 200 多万辆增长到了 2006 年的 700 多万辆，到 2017 年全国汽车产销量更是分别达到了 2901.54 万辆和 2887.89 万辆，虽然历经三年新冠疫情，但 2022 年我国汽车产销量依然分别达到了 2702.1 万辆和 2686.4 万辆，同比增长了 3.4% 和 2.1%，已连续 14 年保持全球汽车产销量第一。我国作为世界第一汽车市场大国的地位得到进一步巩固，正向世界汽车强国迈进。我国汽车业能有这样惊人的发展速度和如火如荼的发展态势，除了国家利好政策的影响外，作为汽车销售主流模式的汽车 4S 店也功不可没。

第一节　汽车 4S 店概述

汽车市场及其发展

一、我国汽车 4S 模式的发展

我国汽车 4S 店的发展相对较晚。20 世纪 90 年代以前，我国的汽车生产和销售主要有 5 种渠道模式，分别为联营联合经销公司、独资公司、特约经销公司、一般性经销公司和汽车生产企业直销或自销。当时的汽车市场供不应求，整车企业无须推销。但从 20 世纪 90 年代中期开始，随着汽车市场竞争越来越激烈和个人购车比例快速增长，汽车市场逐步由卖方市场转为买方市场，汽车的市场销售越来越被动。长期以来，由于重生产、轻流通而造成的相对落后的汽车销售和服务体系，与汽车产业进一步健康发展和保障广大消费者合法权益之间的矛盾越来越突出。

汽车 4S 店是由欧洲传入中国的"舶来品"，是随着国外先进的汽车产品和技术引入的一种先进的汽车销售和服务模式。1997 年年底，由中国汽车销售流通体制改革研讨会牵头，汽车整车企业开始建立一种新的营销体系，即以汽车整车企业的整车销售部门为中心、以区域管理中心为依托、以特许或特约经销商为基点、受控于整车企业的全新营销模式专卖店。自 1998 年起，随着"广州本田汽车特约销售服务店"和"上海通用汽车销售服务中心"以及"风神汽车专营店"的相继成立，标志着以品牌经营为核心的汽车 4S 店模式在中国正式登陆。这些汽车品牌专卖店从外观到内部设计，从硬件投入到软件管理，从售前、售中到售后等一系列的服务程序都进行了统一规范，这是我国汽车销售模式的一个重大变化。因为 4S 店与各个汽车厂家之间建立了紧密的产销关系，具有购物环境优美、品牌意识强等优势，所以 4S 模式一度被国内诸多厂家效仿，各种品牌的汽车 4S 店如雨后春笋般出现，并逐渐成为我国汽车销售和服务行业发展的主要力量。

二、汽车 4S 店的含义

汽车 4S 店是集汽车销售、维修、备件供应和信息服务于一体的汽车品牌销售店。汽车 4S 店是一种以"四位一体"为核心的汽车特许经营模式，包括整车销售(sale)、零配件(spare part)、售后服务(service)、信息反馈(survey)等。它拥有统一的外观形象、统一的标识、统一的管理标准，以及只经营单一的品牌等特点。

特许经营已成为我国汽车 4S 店最主要的经营形式。特许经营起源于美国，这种经营形式现在已经运用于世界各国的许多行业，在我国，最初是几个国际知名汽车公司将这一经营形式用于汽车的销售和服务，从而形成各自品牌的 4S 店。2004 年 12 月 8 日，我国商务部会议审议通过的《汽车品牌销售管理实施办法》于 2005 年 4 月 1 日正式实施。该办法的实施促进了汽车 4S 店的成长。如今，我国几乎所有的汽车 4S 店都采用了特许经营的汽车 4S 店模式，个别品牌汽车 4S 店为直营店。

【知识拓展】

特许经营中涉及的三个要素

(1) 特许人与受许人是相互独立的。在汽车销售和服务过程中，某一国际或国内品牌的汽车生产厂家是特许人，专门从事汽车销售和服务的汽车 4S 店是受许人，两者在各自从事的经济活动中，是相互独立的经济主体。

(2) 在特许契约的约束下，双方互有权利和义务。汽车生产厂家根据双方合作契约的内容，有提供合格的汽车产品和技术及服务支持等义务，同时拥有品牌管理和收取汽车产品价款的权利；汽车 4S 店有按照汽车厂家统一的定价原则、销售和服务等方面的要求从事汽车销售和服务，也享有在一定的区域内独家从事双方约定的品牌汽车产品的销售、保修服务、质量索赔等权利。

(3) 受许人要对其业务进行投资。汽车 4S 店在汽车销售和服务的过程中，需要根据经营目标和拥有资本的多少确定投资规模，自行组织经营活动，自行进行销售和服务活动所需资金的筹集、使用和管理。

一般来说，特许经营可分为两种类型，即商品商标型特许经营和经营模式特许经营。汽车 4S 店主要采用的是经营模式特许经营。汽车 4S 店是投资型特许经营模式，这种经营模式需要的资金数额更高，因此投资型受许人最关心的是获得投资回报。

从消费者和整个经济的角度考虑，特许经营也有一些特点。对于消费者来说，特许经营可以使特许人优秀的经营方法和技术被广泛应用，提高了为消费者服务的水平；各个特许的汽车 4S 店在特许人指导下的标准化经营，使消费者无论在哪里都能感受到实行特许经营的汽车 4S 店与普通汽车维修企业显著不同的服务，并在市场竞争中具有突出的优势。

对于汽车厂商来说，授权的4S店一般要具备以下条件：资金实力强；在当地有较强的影响力(在客户、政府、社会资源等方面)；有一定的汽车销售经验和一个较强的管理团队；认可该汽车品牌的营销理念；与现有的同品牌汽车4S店之间不能太近，一般是15公里，大中城市、发达地区可以缩短至7公里或者更短。

三、汽车4S店的经营特点

(一)经营优势

汽车4S店是一种特色鲜明且具有实体形态的市场，具有统一的文化理念，在提升汽车品牌、汽车生产企业形象上具有明显优势，具体体现在以下几方面。

1. 企业形象好，信誉度高

汽车4S店在企业形象方面，可以享有特许人的汽车品牌及该品牌所带来的商誉，可以借助特许人的商号、技术和服务等，采用统一的企业识别系统、统一的服务设施和统一的服务标准，使其在经营过程中拥有良好的企业形象，给顾客以亲切感和信任感，提高企业的竞争力。汽车4S店有一整套客户投诉、意见反馈和索赔的管理系统，给车主留下良好的印象。而普通的汽车销售和维修店可能由于人员素质和管理不善，导致问题出现时难以找到负责人，存在相互推诿和埋怨的现象，给车主留下非常恶劣的印象。以前的汽车4S店没有经营汽车用品这方面的业务，车主没有选择，只能去零售改装店，现在的汽车4S店也经营了这方面的业务，车主肯定不会舍近求远，汽车4S店必然是他们的第一选择。

2. 专业性强

由于汽车4S店只针对一个汽车生产厂家的系列车型，能够获得特定汽车厂家的系列培训和技术支持，对销售的汽车的性能、技术参数、使用和维修方面非常专业，能够做到"专而精"。而普通的汽车用品经销商虽然接触的车型多，但可能无法对每一种车型都非常精通，只能做到"杂而博"，在一些技术方面只知其一，不知其二。所以在改装一些需要技术支持和售后服务的产品方面，汽车4S店具有很大的优势。

3. 售后服务保障全面

虽然汽车4S店传统上以汽车销售为主业，但随着竞争的加剧，汽车4S店越来越注重服务品牌的建设，且因为汽车4S店的后盾是汽车生产厂家，所以在售后服务方面可以得到保障。特别是汽车电子产品和影音产品在改装时要改变汽车原来的电路，在汽车4S店进行改装时能够对车主承诺保修，可以消除车主的后顾之忧，所以在改装技术含量更高的汽车产品时，汽车4S店成为车主的首选。

4. 人性化

汽车 4S 店能够让车主体会到"上帝"的感觉，在汽车 4S 店里有专供客户用的休息室，有水吧、杂志、报纸、网络等免费服务，如果车主急需用车还有备用车供车主使用。整个服务流程有专门的服务人员处理，不用车主自己操心就可以轻松完成。

(二)经营劣势

1. 汽车 4S 店完全是汽车厂家的附庸，基本没有话语权

汽车 4S 店在参加特许经营系统统一运营时，只能销售特许汽车厂家的合同产品，且只能将合同产品销售给直接用户，销售价格也由厂家控制等，所以在整个过程中，汽车 4S 店唯厂家马首是瞻，一切经营活动都在为生产厂家服务，为把汽车及配套产品快速而有效地从生产厂家手中流通到消费者手中而努力，为维护生产厂家的信誉和扩大销售规模而辛勤工作。在当前的市场形势下，汽车经销商没有实力像电器经销商一样与厂家平等对话，处于相对的弱势地位。

2. 没有自身的品牌形象

作为厂家的汽车 4S 店，其建筑形式以及专卖店内外所有的 CI 形象均严格按照厂家的要求进行装饰和布置，经销商自身的品牌形象则无处体现，厂家也不允许体现，只有集团式的汽车经销商具有一定的品牌形象。

3. 完全靠汽车品牌吃饭

汽车 4S 店经营状况的好坏，90%依赖于所经营的品牌，品牌好就赚钱，品牌不好就不赚钱甚至赔钱。同时同一品牌不同的汽车 4S 店的经销商还得依赖本店经营者与厂家的关系，关系越好，厂家给予的相关资源就越多，利润的空间就越大。

4. 经营成本过高，利润低

汽车 4S 店因为需要投入大量的资金按照汽车厂商的要求建造 4S 店，每年还要投入大量的经营费用，以及与同城的竞争对手争取客户的促销费用等，其经营成本少则几千万元，多则上亿元。同时，由于产品自身发展的阶段性，目前汽车销售已经进入微利时代，售后维修保养也因汽车 4S 店的价格高昂，很多客户在进行首保后都转而选择了价格更低廉的维修厂，所以售后利润也在降低。

例如，以一家面积达 2000 平方米的标准汽车 4S 店来计算。

成本方面：专卖店建设费用(钢架结构落地玻璃)约 300 万元(一般按 15 年折旧)；购买厂

家相关设备及物料费用约 200 万元(设备按 10 年折旧);每月的流动资金约 200 万元;员工工资(按 70 人)每月 18 万元、土地租金(按每平方米 60 元计)每月 12 万元,加上广告费用和隐形的公关成本等,每个汽车 4S 店每月的经营费用约为 50 万元。

利润方面:每月销售毛利为 100 台×2500 元/台=25 万元;维修毛利为 1500 台/月维修量×500 元/台(客单价)×45%(毛利率)=33.75 万元,两者合计为 58.75 万元。

综上所述,一家汽车 4S 店目前每月能有约 8 万元的利润。

5. 专业的人才队伍互挖墙脚,导致人才团队不稳定

因为前两年汽车市场异常火爆,大量的资本进驻汽车行业,导致汽车专卖店、汽车大卖场大大饱和,相互之间过度竞争、专业人才短缺、专业的人才队伍互挖墙脚等导致人才流动较频繁,团队不稳定。

6. 专卖店的经营重销量,轻售后和美容加装

一方面,由于汽车市场需求的不稳定性引起的价格"失真"误导了很多企业以销售为中心来开展企业的各项经营活动;另一方面,因为厂家注重销量,并且制定了有与完成销量直接相关的返利激励政策,使得专卖店重销量而轻服务。

7. 汽车 4S 店自身可控制的经营因素有限,难以体现差异化经营

汽车厂家出于对自身品牌利益的考虑,对汽车 4S 店的经营管理模式、业务流程、岗位的设置等都有标准的规定和要求,对产品价格、促销政策、销售区域、零配件和工时的价格等均有严格控制。即便是广告的表现形式,厂家也会指手画脚,使得汽车 4S 店的经营模式僵化,经营的灵活性和创新空间变得有限,经营模式和服务同质化。

在汽车品牌专卖模式下,汽车市场暴露出的矛盾日益加剧,汽车 4S 店的经营管理也出现了各种各样的弊端。推行了 12 年之久的《汽车品牌销售管理实施办法》于 2017 年 7 月 1 日被新的《汽车销售管理办法》取代。新政下,汽车 4S 店的经营管理也会出现新的机遇和挑战。

四、汽车 4S 店的义务

作为汽车特许经销商,汽车 4S 店应承担以下义务。

(1) 必须维护特许人的商标形象。在使用特许人的经营制度、秘诀以及与其相关的标记、商标、司标和标牌时,汽车 4S 店应当积极维护特许人的品牌声誉和商标形象,不得有降低特许人商标形象和损害统一经营制度的行为。

(2) 在参加特许经营系统统一运营时,汽车 4S 店只能销售特许人的合同产品;只能将

合同产品销售给直接用户，不得批发；必须按特许人规定的价格出售；必须从特许人处取得货源；不得跨越特许区域进行销售；不得自行转让特许经营权。

(3) 履行与特许经营业务相关的责任和义务。例如：随时和特许人保持联系，接受特许人的指导和监督；按特许人的要求购入特许品牌的商品，积极配合特许人的统一促销工作；负责店面装潢的维护和定期维修。

(4) 应当承担相关的费用，如加盟金、年度管理费、加盟店包装费等。

五、汽车 4S 店的设立条件

汽车 4S 店的设立除了有企业必需的注册资本、有工商行政部门审批等条件外，还必须按照汽车特许经营的契约要求，满足特许人(汽车制造厂家)提出的要求。由于每个品牌的汽车 4S 店加盟方法不一样，因此特许人提出的要求也会有所不同，以下是厂家对汽车 4S 店的基本要求。

(1) 完成制定的车辆销售任务。

(2) 完成制定的配件销售任务。

(3) 完成保质期内的车辆索赔任务。

(4) 反馈车辆信息，为厂家提供改进建议。

(5) 保证一定比例的客户满意度。

(6) 作为厂家和客户沟通的桥梁，为客户服务，完成汽车制造厂家的各项计划。

(7) 委托第三方公司对下属汽车 4S 店进行检查和整改。

(8) 售后服务必须按厂家的规定使用专用工具。

(9) 按照特许人的要求定期安排人员参加培训，合格后方能上岗。

(10) 使用特许人规定的服务系统，记录客户信息，并且上传给特许人。

(11) 利用特许人授权的特殊系统，完成售后车辆防盗系统的解锁等工作。

(12) 按照特许人制定的标准建立标准展厅。

(13) 按照特许人制定的标准服务核心流程进行工作。

(14) 汽车 4S 店的行为要符合国家和行业的规定。

六、汽车 4S 店的组织结构

不同品牌汽车 4S 店的组织结构不尽相同，但大多包括 7 个部门，常见的汽车 4S 店组织结构如图 1-1 所示。

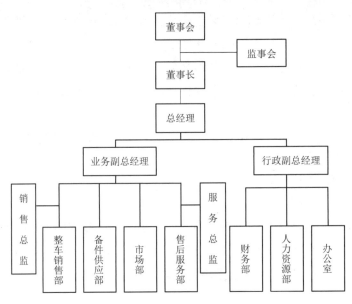

图 1-1　常见的汽车 4S 店组织结构

汽车销售管理
办法细则

【资料链接】汽车销售管理办法细则

第二节　汽车 4S 店的经营管理

随着近几年我国汽车贸易活动的活跃和各品牌汽车销售活动的竞争日益激烈，汽车 4S 店经营管理的重要性越来越明显，直接关系到汽车企业的兴衰成败，成为汽车企业经营管理的主要内容和工作重点。

一、经营与经营管理

经营及经营
思想

1)　经营的概念

经营即筹划与营谋，从经济管理的角度来看，是指企业经营者为了企业的生存、发展和实现其战略目标，以市场为对象，以商品生产和商品交换为手段，使企业的生产技术、经济活动与企业外部环境之间实现动态均衡的一系列有组织的活动。一家企业经营能力的高低以及经营效果的好坏，主要取决于对市场的需求和变化能否正确认识、对市场规律能否及时把握、企业内部优势是否得到充分发挥，以及企业内部条件与市场协调发展的程度。也就是说，企业适应市场的能力高低反映了企业的经营水平。

2)　经营的作用

经营作为企业管理中必须进行的关键活动，对企业的发展产生重大影响，并发挥着巨大的作用。

(1) 预测市场的变化。汽车销售和服务市场同其他商品市场一样，是不断发展变化的，政府经济政策的调整、产品价格的变动、消费水平的提高、技术的进步、消费习惯的改变以及竞争的加剧等，都会影响汽车销售和服务市场，使市场需求和供给永远在不断地变化。因此，企业必须具有预测市场变化的能力，才能把握市场，使经营活动适应市场的变化。

(2) 协调整个企业的内部活动和外部活动，适应市场的变化。企业的活动可以分为两个部分：一是企业内部的生产运营组织活动，包括按照自然规律和经济规律，对汽车销售和服务运营活动进行组织、指挥、监督、控制等；二是与市场打交道，处理好外部关系的各种活动。只有把这两部分活动有机地结合起来，使企业顺应市场的变化和要求，才能达到企业预定的经营目标。这是企业经营的主要功能，也是经营活动的重心。

(3) 发现和把握能使自己发展成长的机会。市场的变化总是会产生新的发展机会与挑战，这就要求企业在适应市场变化的同时，能不断地发现和把握新的机会，谋求发展壮大。因此，企业在经营时要能做到从市场的不断变化中发现有利于自己发展成长的机会，并善于利用这种机会发展壮大自己。

3) 经营思想

企业的经营思想，是指企业根据市场需求及其变化，协调企业的内部活动和外部活动，决定和实现企业的方针和目标，以求得企业生存和发展的思想。经营思想是企业一切经营活动的指导思想，是企业的灵魂，它贯穿企业经营的全过程，企业的一切生产经营活动都受它的支配。经营思想正确与否，对企业的生存和发展起着决定性作用。

汽车4S店的经营活动总是在一定的社会经济条件下进行的，正确的经营思想当然要考虑本企业的生产技术特点，更重要的是必须符合我国社会主义市场经济的要求，具体来讲应具备以下六种思想观念。

(1) 市场观念。在市场经济体制下，市场是企业的生存空间，市场观念应该是企业经营思想中最根本的观念。当前的汽车4S店必须树立正确的市场观念，牢固地树立"以市场为导向、为市场提供服务、向市场要效益"的观点，以创造性的经营去满足顾客需求，适应市场变化。

(2) 竞争观念。有市场就会有竞争，竞争是自然界的普遍规律，是促进事物发展的外部压力。在经济上，竞争是市场经济的基本特征之一，是市场经济贯彻优胜劣汰法则的主要手段。竞争能迫使企业在内部建立起竞争机制，充分发挥员工的积极性和创造性，促进技术进步和效率提高。一家成功的企业往往是竞争的产物，要想成为成功的企业，就要牢固地树立竞争的观念，勇于开展竞争，并善于竞争，灵活使用竞争的方式方法，力争在质量、价格、技术服务等方面都做得更出色。

(3) 创新观念。企业的生命力在于它的创新能力。创新既包括创造新的产品和服务，也包括创造新的经营方式。创新精神是企业重要的精神力量，也是企业成功的秘诀。对于汽车4S店来说，新方法、新技术、新工艺的发明和采用，可以大大提高劳动生产率，降低

材料消耗,提高汽车的销售数量,提高汽车的服务质量,降低运营成本;新的产品和服务类别的开发不仅可以满足用户需要,而且可以开拓新的经营领域,激发新的市场需求;新的经营管理办法可以调动员工的积极性,提高劳动生产率,增强企业的市场竞争能力,培养先进的企业文化,提升企业形象;新的市场策略和宣传方法,可以提高市场占有率,增加顾客的忠诚度,增加服务方式。总之,创新能为企业增添新的活力,是企业在激烈的市场竞争中取得优势地位的重要手段。

(4) 效益观念。企业的经营活动必须以提高经济效益为目标。经营管理的最终目的就是要保证企业的生产经营活动能够取得良好的效益。值得注意的是,这里所说的效益并不是单纯的企业经济效益,还包括取得的社会效益。在社会主义市场经济条件下,汽车4S店的生产经营活动首先要服从社会主义市场经济的宏观要求,即首先为提高整个社会的生产力水平和改善人民的物质、文化生活提供优质的汽车产品和服务,为扩大再生产积累更多的资金,同时还要有效地利用人力、物力、财力资源。所以,评价一家企业的经济效益,首先要看它是否有助于提高社会综合效益,是否有助于国民经济持续、稳定、健康地发展,其次要看它盈利的多少。从这一观念出发,汽车4S店必须以其提供的汽车产品和服务能给社会和消费者带来直接利益和间接利益为宗旨,根据社会需要和消费者的利益采用最有效的方法和技术,为社会和消费者提供最满意的服务,在此前提下,为企业创造更多的利润。

(5) 全局观念。树立全局观念,这是由社会制度和基本经济规律决定的。在社会主义市场经济中,汽车4S店必须把国家和人民的利益放在第一位,因此要认真执行国家的方针政策,接受政府宏观经济的指导。从系统的观点来看,汽车4S店只是国民经济的子系统,其生产经营活动不能离开国家经济发展的总体目标和总体规划要求。总之,汽车4S店在经营管理的过程中,必将会遇到各种利益关系的冲突,只有牢固树立起全局观念,正确处理企业与国家的关系,做到局部利益服从全局利益,才能提出正确的经营思想,最终实现企业的经营目标。

【阅读案例】

上汽大众经销商24小时"逆行"救援 抗"疫"行动排忧解难

在疫情期间,正是守望相助的时刻。上汽大众已累计捐款4000万元人民币,大众品牌也启动了"五大安心服务"、"惠天使关爱计划"及"多重车主关爱礼"等务实举措。作为直面用户和公众的前沿阵地,上汽大众大众品牌逾千家经销商勠力同心、守本职、献爱心,用专业与责任投入"战疫"前线。

一、24小时道路救援 疫情无情人有情

疫情期间,对普通人来说,"宅在家"就是做贡献;而对特殊岗位来说,"逆行"才是责无旁贷。大众品牌售后服务人员24小时待命,确保及时响应各类突发状况,甚至在保险公司无法参与现场救援时提供帮助。

车辆长时间未用，蓄电池无电导致无法启动，是很多用户面临的难题。在湖南娄底，一位用户致电大众品牌4S店，表示自己的朗逸春节期间停了十多天，已无法启动，但又有紧急出行需求。售后技术人员初步判断为电瓶亏电，带上设备迅速赶往现场，进一步诊断后顺利实施免费救援。"急用户之所急"的服务态度，便捷、高效的服务质量，让车主毫不犹豫地表示"非常满意"。

山东潍坊的大众品牌4S店也接到了相似的救援需求。遵从用户所在小区的封闭式管理，维修技师抱着蓄电池徒步几百米进入地下停车场，为车主的途观L做车内、发动机舱消毒处理，经详细测试排除其他耗电因素后，再更换蓄电池。车主激动致谢，售后服务人员也收获了莫大的成就感："为用户排忧解难，就像白衣天使为病人精心治疗，我为上汽大众车主的贴心服务不差毫分。"

二、爱心物资善款　致敬抗"疫"英雄

所谓共克时艰，不仅在于守住了分内之责，也是为更有需要的人搭把手。自疫情暴发以来，上汽大众大众品牌全国12个分销中心，以社会责任为己任，传来了一个个令人点赞的温暖故事。

各地经销商积极调动社会资源，为一线抗疫工作者提供必要物资。身处疫情中心，湖北武汉一家汽车4S店定向赠予一辆全新一代朗逸两厢，给同济医院中法新城院区吉林大学第二附属医院医疗队在疫情防控期使用。在山东威海，当地经销商向武汉捐赠一卡车手术服，并派两名员工驾车运送。与此同时，在河南、江苏、浙江、云南等地……大众品牌经销商纷纷采购生活物资，向各岗位一线值守人员表达慰问。

拳拳爱心还以善款的形式接力。河南商丘的一家大众品牌经销商，1月底便号召全体员工向武汉疫区捐款，共募38326.66元，通过北京韩红爱心慈善基金会支援一线，留言"武汉加油"。此后，各地经销商的捐助行动不断接续聚力。浙江义乌的经销商伙伴、慈善人士朱庆宝也慷慨解囊，捐款5万元助力疫情防控。面临疫情带来的企业经营压力，他说："危难面前，哪能计较个人得失。"

抗击疫情已经到了决胜阶段，各行各业都万众一心，共渡难关。上汽大众大众品牌经销商毫不懈怠，借助诸多"云体验"创新服务举措提供客户关怀，为"后疫情"阶段的平稳运行做全力储备。待到春暖花开，我们在汽车4S店里见。

（资料来源：https://auto.huanqiu.com/article/3x7ePrNR0tL）

（6）时间观念。市场是千变万化的，汽车4S店一定要树立起强烈的时间观念，才能及时地收集、处理市场信息，了解市场动态并把握发展趋势，并对它作出及时的反应，保证企业的内部条件与外部环境持续保持动态平衡，准时履行合同和协议，在消费者心中建立良好的企业形象。

二、企业经营管理

1. 经营管理

首先应该明确经营与管理是两个不同的概念，它们既有区别又有联系，共存于企业之中，贯穿于企业活动的全过程。

关于经营与管理的关系，国内外学者的看法也不尽一致。管理学派的创始人、法国的大管理学家亨利·法约尔(Henri Fayol)认为，经营是比管理大得多的概念，企业的经营具有6种职能，即技术职能(进行生产、制造和加工)、营销职能(采购、销售和交换)、财务职能(筹措和运用资金)、安全职能(保护设备和人员)、会计职能(盘点存货、编制资产负债表、进行成本核算和统计等)和管理职能(计划、组织、指挥、协调、控制等)。也就是说，管理只是经营的一个组成部分。日本的企业管理界把企业的经营管理活动分为经营、管理和监督三个层次，与此相适应，把企业的经营管理人员也分为经营层、管理层和监督层。经营层是承担经营活动的主体，主要履行确定企业规模、决定最高人事任免、制定企业的基本目标和经营方针、编制长期计划以及新业务发展规划等职能；管理层和监督层是承担管理活动的主体，主要负责编制实施计划、制定控制方法、报告生产技术活动情况、分配作业任务、指导监督作业计划的实施、改善作业环境等工作。可见，日本学者认为经营与管理是两个互相联系的并列的概念。美国的一些学者则认为，经营是管理的组成部分，"管理的重心是经营，经营的重点是决策"。

综上所述，经营与管理是既有联系又有区别的，两者的联系主要表现在以下三个方面。

第一，两者的目标是一致的。不论是开展经营活动，还是加强管理工作，其目的都是为了确保企业能生存和发展下去，充分发挥企业各要素的潜力，以取得良好的经济效益。经营与管理两者相辅相成，共同对企业发挥着作用，经营决定着管理，管理服务于经营。没有正确的经营指导，管理就会失去方向；没有科学的管理，经营就会失败。对于现代企业来说，没有经营，就谈不上管理；没有管理，也就无须经营。

第二，经营是管理发展到一定阶段的必然结果。管理是共同劳动的产物，而当共同劳动发展到商品生产阶段且企业与外界的联系越来越多时，就要求不仅要进行管理，而且要开展经营。经营的产生标志着企业管理发展到了一个新的阶段。

第三，经营活动与管理活动虽然有区别，但两者的区别不是绝对的，而是相对的。经营中需进行管理，管理中仍可以开展经营。

明确了经营与管理的关系后，我们就很容易给经营管理下定义了。经营管理就是指对经营活动进行管理，具体来说就是对经营活动进行计划、组织、指挥、控制和激励等。

2．企业经营

所谓企业经营，就是指企业以市场为对象而开展的适应市场需求、开拓市场、提高市场占有率，并取得尽可能好的经济效益等的生产经营活动的总称。它既涉及企业的市场调查、科学试验、生产制造，又涉及企业外部的物资采购、生产协作、产品销售、用户服务等。汽车 4S 店经营是指企业以汽车销售和服务市场为出发点和归宿，进行市场调查和预测，掌握市场需求和变化规律，以便调整企业的经营方针，制定长远的发展规划，组织安排生产，开展优质服务，达到预定经营目标的一个循环过程。

3．企业经营管理

经营管理是指在企业内，为使生产、采购、物流、营业、劳动力、财务等业务能按经营目的顺利地执行、有效地调整所进行的系列管理、运营的活动。企业经营管理是指对企业整个生产经营活动进行决策、计划、组织、控制、协调，并对企业成员进行激励，以实现其任务和目标是一系列管理工作的总称，其基本任务是合理地组织生产力，使供、产、销各个环节相互衔接，密切配合，人、财、物各种要素合理结合，充分利用，以尽可能少的劳动消耗和物质消耗，生产出更多的符合社会需要的产品。企业经营的功能决定了它的经营管理应包括以下四个方面。

(1) 预测，包括进行市场调查，在调查研究的基础上，对市场需求与供给的现状和变化、技术的进步、资源的变化、竞争的发展、经营方式和经营战略的变化等进行科学的预测，以便掌握未来的市场动向。

(2) 决策，即在预测的基础上，对企业的发展方向、目标及达到目标的重大方针政策等作出正确的决定和策划。

(3) 把企业的发展方向、目标具体化，即把它们转化为企业成长发展的各种计划，如市场目标、企业规模、基本建设、技术改造、新技术的采用、职工的招聘和培训等计划，以及实现这些计划的具体步骤和重要措施等。

(4) 为实现企业的发展目标而开展的与市场活动有关的各种工作，如资金的筹集、原材料的采购、市场的开拓、生产组织形式和管理机构的改革、资本运营、发展同其他企业的协作关系等。

三、汽车 4S 店的经营管理内容

1．汽车 4S 店经营管理的意义和作用

汽车 4S 店作为一个相对独立的经济实体，具有决策权，企业的这种独立性和决策权是搞活企业、提高企业经济效益所必需的。企业必须自觉地研究市场规律和价值规律的作用，

在竞争的环境里学会自主经营的本领。同时，作为一个相对独立的决策者，汽车4S店还必须对经营方向、经营目标、经营战略和经营计划作出符合实际的决策。

企业拥有与它对国家承担经济责任相适应的经济利益，这种责任和利益构成了企业发挥经营积极性的外部压力和内在动力，使企业经营活动成果与其物质利益发生了直接联系。这就要求企业要千方百计地学会经营，从而提高企业的经济效益。

企业制定的经营目标必须建立在市场需求的准确预测和企业生产能力的精确计算的基础之上，每家企业的生产活动都要同市场发生直接关系。当前市场竞争激烈，要求企业必须及时准确地掌握市场动态，根据用户的需求提供适当的服务，从而提高企业的竞争能力。在市场经济体制下，汽车4S店作为一个汽车产品的销售和服务者，只有制定了正确的经营战略和经营策略，扬长避短，发挥优势，才能在竞争中立于不败之地。因此，经营管理的地位和作用非常重要。

2. 汽车4S店经营管理的内容

总体来看，汽车4S店与一般企业一样，其全部活动是由生产活动和经营活动两大部分组成的。生产活动是基础，具有内向性，其基本要求是充分利用和合理组织企业内部的各种资源(人、财、物和技术)，用最经济的方法向用户提供满意的产品和服务；经营活动是与企业外部环境相联系的活动，具有外向性，它的基本要求是使企业经营活动适应外部环境的变化，根据汽车维修市场的需求和竞争者的状况及其他条件的变化，制定企业的经营战略、目标和计划，以保证企业生产成果的实现，并取得良好的经济效益。

汽车4S店经营管理的内容十分广泛，涉及企业的各个方面，贯穿于企业整个生产经营活动的全过程。归纳起来，对于企业的经营者而言，经营管理的主要内容有以下三项。

(1) 市场调查与预测。通过市场调查与预测，及时掌握市场的变化，把握发展方向，为制定正确的经营战略、经营方针和经营目标提供坚实可靠的依据。

(2) 正确决策。对企业经营管理过程中涉及企业发展方向、发展目标、经营策略等的重大问题进行正确决策。

(3) 建立企业经营体系。建立行之有效的企业经营体系，为企业的一切经营活动能全面准确地实施和开展提供可靠的保证。

在经营管理活动中，按照职责分工，汽车4S店经营管理的具体活动包括汽车销售管理、汽车售后服务管理、备件供应管理、信息反馈管理、人力资源管理、财务管理、质量管理等经营管理活动。

本章小结

汽车 4S 店是一种以"四位一体"为核心的汽车特许经营模式，包括整车销售(sale)、零配件(spare part)、售后服务(service)、信息反馈(survey)等，为专一品牌的汽车用户提供服务，拥有专一的技术、设备和工艺，用厂家提供的配件，统一标准化的标识系统，承担免费的或部分免费的专一车辆的首次维护作业，承担专一车辆的质量担保事宜，承担专一车辆的一切正常维护与服务，建立全面、专一的客户车辆档案，与生产厂家联网、互通信息，接受生产厂家的政策、监督和指导，对生产厂家具有责任约束等特征的企业。汽车 4S 店虽然在信誉度方面、专业方面、售后服务保障方面和人性化方面具有较强的优势，但在与厂家的合作关系中处于弱势地位，几乎没有话语权。

经营即筹划营谋，从经济管理的角度来看，是指企业经营者为了企业的生存、发展和实现其战略目标，以市场为对象，以商品生产和商品交换为手段，使企业的生产技术、经济活动与企业外部环境达成动态均衡的一系列有组织的活动。经营管理是指在企业内，为使生产、采购、物流、营业、劳动力、财务等各种业务，能按经营的目的顺利地执行、有效地调整所进行的系列管理、运营的活动。对于企业经营者而言，经营管理的主要内容有：市场调查与预测、正确决策、建立企业经营体系。在经营管理活动中，按照职责分工，汽车 4S 店经营管理的具体活动包括汽车销售管理、汽车售后服务管理、备件供应管理、信息反馈管理、人力资源管理、财务管理、质量管理等经营管理活动。汽车 4S 店的经营管理应具备市场观念、竞争观念、创新观念、效益观念、全局观念和时间观念。

习题及实操题

1. 什么是汽车 4S 店？汽车 4S 店有哪些特征？

2. 汽车 4S 店的经营现状及优势有哪些？

3. 什么是企业经营管理？汽车 4S 店经营管理包括哪些内容？

4. 汽车 4S 店至少应具备哪几种经营思想？

5. 通过实地调研和搜集资料，分析汽车 4S 店经营管理的现状。

第二章　汽车 4S 店人力资源管理

【知识点】

- 熟悉人力资源管理的含义，了解人力资源管理的发展阶段，掌握人力资源管理的内容。
- 了解汽车 4S 店的部门及人员的设置，掌握汽车 4S 店对从业人员的职业素质要求。
- 理解人员招聘和培训的意义，熟悉具体的操作过程，了解汽车 4S 店员工培训的内容。
- 掌握绩效考评的用途和内容，熟悉绩效考评的方法，了解汽车 4S 店人员的薪酬构成。
- 认识和理解人力资源管理与传统的人事管理的区别。

党的二十大报告强调了做好人才工作的价值主张，即"坚持尊重劳动、尊重知识、尊重人才、尊重创造"，做到"真心爱才、悉心育才、倾心引才、精心用才"。这就要求企事业单位要建设重视人才、关爱人才的组织领导体制，要有全方位培养、引进、用好人才的机制。在现代企业管理中，人力资源的重要性在不断上升，而人力资源管理工作日趋复杂，可以说人力资源管理不仅是人力资源管理职能部门的工作职责，也是任何一个岗位的职责，即使是普通的工作人员，也被要求介入到人力资源管理工作中。因此，企业的有效人力资源管理，需要各级、各部门的各类人员共同努力。

汽车4S店是劳动密集型服务企业，作为现代企业核心竞争力之一的现代人力资源管理，对汽车4S店的建设和发展尤为重要，企业应在党的二十大报告精神的指引下科学地进行人力资源管理。

第一节　汽车4S店人力资源管理概述

一、人力资源与人力资源管理的含义

在经济学中，资源是指为了创造物质财富而投入于生产活动中的一切要素，如自然资源、资本资源、信息资源、人力资源等，而人力资源普遍被认为是第一资源。人力资源具体是指能够推动国民经济和社会发展的、具有智力劳动和体力劳动能力的人才的总称。而人力资源管理是指为了完成企业的管理工作和总体目标，用以影响员工的行为、态度和绩效的各种企业管理政策、实践及制度安排。其管理的基本目的就是"吸引、保留、激励与开发"企业所需要的人力资源。

二、汽车4S店的人力资源管理职能

人力资源管理工作直接影响着汽车4S店的经营状况，这种影响作用可能是有利的，也可能是不利的，具体效果如何取决于人力资源的具体政策、体制设计和贯彻实施。汽车4S店的人力资源管理的根本任务就是在企业内部制定各种有关的制度，使之有利于充分发挥员工的才干，从而圆满地实现企业的经营目标。汽车4S店的人力资源管理职能主要包括人力资源配置(包括规划、招聘、选拔、录用、调配、晋升、降职和转岗等)、绩效考核、薪酬体系建立和完善(包括工资、奖金、福利等)、制度建设(汽车4S店的企业设计、工作分析、员工关系、员工参与、人事行政等)、培训与开发(包括技能培训、潜能培训、职业生涯规划管理、汽车4S店企业学习等)。

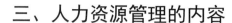

三、人力资源管理的内容

人力资源管理活动的具体内容包括人力资源规划、工作分析、员工招聘选拔、员工培训、员工绩效管理、员工薪酬管理、员工激励、职业生涯设计与管理、人员保护和社会保障、劳动关系和劳动合同、企业文化与团队建设、人力资源管理系统评估与生产力改进等。

在我国，由于长期以来对汽车行业存在偏见，淡化了对汽车 4S 店的人员管理，所以面对市场的巨大需求，形成了巨大的人才缺口。现代汽车 4S 店本身就是在日益复杂而激烈的市场竞争中提供服务的，经济活动越来越复杂，汽车产品的高新技术含量也越来越高，要熟练掌握市场经营手段，提高服务水平，增强企业的核心竞争力，就必须拥有有用人才、合理使用人才、科学管理人才、有效开发人才，只有这样才能促进汽车 4S 店经营目标的实现。

1. 选择人

选择人主要是指如何确定企业的员工需求并把合适的人员吸引到企业中来，它包括人力资源规划、工作分析、招聘、选拔和委派。企业经过人力资源规划，确定了需要招聘的职位、部门、数量、时限、类型等，再进行工作分析，确定空缺职位的工作性质、工作内容以及胜任该工作的员工应具备的资格、条件，然后就可以进行人员的招聘了。

招聘是通过各种信息传播渠道，把可能成为和希望成为企业员工的人吸引到企业来应聘，实现员工个人与岗位的匹配，也就是人与事的匹配；选拔是企业根据用人标准和条件，运用适当的方法和手段，对应聘者进行审查、选择、聘用；委派是把招聘、选拔来的员工安排到一定的岗位上，担任一定的职务。在人才来源上要有一个正确的观念，一定要摒弃过去那种从社会上招聘"散兵游勇"或者任人唯亲的做法，在对企业需求和工作进行分析的基础上，招聘具有一定技能的人到企业空缺的岗位上。汽车销售和服务人员最好是选择在专业院校接受过专业培训和高等教育的人。管理人员必须具有相当的市场营销、企业经营管理和汽车专业等知识和实践经验。

2. 培育人

(1) 对新招聘来的员工进行一定时间的教育，如企业发展现状和愿景教育，企业经营理念和企业价值观的教育等，使新员工尽快熟悉企业的情况和环境。

(2) 对现有员工不断地进行继续教育和业务培训，以提升员工的业务水平和树立正确的经营理念。

3. 使用人

对人才要量才使用，大材小用不行，小材大用也不行；要用其所能，避其所短，充分

发挥其优势。要坚持员工的素质评估和绩效考评制度，对员工的道德品质、智力水平、工作能力和专业技能作出客观的、公正的评价。对那些素质高、绩效显著的员工进行奖励和职务升迁；对那些素质低、绩效差的员工适当地采取降级使用、惩罚、解雇等措施，要做到奖罚分明。

4. 激励人

建立各种绩效管理指标，加强对员工的素质、行为及工作成果的评价，在绩效考评的基础上，为员工提供所需的、与员工的职业成就相匹配的工资和奖励，增加其满意度，充分发挥工资、奖酬的激励功能。

薪酬是员工地位和成功的重要标志之一，对于员工的态度和行为有着重要影响。薪酬管理既是维持企业正常运转的常规工作，又是推动企业战略目标实现的强有力的工具。现代人力资源管理中确定工资实施方案是汽车4S店首先要做的最重要的一件事。长期以来，汽车4S店中的业务人员和技术工人的工资没有统一的标准，存在较大的随意性，工资的高低取决于管理者的满意程度，这也是汽车4S店的员工频繁流动的重要原因之一。不合理的工资制度无法调动汽车4S店员工的积极性，只要有其他企业出更高的价钱，汽车销售人员和技术工人就会毫不犹豫地选择更高薪酬的工作。大部分汽车4S店往往在管理中罚得多、奖得少，尽管出现问题时处罚是必要的，但被罚者心里却不舒服，于是员工的怨气很大。因此，"多劳多得，奖惩结合"是汽车4S店薪酬管理的一个基本法则，是目前大多数企业调动员工积极性首要的和最常用的手段。用有限的资金最大限度地调动员工的积极性，这是企业管理者应具备的重要素质。

人力资源管理是管理的一个分支，和其他管理一样也要遵循一定的规律，这样才能使人员管理更加科学、更加有效。

四、人力资源管理理论的形成和发展

人力资源管理活动的发展可以追溯到很久之前，它的理论形成和发展可分为四个阶段。

第一阶段(1930年以前)：当时大机器生产已经是社会生产的主要方式，与之相适应，庞大且复杂的大机器工业工厂应运而生，如何管理好大机器生产企业中的员工，如何提高大机器生产的效率，就成为这一时期人力资源管理研究的中心问题。这时出现了从工作管理角度和从企业角度进行研究的两个代表人物——弗雷德里克·温斯洛·泰勒(Frederick Winslow Taylor)和亨利·法约尔(Henri Fayol)。泰勒的研究形成了工作管理制度：一是对企业中的一些基本生产过程要完成的工作动作和时间进行一系列研究，通过大量的试验确定一项工作所需要的时间，同时研究工人的操作与工具设备，得出最合理的方法，以此作为合理工作量，即生产定额；二是为制定好生产定额挑选并培训合格的工人，按规定的科学动作从事生产；三是实行"差别计件付酬制"，按不同的单价计算工人的工资，以此来刺激工人的劳动积极性；四是实行管理与执行的明确分工，明确各自的工作范围与职责，以提高管理工作及生产操作的效率。法约尔提出了分工与协作、权力与责任要相适应、命令要统一、指挥要统一、集权分权要恰当、生产经营要有秩序、要注重纪律、企业层次要严整等14条管理原则。他强调在企业里要建立一种高效的、非个人化的、行政级别式的企业结构，经过科学的设计而形成一定的层级关系，每一个岗位都要权责分明，一切都要按照规章制度办事。这一时期的人力资源管理理论开始在员工管理方面发挥积极作用。

第二阶段(1930—1960)：随着企业劳资矛盾的加深，工人开始反对劳动定额，公开与管理部门对抗，这时人力资源管理成为处理劳资关系的工具。随着企业规模的扩张，人力资源管理也在不断地开拓其业务领域和研究范围，包括薪酬管理、基本培训和产业关系咨询等，但仍停留在企业管理的战术层次，未能得到企业管理层的高度重视。

第三阶段(1960—1980)：随着科学技术的迅猛发展，企业管理者开始意识到经济的高速健康发展并非是大量实物资本投资的结果，而是与技术、人才的有效运用密切相关，人在工作中的能动性对工作效率和质量具有重要意义，不能把人看作是机器和工具，也不能把人看作是被动接受管理的对象，应强调建立从吸引人、留住人、尊重人到用好人的一系列方法和制度。这一时期人力资源管理在企业管理中的地位已经变得不可替代。

第四阶段(1980年以后)：20世纪80年代出现了战略人力资源管理理论，把人力资源管理理和企业的战略计划作为一个整体来考虑，这个战略计划的目的是提高企业的绩效。管理的重点在于发现人才、留住人才、有效地使用核心员工，通过强化核心员工的归属感来提升其工作业绩，管理目标也由单一目标转变为实现企业和员工共同利益的双重目标。总的来说，人力资源管理从保护者、甄选者向规划者、变革者转变；从企业战略的"反映者"向企业战略的"制定者""贡献者"发展。现代人力资源管理更具有战略性、整体性与发展性，在这种企业结构中，人力资源管理起着核心作用，与其他职能部门紧密合作，帮助企业实现其战略目标。

人力资源管理从早期侧重于物质资源和硬性管理，逐渐转向强调人的要素和柔性管理，再到现在的开发性管理，是人力资源管理不断走向科学的一个进步过程。

五、我国人力资源管理的发展

在我国，企业长期以来把管理人的部门叫作人事劳动部门，现在有的企业已经改为人力资源开发部，但在功能方面和角色的扮演上并无显著的变化。人力资源管理不是简单的名词置换，而是从思想、理论到方法都有根本的区别。传统的人事管理将人视作成本和工具，注重的是投入、使用和控制，而现代人力资源管理则把人作为一种资源，注重投入、开发和产出，系统化地去保护、去引导、去开发。从人力资源管理的发展阶段来看，目前

我国大多数汽车4S店的人力资源管理还处于从传统的人事管理到现代战略性的人力资源管理的过渡阶段。传统的人事管理与现代人力资源管理的区别如表2-1所示。

表 2-1 传统的人事管理与现代人力资源管理的区别

区 别	传统的人事管理	现代人力资源管理
管理概念	把人看作是成本,人是经济人	把人看作是资源,人是社会人
管理重心	强调以工作为核心,员工应该服从安排,强调人要适应工作	强调以人为核心,寻求人与工作的最佳匹配
部门地位	属于企业行政管理部门,是执行性的部门	属于战略管理范畴,参与经营决策,是决策性的部门
管理模式	被动性反应,对员工是操作性管理,谋求对人的控制	主动性开发,对员工是策略式管理,谋求员工潜能的发挥
着眼点	着眼于当前的事情,如对员工的招聘和培训	谋求企业长远发展,在一定时期内,设定投入和产出最佳匹配值的方式和方法,着眼于未来
系统性	就事论事,缺乏系统性	人力资源的开发和管理是一套完整的系统
职能	负责员工的档案管理、工资发放等事务性工作	负责人力资源规划、人才的招聘与培训、员工的考核与激励等

六、汽车 4S 店的部门和人员配置

(一)汽车 4S 店的常规部门设置

汽车4S店从经营需要出发,根据企业的规模和汽车制造厂家的要求,一般设置以下部门,且各部门都具有相应的职责。

1. 整车销售部

整车销售部是汽车4S店直接与消费者接触的部门,是汽车4S店主要的业务部门之一,部门业绩决定着整个公司的经营业绩。该部门具有以下职责。

(1) 负责车辆的进货渠道、进口报关及车辆的档案管理。

(2) 进行售后质量跟踪及客户档案编制。

(3) 负责受理并解决客户的投诉。

(4) 负责车辆进货质量、售前检查及售前保管。

(5) 负责整车销售部门的管理工作和营销工作,包括员工培训。

(6) 负责车辆的运输。

(7) 负责与用户确认交货日期。

(8) 负责收集和分析车辆采购价格信息。

(9) 负责车辆的交货质量。

(10) 负责车辆的交货价格。

(11) 负责展示和推介车辆。

(12) 负责汽车的交易磋商。

(13) 负责解答顾客关于车辆和销售政策的咨询。

(14) 负责汽车消费贷款的办理。

(15) 负责汽车交易中的手续办理。

(16) 负责顾客信息的搜集与管理。

(17) 负责准客户的跟进服务。

2. 售后服务部

售后服务部是汽车销售业务的延伸，在汽车售出之后承担为顾客服务的所有业务，是汽车 4S 店另一个主要的业务部门。售后服务部的业务包括售后跟进、客户跟踪调查和管理、维修保养、精品装饰与服务、路上救援、保险理赔、技术咨询等。售后服务部的职责有以下几方面。

(1) 客户的技术服务与支持。

(2) 建立并管理用户车辆档案。

(3) 处理客户的投诉和纠纷，并对相关情况进行协调、记录。

(4) 产品保修的审查、统计、结算。

(5) 搜集产品质量信息，提出产品质量改进建议，并及时反馈到有关部门。

(6) 服务网络的布局、规划、建设和发展。

(7) 服务站的管理、协调与考评。

(8) 服务站维修人员的培训及技术支持。

(9) 负责旧件处理及二次索赔工作。

(10) 配件供应体系的规划与实施。

(11) 建立健全合理高效的配件运作体系。

(12) 负责售后服务部门人员的管理、考评与培训。

(13) 负责车辆的维修与保养。

(14) 为顾客提供技术咨询和培训。

(15) 协助顾客进行保险索赔。

(16) 路上救援。

服务部工作职责的范围包括从服务到保修保养的全过程，根据工作需要和整车厂的要求，可对不适宜之处进行调整并由服务部制定相应的工作流程和服务标准。对生产经营过

程中存在的问题以及员工配置问题提出意见和建议，然后由总经理作出相应决策。服务部有权根据工作需要和岗位需要进行服务部维修岗位人员的调整。对进厂维修的车辆实行全面的生产指挥，统一协调维修车间各工种的衔接，对维修质量全面负责。

3. 备件管理部门

(1) 凡供应商新供货物到达后，须由保管员验收，验收合格后制作入库验收单，经采购员签字，由部门领导签字认可后方可入库。

(2) 配件汇款要由部门领导签字认可，经总经理批示，送达财务审核后方可付款。

(3) 入厂车辆正常维修由配件部经理签字、领料员工签字后方可发料。

(4) 新车索赔配件必须经索赔员签字后方可办理出库手续，还要由经办人签字。

(5) 除配件采购员外，任何部门不得负责配件采购工作。

(6) 内部各部门用料，由部门领导提出申请，经批准后由配件部采购。

(7) 定期对库存进行盘点，及时发现盈亏，做到账物相符。

(8) 配件采购一律实行增值税发票进行入库登记，特殊情况经各部门负责人确认后方可采用普通发票入库。

4. 市场部

(1) 深入了解市场，为企业发展寻找更多的用户和发展机会。

(2) 掌握企业内部的优势，从产品和市场结合关系出发，用企业现有的汽车产品及维修服务与市场相结合，扩大市场的占有率。

(3) 了解用户对汽车产品及维修服务的需求和期望，做好信息反馈，便于企业作出相应决策。

(4) 在开发汽车购买市场和维修服务市场的同时，配合财务部进行维修服务欠款的催缴。

(5) 定期进行维修客户走访，确保长期用户不流失，短期用户变成长期用户。

(6) 协助销售、服务两部门的各种促销活动，并根据计划不定期地组织联谊活动，增强与客户的感情交流。对客户反馈的信息要及时整理，提出建设性意见供领导决策。

5. 行政办公室

行政办公室负责研究企业政策，协调各职能部门的工作，贯彻高层指令，如起草文件、制定策略、沟通情况、下达指示、整理文书档案、处理会务工作及其他日常行政事务和交办事项等；接待来访客人、安排活动；做好文件登记管理，处理公司文书，进行文件打印、档案管理、网络工作管理，承办领导交办的事务；同时负责企业广告宣传和人事管理工作，如人员使用和招聘管理、人员考核、工资管理、统筹保险等。

6. 财务部门

(1) 建立健全财务制度，做好财务基础工作。

(2) 负责本公司的财务结算。

(3) 编制本单位各项财务计划，制作财务预算。

(4) 及时处理账务，编制成本明细表，作出成本分析。

(5) 审核财产物资变动和结存情况。

(6) 监督各项计划执行情况，发现问题，找出原因，提出整改意见和建议。

(7) 组织编制财务中心的月、季、年度报表，每月正确无误地核算经营成果。

(8) 对企业内部资产和财务部门的工作进行监督。

(9) 以企业财务标准、会计通则为依据进行业务操作。

(10) 参与制订年度经营计划并负责经营成果考核工作。

(二)汽车 4S 店的人员岗位设置

1. 整车销售部门的人员设置及岗位职责

一般的汽车 4S 店整车销售部门需设置以下人员：销售总监、销售经理、销售顾问、销售计划员、客户服务员、车辆管理员等。

1) 销售总监的任职条件和岗位职责

销售总监的任职条件如下。

(1) 必须是销售中心的正式职工。

(2) 具有大专或大专以上文化程度。

(3) 具有三年以上汽车行业管理经验，掌握区域市场动态及竞争对手的情况，能根据实际情况及时调整工作计划。

(4) 思想端正，事业心强，服务热情周到，能够严格按照汽车销售工作的有关规定及要求实施各项业务。

(5) 具有丰富的汽车营销知识、管理知识、汽车维修知识，并具备良好的社交能力，能够熟练操作汽车特约经销商的计算机管理软件。

(6) 具有丰富的管理经验和较强的组织能力与协调能力。

(7) 善于总结，具有创新意识和开拓精神。

(8) 完成汽车培训部门的培训并考试合格。

销售总监的岗位职责如下。

(1) 对销售部门的各项业务负责，及时向上级主管部门及汽车销售公司汇报销售部门的经营工作。

（2）严格执行汽车销售公司及当地政府部门制定的各项管理规定。

（3）负责制订切实可行的销售工作计划并付诸实施。

（4）负责开展优质销售服务工作，认真落实汽车销售公司部署的各项销售任务及销售活动。

（5）对销售中出现的重大问题要亲临现场协调解决，并将解决情况及时向汽车销售公司汇报。

（6）负责制订销售部门销售人员的培训计划以及销售部门日常工作的协调、监督、指导和考评。

（7）负责各类销售报表及文件、函电的审核及签发，并将各类信息及时反馈给汽车销售公司，同时应将汽车销售公司有关文件的精神传达给销售部门的员工。

2）销售经理的任职条件和岗位职责

销售经理的任职条件如下。

（1）必须是销售部门的正式职工。

（2）具有大专或大专以上文化程度。

（3）作风正派，事业心强，工作中坚持原则，能够严格遵守本公司销售工作的有关规章制度及要求。

（4）具有较高的汽车营销知识、汽车理论知识、汽车维修知识、管理知识及社交常识，能够较熟练地操作汽车特约经销商的计算机管理软件。

（5）具有较丰富的管理经验及较强的组织能力、协调能力和社交能力，并能够有效地组织销售工作。

（6）完成汽车培训部门的培训并考试合格。

销售经理的岗位职责如下。

（1）监督、指导、考评销售顾问的各项工作。

（2）负责销售部门日常工作，定期向销售总监汇报工作。

（3）负责制订销售部门有关销售人员的销售培训计划。

（4）亲自参与对重大客户投诉的处理，并及时向销售总监反馈信息。

（5）认真对待用户来访，做好优质服务工作。

（6）认真落实和执行销售部门有关规定，负责传达汽车销售公司有关文件、资料及业务通知；积极组织外出服务及走访用户活动；积极开拓销售市场。

（7）负责落实并完成销售部门拟定的各项销售经营目标及计划。

3）销售顾问的任职条件和岗位职责

销售顾问的任职条件如下。

（1）必须是销售部门的正式职工。

（2）具有中专或中专以上文化程度。

(3) 思想端正，事业心强，服务热情周到，身体健康。

(4) 具有一定的汽车营销知识、汽车理论知识、汽车构造知识、汽车维修常识及计算机使用常识。

(5) 具有一定的销售经验、管理经验、组织能力和协调能力。

(6) 具有较强的社交能力、语言与文字表达能力及分析能力。

(7) 完成汽车培训部门的培训并考试合格。

销售顾问的岗位职责如下。

(1) 负责面向客户的销售工作。

(2) 热情接待用户，认真听取和记录用户的有关信息。

(3) 为用户提供力所能及的服务项目，做好跟踪服务工作并建立用户档案。

(4) 定期向销售经理汇报工作。

(5) 严格执行汽车销售公司对特约经销商销售业务的各项规章制度。

(6) 积极主动地宣传汽车产品及产品特点，主动向客户发放销售宣传资料。

(7) 积极参与对汽车销售市场的调查与开拓工作，搜集公司及其他同类型轿车的各种信息，进行市场预测和订货预测，并反馈给销售经理，完成销售经理交办的临时工作任务。

(8) 对出现的客户投诉等问题要及时反馈给销售经理，不能消极推诿。

(9) 积极参加销售人员的业务培训和业务考核，并主动进行服务思想、服务态度及服务作风的自我教育。

(10) 经常使用计算机系统了解汽车的经营情况，包括汽车的储备定额和最低库存量。

4) 销售计划员的任职条件和岗位职责

销售计划员的任职条件如下。

(1) 必须是销售部门的正式职工。

(2) 具有中专或中专以上文化程度。

(3) 思想端正，事业心强，服务热情周到，身体健康。

(4) 具有一定的汽车营销知识、汽车理论知识、汽车构造知识、汽车维修常识及计算机使用常识。

(5) 具有一定的管理经验和协调能力。

(6) 具有较强的文字表达能力及分析能力。

(7) 经汽车培训部门培训考试合格。

销售计划员的岗位职责如下。

(1) 负责汽车的销售计划工作。

(2) 定期向销售经理汇报工作。

(3) 严格执行汽车销售公司对特约经销商的销售业务的各项规章制度。

(4) 积极参与汽车销售市场的调查、开拓与计划工作，搜集公司及其他同类型轿车的

各种信息，进行市场预测和订货预测，并反馈给销售经理。

(5) 积极参加销售人员的业务培训和业务考核，并主动进行服务思想、服务态度及服务作风的自我教育。

(6) 经常使用计算机系统，了解汽车的经营情况。

(7) 完成销售经理交办的临时工作任务。

5) 客户服务员的任职条件和岗位职责

客户服务员的任职条件如下。

(1) 必须是销售部门的正式职工。

(2) 具有中专或中专以上文化程度。

(3) 思想端正，事业心强，服务热情周到，身体健康。

(4) 具有一定的汽车营销知识、汽车理论知识、汽车构造知识、汽车维修常识及计算机使用常识。

(5) 具有正式的驾驶证及熟练的驾驶技能。

(6) 具有较强的社交能力、语言与文字表达能力及分析能力。

(7) 经汽车培训部门培训考试合格。

客户服务员的岗位职责如下。

(1) 负责客户销售一条龙服务工作，其中包括为客户办理保险及上牌服务，接车、跟车、送车、带客户交款等工作。

(2) 热情地接待顾客，全心全意为客户服务。

(3) 定期向销售经理汇报工作。

(4) 严格执行汽车销售公司对特约经销商销售业务的各项规章制度。

(5) 积极主动地宣传汽车产品及产品特点。

(6) 积极参加销售人员的业务培训、业务考核，并主动进行服务思想、服务态度及服务作风的自我教育。

(7) 完成销售经理交办的临时工作任务。

6) 车辆管理员的任职条件和岗位职责

车辆管理员的任职条件如下。

(1) 必须是销售部门的正式职工。

(2) 具有中专或中专以上文化程度。

(3) 思想端正，事业心强，服务热情周到，身体健康。

(4) 具有一定的汽车营销知识、汽车理论知识、汽车构造知识、汽车维修常识及计算机使用常识。

(5) 具有正式的驾驶证及熟练的驾驶技能。

(6) 具有一定的车辆管理经验。

(7) 完成汽车培训部门的培训并考试合格。

车辆管理员的岗位职责如下。

(1) 负责销售中心的车辆管理工作。

(2) 热情接待用户，认真记录车辆管理的有关信息。

(3) 定期向销售经理汇报工作。

(4) 严格执行汽车销售公司对特约经销商销售业务的各项规章制度。

(5) 积极主动地宣传汽车产品及产品特点。

(6) 积极参加销售人员的业务培训、业务考核，并主动进行服务思想、服务态度及服务作风的自我教育。

(7) 完成销售经理交办的临时工作任务。

2. 售后服务部门人员设置

在技术管理人员中，应至少有1名具有本专业知识且取得任职资格证书，并被本企业正式聘用的工程师或技师以上的技术人员负责技术管理工作；技术人员人数应不少于生产人员总数的5%。

技术工人工种设置应与其从事的生产范围相适应，各工种技术工人数应与其生产规模、生产工艺相适应。各工种技术工人必须经专业培训，取得工人技术等级证书，并经行业培训，取得上岗资格证，持证上岗。各工种均由1名熟练掌握本工种技术的技术工人负责，其技术等级分别为汽车发动机维修工、汽车底盘维修工、汽车维修电工、高级汽车维修钣金工等；其他工种不低于中级。

对维修车辆的进厂检验、过程检验、竣工出厂检验必须由专人负责。专职检验人员必须经过主管部门专业培训、考核并取得《质量检验员证》，持证上岗。应有1名质量总检验员和至少2名质量检验员；应至少配备1名经正规培训取得正式机动车驾驶证的试车员，其技术等级不低于中级汽车驾驶员。试车员可由质量总检验员或质量检验员兼任。

第二节　汽车4S店人员招聘

企业的生存和发展依赖于高质量的人力资源，招聘就是为确保企业能够拥有发展所必需的高质量人力资源而进行的一项重要工作。在应聘的员工中，有的以后可能成为企业的高层管理者或高级技术主管，因此招聘将决定企业今后的发展与成长。

人员招聘的意义和准则

一、人员招聘的含义

人员招聘又称人力资源吸纳，是组织为发展的需要，根据人力资源规划和工作分析的

数量及质量要求，从组织外部吸收人力资源的过程。人员招聘可以使企业更好地了解应聘者到本企业工作的动机与目标，企业可从众多候选人中挑选出个人发展目标与企业目标趋于一致的、愿意与企业共同成长的员工，这样可以更好地保持人力资源，减少因员工离职而带来的损失。招聘会给在职员工带来压力，因为新进员工会带来新的竞争，招聘的岗位也为在职员工带来了新的挑战。企业要发展，必须要有一定的人才流动，吸引更多的人才来满足新增的岗位，以促进企业的发展。

人员招聘对应聘者来说也很重要。在招聘过程中，企业一方面想向应聘者展示其作为一家优秀的工作单位的形象，另一方面也想充分了解应聘者的有关信息以判断一旦他(或她)成为企业的员工，将是哪一种类型的员工以及他们潜在价值的大小。而作为应聘者，一方希望向企业展示自己作为一个极具吸引力的潜在员工的素质，并且自己十分愿意接受这份工作，另一方面也想精准地了解企业的情况以判断自己是否应该加入这一企业。因为招聘不仅影响着企业的未来，同样也影响着员工个人的未来。

二、人员招聘决策

人员招聘决策是指企业的最高管理层对重要工作岗位的招聘和大量其他工作岗位的招聘所进行的规划、组织及决策的过程。至于临时性的或个别不太重要的工作岗位，则无须经过企业高层进行决策。

(一)招聘决策所应遵循的一般原则

1. 公平竞争原则

公平是最基本的原则，只有通过公平竞争才能吸引到人才，还要考虑性别、群体、学历等方面的平等机会。

2. 少而精原则

在经济发展的不同时期，人力资源供给的情况是有所差异的，对企业来说，创造效益是第一目标。因此，招聘来的人员总要发挥其作用，可招可不招时尽量不招，可少招可多招时尽量少招。

3. 宁缺毋滥原则

如果没有合适的人选，一个岗位宁可使其暂时空缺，也不要让不适合的人占据着。岗位的暂时空缺，还可以激发企业内部员工的积极性和竞争。当然，岗位人员空缺的时间也不能太长。

(二)企业招聘决策的主要内容

(1) 哪种岗位需要招聘员工，招聘数量是多少，每个岗位的具体要求有哪些。

(2) 何时发布招聘信息，通过何种渠道发布招聘信息。

(3) 哪个部门负责进行招聘测试。

(4) 编制招聘预算。

(5) 制订招聘工作时间计划。

(6) 新招聘的员工何时到岗。

企业在作出招聘决策后，就应迅速发布招聘信息，即向可能应聘的群体传递企业将要招聘人员的信息。这项工作直接关系到招聘的质量。

发布信息的原则是面广、及时和分层。所谓面广，就是使更多的人接收到该信息，使更多的人提出工作申请，从而使企业提高招聘到合适员工的可能性；及时就是招聘信息应尽早发布，这样可缩短招聘进程，也有利于更多的人获得信息，增加应聘人数；分层就是根据招聘岗位的特点，向特定层次的人员发布招聘信息，这样可以提高招聘的效率。

企业招聘周期受许多因素的影响。首先，不同的工作岗位空缺填补的时间会有所不同。企业人力资源计划的质量对招聘周期也有影响。以美国为例，平均地说，经理人员和业务主管的招聘周期是6.8周，销售人员的招聘周期是4.9周，办公室文秘人员的招聘周期是2.7周，操作员工的招聘周期是2.1周。一般而言，企业岗位空缺持续的时间既反映着发现应聘者的难度，也反映着企业招聘和选择过程的效率。

(三)人员招聘应考虑的因素

汽车4S店生意兴隆或业务发展时，要面临招聘新员工的问题。企业招聘新人首先要考虑到增加的生意能够满足新增员工的工资和福利。因为对大多数汽车4S店来说，劳动力报酬是企业不小的固定支出。企业忙的时候，需要有足够多的工作人员为客户服务，而在业务淡季，开工资给无事可做的员工对于企业老板来说也是一种负担，因此，员工招聘要考虑以下几方面。

1. 确实需要

无论从长期还是短期来考虑，招聘的员工对企业的生意都会有很大帮助，不是可有可无的。坚持少而精，宁缺毋滥是招聘工作的基本原则。

2. 职位空缺

当有人辞职或到其他岗位上时，企业就需要把人员补充上来。这时第一步应该考虑把空缺的工作分摊给其他员工是否可行，第二步才考虑员工招聘。

3. 人才储备

一些关键岗位应有人才储备，以预防关键岗位的人员离职对企业造成致命打击，这种做法体现了未雨绸缪。

4. 长期发展计划

如果汽车4S店有长期的发展计划，就应该提前进行人才规划，避免临时抱佛脚。

5. 季节性因素

汽车4S店的业务受季节性因素的影响比较突出。例如，一般来说每年春节后的两个月是机修淡季，夏季空调维修是旺季，在淡季时可能有人要离职，这时企业可以缓一缓，到旺季来临前再招人。

三、人员招聘过程中应注意的问题

(一)合理选择招聘人员

在企业招聘的过程中，应聘者首先是与企业的招聘组成员接触而不是与企业接触。应聘者在对企业的具体情况了解甚少的情况下，一般都是根据企业在招聘活动中的表现来推断企业其他方面的情况，如办事效率、工作的风格和特点等。所以，合理地选择招聘人员是企业的一项非常关键的人力资源管理决策。

一般来说，组成招聘组的成员中应该包括企业人力资源部门的代表、经理，还应该包括拟招聘的工作岗位未来的同事和下属。应聘者会将这些招聘组成员作为企业的一个窗口，由此判断企业的特征。因此，招聘组成员的表现将直接影响到应聘者是否愿意接受企业提供的工作岗位。那么，这些"窗口人员"什么样的表现能够增加应聘者的求职意愿呢？研究显示，招聘人员的个人风度是否优雅、知识是否丰富、办事作风是否干练等因素都直接影响着应聘者对企业的感受和评价。

(二)招聘筛选金字塔

招聘筛选金字塔是指企业在招聘过程的各筛选环节中，应聘者的人数变得越来越少，就像金字塔一样，它是根据过去的经验数据来确定为某种岗位招聘到足够数量的合格员工应该付出多大努力的一种经验分析工具。企业的招聘是一个过滤器，它影响着什么样的员工能够成为企业的一员。一个理想的招聘过程的重要特征是：被录用的人数相对于最初申请者的人数少得多。这种大浪淘沙式的招聘形式可以保证录用到能力比较强的员工。招聘筛选金字塔可以帮助企业确定为招聘一定数量的员工，需要吸引多少潜在应聘者。

【知识拓展】

招聘经验

根据企业经验，每成功地录用到 10 个销售人员，需要对 20 个候选人进行试用，而要挑选到 20 个理想的候选人，又需要有 60 人来参加招聘测试和面谈筛选程序，而挑选出 60 名合格的测试和筛选对象又需要有 300 人提出求职申请。那么，如果现在企业想最终能够招聘到 20 名合格的销售人员，就需要有至少 600 人递交求职信和个人简历，而且企业发出的招聘信息必须有比 600 人多很多的人能够看到。由此可见，招聘筛选金字塔可以帮助企业的人力资源部门对招聘的宣传计划和实施过程有一个准确的估计与有效的设计，它可以帮助企业确定为了招聘到足够数量的合格员工，需要吸引多少应聘者。

企业有两种不同的策略用于设定职位申请的资格标准。第一种策略是把申请资格设定得比较高，于是符合标准的应聘者就比较少，然后企业花费比较多的时间和金钱来仔细挑选最好的员工。第二种策略是把申请资格设定得比较低，于是符合标准的应聘者就比较多，这时企业有充分的选择余地，招聘成本会比较低。

如果企业拟招聘的工作岗位对于企业而言至关重要，且员工质量最为关键，就应该采取第一种策略。如果劳动力市场供给形势比较紧张，企业也缺乏足够的招聘费用，同时招聘的工作岗位对于企业而言不是十分重要，就应该采取第二种策略。

(三)开展真实工作预览

如果企业急需补充人员，在招聘过程中，企业总是会使用各种办法来吸引应聘者。公司常用的项目包括待遇、保险、工作条件、职业前景、工作的挑战性等。但是需要注意的是，公司在想方设法地吸引外部人才加盟时，不能顾此失彼，使新员工与老员工之间产生不公平。企业在吸引应聘者时，公司不应该只展示公司好的一面，同时也应该让应聘者了解公司不好的一面，以便使应聘者对企业的真实情况有一个全面的了解。

企业应从以下五个方面准备实际工作预览的内容。

(1) 真实性。应客观真实地反映未来的工作情景，否则会使被录用者产生误解，失去对企业的信任。

(2) 全面性。企业应该对员工的晋升机会、工作监督的严格程度和各个部门的情况等进行逐一介绍。

(3) 可信性。企业所反映的预览内容与实际的工作内容吻合度高，使应聘者感到合理可信。

(4) 详细性。企业不应该只给出一些宽泛的信息，如工资待遇政策和公司的总体特征等，还应该对诸如日常的工作环境等细节问题也给出详细的介绍。

(5) 突出重点。应聘者可以从公开渠道如宣传材料、报刊等了解到的信息，不应该作

为工作预览的重点。真实工作预览应该着重说明那些应聘者关心的但是又很难从其他渠道获得的信息。

由此形成的真实工作预览具有以下优点：第一，展示真实的未来工作情景可以使应聘者首先进行一次自我筛选，判断自己与这家公司的要求是否匹配。另外，还可以进一步决定自己可以申请哪些职位，不能申请哪些职位，这就为日后减少离职奠定了良好的基础。第二，真实工作预览可以使应聘者清楚什么是可以在这家企业中期望的，什么是不可以期望的。这样，一旦他们加入企业以后，就不会产生强烈的失望感，反而会增加他们工作的满意程度、投入程度和长期服务的可能性。第三，这些真实的未来工作情景可以使应聘者及早做好思想准备，一旦日后在工作中遇到困难，他们也不会回避难题，而是会积极地设法解决难题。第四，企业向应聘者全面展示未来的工作情景会使应聘者感到企业是真诚的，是值得信赖的。

四、人员招聘的程序

企业完整的招聘程序有四个阶段，即招募、选拔、录用和评估。人员招募是招聘的首要环节，其目的在于吸引更多的求职者前来应聘，这样企业才能有更大的选择人才的余地，避免因申请人过少而降低录用标准，从而提高招聘质量，减少企业和个人的损失。

招聘的主要程序包括制订与审批招聘计划、发布招聘信息、应聘者提出申请、进行初审并发出面试通知、试用、录用(签订劳动合同)等过程。

1. 制订与审批招聘计划

根据对企业人力资源供给和需求的分析，结合工作分析等活动形成的结果，制订招聘计划。制订该计划的目的在于使人员招聘工作科学、合理。招聘计划通常由用人部门制订并提出，经人力资源管理部门对人员需求量、费用等项目进行严格复核，签署意见后上报总经理或主管的副总经理审批。

2. 发布招聘信息

因为每次需要招聘的岗位、数量、任职者的要求都有所不同，加上新员工到岗时间和招聘预算的限制，信息发布的时间、方式、渠道与范围也应有所不同。

3. 应聘者提出申请

提出申请，可以是信函的形式，也可以直接填写申请表。

4. 进行初审并发出面试通知

初审主要是对求职者所申请的职位与其学历、工作经验、技能、成果等个人信息是否匹配进行审查，对达到要求者，由人力资源部门发出面试通知。

5. 试用

经过层层筛选后留下来的人成为试用员工。新聘用的人员一般需进行一定周期的试用，并签订试用合同。试用期满后由企业决定试用者的去留。

6. 录用(签订劳动合同)

试用期满后，获得企业认可的员工和用人企业签订正式的劳动合同。招聘工作到此告一段落。

五、人员招聘的形式和方法

(一)人员招聘的形式

企业中的员工招聘总体上分为内部招聘和外部招聘两种，此处主要介绍外部招聘形式。

1. 广告招聘

广告是外部招聘常用的补充各种工作岗位的方法，主要通过刊物、网站等渠道发布人才需求信息，以达到招聘目的，是目前应用得最普遍的一种招聘形式。阅读这些广告的不仅有当前的应聘者，还有潜在的应聘者以及客户和一般大众，所以公司的招聘广告代表着公司的形象，需要精心设计和执行。企业使用广告作为吸引工具有很多优点。

(1) 工作岗位空缺的信息发布迅速，能够在一两天的时间内传达给外界。

(2) 同许多其他吸引方式相比，广告渠道的成本比较低。

(3) 在广告中可以同时发布多种类型工作岗位的招聘信息。

(4) 广告发布方式可以给企业保留许多操作上的优势，这体现在企业可以要求应聘者在特定的时间里亲自来企业、打电话或者向企业的人力资源部门邮寄自己的简历和工资要求等。

运用广告招聘时要注意：一是媒体的选择。广告媒体的选择取决于招聘工作岗位的类型。一般来说，低层次的职位可以选择地方性报纸，高层次或专业化程度比较高的职位则要选择全国性的专业报刊。二是广告的结构。广告的结构要遵循 AIDA 原则，即注意(attention)、兴趣(interest)、欲望(desire)和行动(action)。总之，好的招聘广告要能够引起读者的注意并使其产生兴趣，继而产生应聘的欲望并采取实际的应聘行动。

招聘广告不仅适用于企业在外部劳动力市场进行招聘，也适用于企业在内部进行招聘。因此招聘宣传应该向潜在的合格员工传达企业的招聘信息，提供有关工作岗位的相关信息，以便使那些潜在的应聘者能够将工作岗位的需要同自己的资格和兴趣进行比较，并唤起求

职者的热情，从而使他们前来应聘。

2. 学校招聘

学校是专业人员与技术人员的重要来源。每年有几百万的毕业生走出校门，步入社会。企业在设计校园招聘活动时，需要考虑两个问题，一是选择学校，二是吸引应聘者。在选择学校时，企业需要根据自己的财务预算和所需要的员工类型进行决策。如果财务预算比较紧张，企业可能只在当地的学校中进行选择；而实力雄厚的企业通常可以在全国范围内的学校进行选择。企业在选择学校时主要考虑以下标准。

(1) 与企业相关的关键技术领域学术水平。

(2) 符合企业技术要求的专业的毕业生人数。

(3) 该校往届毕业生在本公司的业绩和表现。

(4) 与企业相关的关键技术领域的师资水平。

(5) 该校毕业生历年录用数量与实际报到数量的比例。

(6) 学生的质量。

(7) 学校的地理位置。

为了吸引应聘者，使最好的应聘者加盟自己的公司，企业需要精心组织校园招聘活动。

(1) 要选派能力比较强的工作人员参加学校招聘，因为招聘人在应聘者面前代表着公司的形象。

(2) 对应聘者的答复要及时，否则会对应聘者来本公司工作的决心产生消极影响。

(3) 新来的大学毕业生总是感觉自己的能力强于公司现有的员工，因此他们希望公司的各项政策能够体现出公平、诚实和顾及他人的特征。

目前，一些管理规范的汽车4S店为了做好这一工作，确定了一定数量的重点学校，并委派高水平的经理人员与学校的教师和毕业生就业指导工作部门保持密切的联系，使学校方面及时了解公司存在的空缺岗位要求以及最适合公司要求的学生特征。现在，有不少公司为学生提供利用假期来公司实习的机会，这可以使学生对公司的实际工作和生活有切身体会，同时也使公司有机会评估学生的潜力。目前我国学校招聘最常用的招聘方法是一年一次或一年两次的人才供需洽谈会，供需双方直接见面洽谈，进行双向选择。

此外，企业还可以通过劳务市场、职业介绍机构、猎头公司、信息网络招聘、员工推荐等渠道进行员工招聘。

(二)人员招聘的方法

企业常用的招聘方法有面试法和测评法两种。其中测评法往往要同面试法结合在一起，主要进行心理测评和能力测评。

1. 面试的作用

面试又叫面试测评或称专家面试，是一种要求被试者用口头语言来回答主试者的提问，以便了解被试者心理素质和潜在能力的测评方法。面试是企业在员工招聘中常用的一种方法，其有用性取决于正确地实施面试的方式。面试的基础是面对面进行口头信息沟通，其效果很大程度上取决于主试者面试的经验。

选拔面试是最常用的甄选工具之一。主试者有机会对候选人的热情和智力作出判断，并观察候选人的非语言行为，如面部表情、仪表和紧张程度等。面试因此成为一项有效的甄选工具。

面试是否能发挥其最大的优势，关键在于主试者本身的素质与能力。如果主试者本身很紧张，未能提出恰当的问题，这会在很人程度上影响面试的效果。

面试作为企业在员工招聘中普遍运用的一种测试方法，尤其是在招聘高级管理人员的工作中，是必不可少的测试手段。其作用主要表现在以下几方面。

(1) 可以了解应聘者综合运用知识、技巧的能力。

(2) 给双方提供了解工作信息的机会。

(3) 为主试者提供机会来观察应聘者。

(4) 帮助主试者了解被试者的非语言行为。

(5) 帮助主试者观察被试者的个人特质。

(6) 帮助主试者了解被试者其他方面的信息，如工作经验和职业目标等。

2. 面试的一般程序

1) 应聘者资格审查和筛选

该程序用于为甄选系统中后面一些程序的进行而筛选求职者，通过迅速地从求职者信息库中排除明显的不合格者，来帮助选拔系统运行。

2) 确定面试考官、选择面试方法

考官通常是由人力资源管理部门主管、用人岗位主管和独立评选人组成。面试方法有许多种类，面试考官应根据具体的情况选择最合适的方法组织面试。

3) 设计评价量表和面试问话提纲

面试过程是对每位参加面试的应聘者的评价，因此应根据岗位要求和每位应聘者的实际情况设计评价量表和有针对性的面试问话提纲。

4) 面试场所的布置与环境控制

要选择适宜的场所供面试使用，许多情况下，不适宜的面试场所及环境会直接影响面试效果。

5) 面试过程的实施

这一阶段是面试工作程序中最主要的环节，它依靠面试考官的面试技巧有效地控制面试的实际操作。实际上，面试过程的操作质量直接影响着人员招聘与录用工作的质量。

6) 分析和评价面试结果

这部分工作主要是针对应聘者在面试过程中的实际表现作出结论性评价，为企业作出录用决策提供依据。

7) 反馈

反馈有两种途径：一是由人力资源管理部门将人员录用结果反馈到企业的上级和用人部门；二是逐一将面试结果通知应聘者本人。

8) 面试资料存档备案

面试资料存档备案就是将所有的面试资料存档备案，以备查询。

【知识拓展】

面试中的错误及提问技巧

★面试中常见的错误

面试目的不明确；任职资格不清楚；面试结构不完整；心理上存在偏见，形成干扰。

★面试的提问技巧

简单随机提问，递进深入提问，比较选择提问，挑战性提问，客观评价提问，迂回提问。

★人员录用原则

因事择人，知事识人；任人唯贤，知人善用；用人不疑，疑人不用；严爱相济，指导帮助。

第三节 汽车 4S 店人员培训

通过招聘被录用的员工进入企业工作前要经历企业的培训过程。企业录用人员的基本原则是因事择人，知事识人；任人唯贤，知人善用；用人不疑，疑人不用；严爱相济，指导帮助。因此，对录用的员工进行培训意义重大。员工培训是指企业为实现自身的目标和员工个人发展的目标，采用一定的方式，有计划、系统地对全体人员进行培养和训练，使其提高与工作相关的知识、技能等素质，以适应并胜任职位工作。

一、员工培训的意义

现代意义上的竞争主要依靠人才，并最终决定于人才的素质。因此，从战略的高度认识培训的重要性，加强员工培训势在必行。更进一步讲，技术进步和员工发展是企业开展培训工作的重要因素。随着技术的不断进步，员工对自身的职业发展提出了更高的要求。

汽车 4S 店中的人才流动是一种必然现象，这是不以某个管理者的意志为转移的。企业和企业管理者采取各种措施与机制，也只能做到人才的相对稳定。充分理解市场经济下人才流动的特点，有助于管理者在制定和实施人才政策时保持平衡的心态，这样做的结果往往会事半功倍。绝不能因为人才的流动而忽视员工培训，这样会造成企业的恶性循环，得不偿失。

建立有效的内部员工培训机制是汽车 4S 店稳定人才的主要手段和企业发展的必然措施与动力。制约企业成长的重要因素是企业内部人力资本的供给，企业的扩张速度在很大程度上取决于内部管理人员的培养效率。员工培训的意义如下所述。

1. 提高员工素质和增强企业竞争力

知识经济时代，社会快速发展的一个重要标志就是新知识、新工艺、新技术和新产品的不断涌现。汽车维修行业与现代化工业生产相联系，需要不断地提高员工队伍的素质，以适应汽车维修作业和企业管理工作的需求，满足工作岗位发展变化的新要求。

2. 提高劳动生产率和工作效率

通过培训，在生产过程中可以减少所需的工作时间，降低人力成本和营销成本，减少材料的浪费或不良产品的产生，从而降低生产成本。培训还可以促进员工的知识积累，加速知识的更新和科学创新。通常情况下，教育和培训的水平越高，员工完成任务的效率就越高，创新与发明的数量也越多。

3. 给企业带来经济效益

现代经济发展的实践证明，教育与培训是生产力的重要组成部分，并逐渐成为发展生产的重要因素。

根据日本的相关资料显示，工人的教育水平每提高一个等级，技术革新者的人数就增加 6%。工人提出的革新建议，一般能降低成本的 5%；技术人员提出的革新建议，一般能降低成本的 10%～15%；受过良好教育和培训的管理人员提出的革新建议，则能降低成本的 30%以上。

由此可见，加强从业人员的技术业务培训是开发智力和培养人才的重要途径之一，也是提高企业生产效率、实现最佳经济效益和有计划地培养劳动后备力量的重要措施。

二、员工培训的步骤

培训是企业人力资源开发中的一项重要活动,它涉及企业效益与成本这一人力资源管理的基本问题。因此,需要精心设计和组织培训,并把它视为一项系统工程,通过系统化的方法,使培训活动与企业目标保持一致,以提高员工的个人能力、改善工作绩效(包括个人绩效与企业绩效)和提升企业竞争力。员工培训的步骤如下所述。

(1) 预测培训需求。通过预测来确定培训需求,做到有的放矢,不做无用功。

(2) 制定培训目标。这将为培训计划的制订指明方向。

(3) 制订培训计划。这样可以使培训目标更具体,增强其可操作性。

(4) 实施培训。根据企业的规模、员工的能力需求合理地选择培训的形式和技术方法。

(5) 评价培训。通过对受训者培训前后工作绩效的对比分析,评估培训计划的实施效果。最后,还要将培训评估的结果反馈到需求确定阶段,以便调整培训目标。

三、员工培训的内容

1. 对销售人员的培训

心理态度方面:要有积极乐观的人生态度。乐观是积极人生观的体现,要坚信事业必定成功;要善于调剂单调乏味的工作,适当地改变工作内容,以保持旺盛的精力;自我激励,鼓励自己,努力实现销售目标。

个人能力方面:适应性强,具有良好的判断力和沟通表达能力;具有良好的记忆力,能记住客户的相貌及姓名;拥有广泛的知识基础,具有幽默感、敏锐的观察力和独到的见解;行为严谨、礼貌,给人留下良好的印象,让人产生好感;机警,可随机应变;谈吐有分寸,流利动听。

企业对销售人员的具体培训内容如下所述。

(1) 职业道德。由于汽车是高价消费品,而且涉及的问题较多,因此需有良好的售后服务制度。销售人员应随时待命,应具有强烈的敬业精神和良好的职业道德。

(2) 专业知识。关于汽车内部机械的结构与保养方法,以及各类竞争车型的行情,均包含在培训内容之内。销售人员的汽车知识要先求广博、再求精深。

(3) 态度亲切有礼。能买得起价格高昂产品的客户,可能不在乎多付一些钱,但他们却很在乎销售人员的礼貌和周到服务,所以销售人员的服务态度至关重要。

(4) 敏锐的观察力。每笔交易的金额都很大,成交过程又耗时,因此要培养识别潜在客户的能力,以便全程追踪有购买能力和兴趣的客户。

（5）销售语言。销售语言是一门学问，需要用心学习。

①　说话不仅仅是为了表达。到店的顾客不管是谁，不管他买与不买，客户都是上帝，销售人员必须用对待上司的语言和礼节对待顾客。即使与客户已成为知己朋友，也要铭记此细则。从"您好"到"再见"，自始至终要用明快的语调接待所有的客户。有诚意又热情地与对方交谈，回答肯定的问题时，要充满诚意地说"是"。作为销售人员，要学会不说则已，说就要"言之有物"，对专业人员来讲是"内行"，对非专业人员来讲是"专家"。

②　学会倾听。会说话的人，都是会倾听的人。身为销售人员，要有耐心听对方讲话，应该在对方滔滔不绝时说："是吗！那后来呢……"同客人交谈时，一定要注视着对方的眼睛。经过愉悦的交谈，客户很可能说："就这么决定了，我们订合同吧!"即使没有成交，他也会成为我们的推广者或潜在客户。

③　赞美的艺术。赞美别人是一种美德，但不要说一些言不由衷的话。用词得体或发自内心的赞美，对方一定会非常高兴。人都是有自尊心的，都希望别人肯定自己的长处。对于客户可以大胆地赞美，如容貌、健康、性格、人品、兴趣及爱好等，还可以赞美对方的家人。

④　不要使用难懂的语言。与客户交谈的过程中，除了必要的专有名词，一般来说应尽可能使用忠于本意且通俗易懂的语言，只有这样，才能使对方感到亲切。例如，"方言"的应用有时会起到意想不到的效果。

⑤　语言的选择。在与对方交谈之前，一定要做好应对的准备，思考如何表达才能不伤害对方的自尊心。谈话要注意措辞，千万不要伤害对方。

⑥　必须克服语病。作为汽车销售人员，说话啰唆或没有条理、口齿不清楚是不合格的，必须彻底纠正过来。

2. 对维修人员的培训

汽车 4S 店的维修工人分为学徒工、初级工、中级工及高级工四个级别，相应的培训内容有所不同。

1）学徒工

对学徒工采取以适应性教育内容为主、操作技能为辅的培训计划，要坚持德、智、体全面发展的原则。学徒工在参加劳动生产时，要安排老工人当师傅，签订师徒合同，做到包教包会。虽然汽修业发展到今天已可以利用高新技术设备进行检测、诊断、维修，但由于汽车修理是一个对实践经验要求非常高的行业，所以目前汽车维修还是以经验为主，尤其是对故障的判断。因此，善于向有实践经验的员工学习是非常必要的。学徒工应该是经过中、高等专业教育的初到企业的员工，而不是以往意义上的学徒工。学徒期满，要经过考核合格后才能转正，对于学习努力、成绩优秀、确实已具备本工作应知应会能力的学徒工，可以提前转正。

2) 初级工

初级工的培训内容是：汽车结构原理、汽车维修技能要求、常用原材料和零部件的分类、通用工具的使用与保管、维修的安全操作规程等。通过培训，使其达到能胜任车辆一级维护的工作，满足一般工人的技术要求。

3) 中级工

初级工培训考核合格后，可以进行中级工的培训。中级工的培训内容是：深入学习汽车结构原理，汽车性能，汽车故障与故障排除，汽车技术使用，零部件的配合要求，常修车型的技术参数，汽车维修的质量要求，汽车维修所用原材料的规格、性能、正确保管和使用的方法，常用标准件的合格性鉴别，维修专用工具的保管和使用，常用机械的正确操作方法，安全生产规程等，并掌握一个金属加工工种的操作技能，如车、铣、刨、磨、焊等。通过中级工的培训，使其能胜任汽车二级维护和一般小修理的工作，并能在工程技术人员的指导下承担某一总成的大修工作。

4) 高级工

高级工是在中级工培训合格，并经过一定时期的实践锻炼后，在技术上进一步深造的培训。其培训内容是：常用汽车型号的构造原理、技术使用与维修要求，汽车故障原因和预防，公差与技术测量，金属磨损原理，汽车零部件质量鉴定，维修质量检验，汽车维修所用原材料的质量、性能的鉴定，维修专用工具、卡具、器具的正确使用和保管，维修加工机具的操作与维护等，能绘制简单的零件图和阅读较复杂的装配图，并能指导他人从事维修和金属加工。此外，高级工还应掌握维修作业流程、有关定额的考核与计算等。通过培训，使其能胜任汽车大修工作并具备一般汽车零件的制造和配制能力，成为企业维修的技术骨干力量。

3. 对管理人员的培训

管理人员分为企业领导人员、企业管理人员和企业的工程技术人员。管理人员的培训内容如下所述。

1) 企业领导人员

企业领导人员的培训内容是重点学习企业管理、政策法规、市场动向和发展趋势及先进企业的管理经验等，必要时企业会派他们在国内外进行参观考察，使其成为既懂政治又懂经济、既懂管理又懂经营、会按经济规律办事的专业人才。

2) 企业管理人员

企业管理人员应按人事、秘书、财会、统计、物资等不同的专业，有计划、有目标地培训，使其成为不仅能胜任本职工作，还能不断地为企业管理提出好的改进意见的好管家，成为领导的好助手、好参谋。

3)　企业的工程技术人员

企业的工程技术人员在新技术、新设备、新材料、新工艺的引进和应用，生产过程中问题的解决，经营管理的改善等方面都起着非常重要的作用。因此，应着重加强对他们的再教育，尤其要抓紧对质管人员、检验人员的培训。①要普遍加强理论技术教育，使其在两三年内，在技术水平上提高一个等级；②对没有受过专业教育的人员，要有计划地进行本专业中专、大专课程的理论教育；③对质检人员，要能及时地进行新工艺、新标准、新车型及检测设备运用的培训，使其做到熟练掌握、运用自如。

在对员工进行的培训内容中，还必须加入工作态度的培训。员工的工作态度是影响员工士气及企业绩效的重要因素。一般而言，每家企业都有自身特定的文化氛围及与之相适应的行为方式，如价值观、企业精神及企业风貌等。必须使全体员工认同并自觉融入这一氛围中，建立企业与员工之间的相互信任关系，培养员工对企业的忠诚度及积极的工作态度，增强员工的企业观念和团队意识。

第四节　汽车 4S 店绩效管理

绩效考评是一种员工评价制度，它是通过系统的方法、原理来评定和测量员工在职务上的工作行为和工作效果。绩效考核是企业管理者与员工之间的一项管理沟通活动。绩效考核的结果可以直接影响薪酬调整、奖金发放及职务升降等诸多员工切身利益。企业通过对其员工工作绩效的考评，获得反馈信息，便可据此制定相应的人事决策与措施，调整和改进其效能。

一、绩效管理的含义

1. 绩效

绩效是相对于一个人所承担的工作而言的。员工的工作绩效，是指员工经过考评并被认可的工作行为、表现及结果。对企业而言，绩效就是任务在数量、质量和效率等方面完成的情况；对于员工个人而言，绩效则是上级和同事对自己工作状况的评价。绩效具有如下特点。

1)　多因性

多因性是指绩效的优劣不是取决于单一的因素，而要受到主、客观多种因素的影响，即员工的激励、技能、环境与机会，其中前两个是员工自身的主观性影响因素，后两个则是客观性影响因素。

(1)　激励是指调动员工的工作积极性。激励本身取决于员工的需求层次、个性、感知、

学习过程与价值观等个人特点，其中需求层次影响最大，员工在谋生、安全与稳定、友谊与和睦、尊重与荣誉、自主以及实现自身潜能等层次的需求方面，各有其独特的强度组合。企业需经调查摸底，具体分析，才能对症下药，予以激发。

(2) 技能是指员工工作技巧与能力的水平。它也取决于个人天赋、智力、经历、教育与培训等个人特点，其中培训不仅能提高其技能，还能对预定的计划目标的实现树立自信心，从而加大激励的强度。

(3) 环境因素包括两个方面。首先是指企业内部的客观条件，如劳动场所的布局与物理条件(室温、通风、粉尘、噪声、照明等)，任务的性质，工作设计的质量，工具、设备与原料的供应，上级的领导作风与方式，公司的组织与规章制度，工资福利，培训机会，以及企业的文化、宗旨及氛围等。其次是指企业之外的客观环境，如社会政治、经济状况、市场竞争强度等宏观条件，但这些因素的影响都是间接的。

(4) 机会则是偶然性的。如果此项任务正好分配给甲员工，当乙员工不在或因纯随机性原因未被指派承担某项任务时，即使乙员工的能力与绩效均优于甲员工，却无从表现。不能否认，现实中不可能做到真正彻底而完全的平等，因此，机会因素是完全不可控的。

2) 多维性

绩效需要沿多种维度去分析与考评。例如，一名工人的绩效，除了产量指标完成情况外，质量、原材料消耗率、能耗、出勤，甚至团结、服从纪律等硬、软方面的表现都需要综合考虑，逐一考评。因为各维度可能权重不等，考评侧重点也会有所不同。

3) 动态性

员工的绩效随着时间的推移会发生变化，绩效差的可能改进、转好，绩效好的也可能退步、变差，因此管理者切不可凭一时印象，以僵化的观点看待员工的绩效。

关于绩效还有一种说法：智力乘以活力等于绩效。这种说法来源于美国人力资源开发协会的章程。这一观点认为，开发人才无非有两个支点：第一，提升其智力；第二，激发其活力。如果一个人的智力得到提升，活力不断增强，则这个人的发展潜力就得到了成功挖掘；如果一个人不具备做某项工作的智慧和能力，即使这个人工作再卖力，也不可能把这项工作做好；如果一个人智力很好，完全具备做好某项工作的能力，但他对工作毫无热情，没有激情和活力，同样也不可能把这项工作做好。因此说，智力与活力二者的乘积等于绩效。那么，怎样提升人的智力并激发其活力呢？一般认为，人才开发的方式有三种类型，第一类是培养性开发，其手段是教育；第二类是使用性开发，即在实践中培养人才；第三类是政策性开发，即通过政策引导、激励和调动人的积极性与创造力，提升其活力。

2. 绩效考评

绩效考评是指用系统的方法、原理，评定、测量员工在职务上的工作行为和工作效果。考评的最终目的是改善员工的工作表现，以达到企业的经营目标，并提高员工的满意程度和未来的成就感。考评的结果主要用于工作反馈、报酬管理、职务调整和工作改进等方面。

为了求得生存与发展，汽车 4S 店往往制定一系列阶段性目标来加强对企业的管理与控制，因此，绩效管理便成为企业管理理论的一个重要方面，它为企业赢得竞争优势提供了重要的保证。绩效考评作为绩效管理的一个重要内容，在绩效管理中起着非同寻常的作用。

传统绩效评估是对企业员工在当前岗位上的过去表现的评估，通过对员工的实际绩效和企业既定目标的比较，我们可以了解企业目标的完成情况，并以此为依据对员工实施奖励或惩罚。这种评估方法的缺陷是：其一，它忽视了员工的努力程度。一旦发现问题往往首先从个人因素方面追究绩效低下的原因，而没有考虑既定目标是否太高或市场环境已经变化等客观原因。由于大多数企业的既定目标都具有"刚性"，短时间内很少调整，因此，为了完成这一既定目标而配置最称职的人选便成为弥补绩效评估缺陷的关键。其二，在于它的单向性。传统的绩效评估程序一般先由企业的人力资源管理部门依据员工的业务完成情况填制报表，然后将这些评议表交给绩效评估小组进行审议，而余下的时间则是被评估员工忐忑不安的等待时间。在整个评估过程中，员工都是被排斥在外的，评估的结果只能是对员工给予奖赏或惩罚，而不是帮助员工解决工作中的实际问题，这使得员工在以后的工作中的心理紧张感不断增加，最糟糕的结果可能是员工难以承受心理上的巨大压力而自动离职，而企业也可能失去一位本应非常出色的人才。

3. 绩效管理

绩效管理是以绩效考评制度为基础的人力资源管理的子系统，它表现为一个有序且复杂的管理活动过程。它首先要明确企业与员工个人的工作目标，并在达成共识的基础上，采用行之有效的管理方法，不但要保障按期、按质、按量地达到和实现预期目标，还要考虑提升目标的可能性。绩效管理的活动过程不仅仅着眼于员工个体绩效的提高，还应更加注重员工绩效与企业绩效的有机结合，最终实现企业总体效率和效能的提升。

绩效考评作为绩效管理的重要支撑点，从制度上明确地规定了员工和企业绩效考评评价的具体程序、步骤和方法，从而为绩效管理的运行与实施提供了前提和依据。由此可以看出，绩效管理是一个外延比较宽泛的概念，它是指从绩效计划(绩效目标的确定)到考评标准的制定，从具体考核、评价的具体实施到信息反馈、总结和改进工作等全部活动的过程。

因此，可以对绩效管理的概念作出如下表述：绩效管理是指为实现企业发展战略和目标，采用科学的方法，通过对员工个人或群体的行为表现、劳动态度和工作业绩，以及综合素质的全面监测、考核、反馈和评价，充分调动员工的积极性、主动性和创造性，不断地改善员工和企业的行为，提高员工和企业的素质，挖掘其潜力的活动过程。

绩效管理的目标是持续地改善企业氛围，优化作业环境，持续地激励员工，提高企业效率。

绩效管理的范围覆盖企业中所有的人员和所有的活动过程，它是企业全员、全面和全

过程的立体性的动态管理。绩效管理既可以按公司、部门或小组的目标定位，也可以按员工的个人目标定位。

绩效管理是企业人力资源管理制度的重要组成部分，也是企业生产经营活动正常运行的重要支撑系统，它由一系列具体的工作环节组成。

绩效管理是一个将公司与部门、员工个人目标紧密地联系在一起，运用科学的考评方法，从目标、程序导向到意愿行为、效果导向，从事前策划到过程的监测，从事后考评到绩效改进的动态过程。绩效管理过程的每一次循环都将使企业或员工迈上一个新的台阶，有所提高，有所发展，有所创造，有所前进。

二、绩效考评的用途

绩效考评最显而易见的用途是为员工的工资调整、职务变更提供依据。但它的用途不仅仅是这些，通过绩效考评还可以让员工明白企业对自己的评价，了解自己的优势、劣势以及未来努力的方向，这对员工改进自己的工作有很大的好处。另外，绩效考评还可以在管理者和员工之间建立有效的沟通桥梁，促进管理者和员工之间的理解和协作。

具体而言，绩效考评主要有以下几方面用途。

1. 为员工的薪酬调整、奖金发放提供依据

绩效考评会为每位员工得出一个评价结论，这个考评结论不论是描述性的，还是量化的，都可以为员工的薪酬调整、奖金发放提供重要依据。这个考评结论对员工本人是公开的，并且要获得员工的认同。所以，以它作为依据是非常有说服力的。

2. 为员工的职务调整提供依据

员工的职务调整包括员工的晋升、降职、调岗，甚至辞退。绩效考评的结果会客观地评判员工是否适合该岗位。基于这种评判而进行的职务调整，往往能够让员工本人和其他员工接受和认同。

3. 为上级和员工之间提供一个正式的沟通机会

考评沟通是绩效考评的一个重要环节，它是指管理者(考评人)和员工(被考评人)面对面地对考评结果进行讨论，并指出员工的优点、缺点和需要改进的地方。考评沟通为管理者和员工之间创造了一个正式的沟通机会。利用这个沟通机会，管理者可以及时了解员工的实际工作状况及深层次的原因，员工也可以了解到管理者的管理思路和计划。考评沟通促进了管理者与员工之间的相互了解和信任，提高了管理的穿透力和工作效率。

4. 让员工清楚企业对自己的真实评价

虽然管理者和员工可能会经常见面，并且可能经常谈论一些工作上的计划和任务，但是员工还是很难清楚地明白企业对自己的评价。绩效考评是一种对员工进行正规、周期性评价的系统，由于评价结果是向员工公开的，员工就有机会清楚企业对自己的评价。这样可以防止员工错误地估计自己在企业中的位置和作用，从而减少一些不必要的抱怨。

5. 让员工清楚企业对自己的期望

每位员工都希望自己在工作中能有所发展，企业的职业生涯规划就是为了满足员工的自我发展的需要。但是，仅仅有目标而没有进行引导，往往会让员工不知所措。绩效考评就是这样一个导航器，它可以让员工清楚自己需要改进的地方，指明员工前进的方向，为员工的自我发展铺平道路。

6. 企业及时准确地获得员工的工作信息，为改进企业政策提供依据

通过绩效考评，企业管理者和人力资源部门可以及时准确地获得员工的工作信息，通过对这些信息的整理和分析，可以对企业的招聘制度、选择方式、激励政策及培训制度等一系列管理政策的效果进行评估，及时发现政策中的缺陷和问题，从而为改进企业政策提供有效的依据。

三、绩效考评的内容

绩效考评

绩效考评包括业绩考评、能力考评和态度考评等内容。

1. 业绩考评

业绩是行为的结果，"业绩考评"是对行为结果进行绩效考核和评价的过程。业绩考评是一个被广泛运用的概念，无论是评选先进、劳动模范、积极分子还是干部，大多带有这种色彩。这是因为人们普遍认为业绩应该具有客观可比性，只有依靠业绩对人们进行评价才可能实现公平、公正。

对一家企业来说，希望每一位员工的行为都能有利于企业经营目标的实现，为企业做出贡献，这就需要对每位员工的业绩进行考评，并通过考评结果掌握员工的价值以及其对企业贡献的大小。对每位员工来说，企业至少是自己谋生的场所和手段，他们希望自己的业绩得到公正、公平的评价，自己的贡献得到企业的认可。

业绩考评是对员工所承担岗位的工作成果进行的评定和估价。实际上，一个人对企业贡献的大小，并不单纯取决于他所承担任务的完成情况，也许其工作任务本身就是"无足

轻重"的,即使干得十分出色,也未必对企业有很大的影响。所以,绩效考评不能单纯地"考评",还必须对工作业绩以外的内容进行考评,即对企业员工的综合素质及其对企业的贡献作出正确的评价,否则难以实现绩效管理的目标。

2. 能力考评

能力考评与业绩考评类似跳高运动,当运动员跳过某个高度时,就取得了对应的成绩。裁判员会根据运动员的表现进行绩效考评。你可能发挥得很好,比其他选手跳得更高,甚至可能会打破这一级别的纪录,应该得到相应的荣誉和嘉奖,这就是"业绩考评"。但还需进一步努力,提高跳高的技巧和能力,达到更高的水平,才可能享受更高级别的待遇,这就是"能力考评"的意义。

对于一家企业来说,不仅要追求当前的效率,希望现有岗位上的员工能充分发挥各自的特长和能力,还要追求未来可能的效率,也期盼将有能力的人晋升到更高级别或更重要的岗位,从而调动员工的积极性。可以说,能力考评不仅仅是一种手段。

能力与业绩有显著差异:业绩是外在的,是可以把握的;而能力是内在的,是难以衡量和比较的。这是事实,也是能力考试的难点。但是,能力也是"客观存在"的现象,可以感知和察觉,并通过一系列手段来评估能力的存在以及在不同员工之间的差异。

在企业绩效管理中,与一般的能力测量不同,员工能力考评是考评其在岗位工作过程中显示和发挥出来的能力,如员工在理解指令时,是否正确、迅速;协调上下级关系时,是否得体、有效等。依据员工在工作中的行为和表现,以及相应的标准或要求,评价其能力发挥的程度,评判其能力的高低、强弱等。总之,能力考评是根据工作职责说明书规定的岗位要求,对应于员工所担任的工作,对其能力作出评定的过程。

3. 态度考评

一般来说,能力越强,业绩就可能越好。但在企业中常看到这样一种现象:一个人能力很强,但出工不出力;而另一个人能力不强,却兢兢业业,干得很不错。两种不同的工作态度,就产生了截然不同的工作结果,这与能力无直接关系,主要与工作态度有关。所以,企业需要对员工"工作态度"进行考评。企业不能容忍缺乏干劲儿和工作热情的员工,尤其是懒惰的员工。

工作态度是工作能力向工作业绩转换的"中介"。但是,即使态度积极,能力未必可以全部发挥出来,并转换为业绩。这是因为从能力向业绩转换的过程中,除个人努力之外,还需要一些"辅助条件"。有些是企业内部条件,如分工是否合适、指令是否正确、工作场地是否良好等;有些是企业外部条件,如市场的供求关系、产品的销售状况、原材料保证程度等。

工作态度考评需要排除个人以外的因素和条件。如果因为工作条件好而取得好成绩,不剔除这一"运气"成分，就不能保证考评的公正性和公平性。相反，如果因为工作条件恶化使业绩受挫，并非个人不努力，绩效管理时也必须予以充分考虑。

这是态度考评与业绩考评的不同之处。另外，态度考评与其他考评的区别是：它不区分职位高低、能力大小。态度考评的重点是：工作的认真度、责任感，工作的努力程度，是否有积极性、热情，是否忠于职守，是否服从命令等。

四、绩效考评的程序及步骤

1. 绩效考评的程序

绩效考评一般是先从基层员工开始，进而针对中层负责人，最后针对高层人员，形成由下而上的过程。

1) 以基层为起点，由基层部门的领导对其直属下级进行考评

考评分析的单元包括员工个人的工作行为(如是否按规定的工艺和操作规程进行工作，或一名主管领导在管理其下级时的具体做法)、员工个人的工作效果(如汽车销售数量、接待客户的数量、投诉率、汽车维修数量、出勤率等)，以及影响其行为的个人特征和品质(如工作态度、对企业的忠诚度、信念、技能、期望和需要等)。

2) 在基层考评的基础上，进行中层部门的考评

中层考评的内容既包括中层负责人的个人工作行为和绩效，也包括该部门整体的工作绩效(如任务完成率、劳动生产率、顾客满意度等)。

3) 最后进行高层考评

完成逐级考评之后，由企业的董事会对企业高层人员进行考评，其内容主要是经营效果方面的硬指标完成情况，如利润率、市场占有率等。

2. 绩效考评的步骤

绩效考评是一项非常细致的工作，必须按步骤进行。

1) 科学地确定考评基础的主要步骤

(1) 确定工作要项。工作要项是指对企业有重大影响的活动或大量不可缺少的重复性活动。一项工作往往由许多活动构成，但考评不可能针对每一个工作活动进行。一个岗位的工作要项一般不应超过 4~8 个，抓住了工作要项就等于抓住了关键环节，从而能够有效地进行企业考评。

(2) 确定绩效标准。绩效应以完成工作所达到的可接受条件为标准，不宜定得过高。由于绩效标准是考评评判的基础，因此必须客观化、定量化。具体的做法是将考评要项逐一分解，形成考评的评判标准。没有明确标准的考评不是真正意义上的绩效考评。标准的

设定应分出层次,例如,可以将标准分为优秀、良好、合格、需改进和不合格五个标准。将合格作为绩效考核的基准水平,它的作用在于判断被考评者的绩效是否能够满足基本要求。另外,在制定标准的时候,一定要注意与员工进行沟通,即绩效考核标准的确定,应由主管与员工共同确定。

2) 评价实施

评价实施的具体做法是将工作的实际情况与考评标准逐一对照,评定绩效的等级。在进行绩效评价时,很多企业首先要求员工对自己完成的业绩状况进行自评。员工自评后,由主管对照期初与员工共同确定的绩效目标和绩效标准对员工进行评价。

这里应注意的是,主管应首先汇总检查员工的相关绩效数据是否准确、完整,如发现有不符的数据还应加以证实,或与通过其他渠道搜集的数据进行对比,以判断原始信息的可信度。在确认数据充分且没有错误后,才可以依据这些数据对员工的绩效完成情况进行评价。常见的评价方式包括:工作标准法、叙述评价法、量表评测法、每日评价记录法、关键事件记录评价法、目标管理法、强制比例分布法、配对比较法等。以上方法在具体操作过程中往往不是单独使用,而是几种方式混合在一起使用。任何一家公司的绩效评价方式都不是十全十美的,没有最好的绩效评价工具,只有最适合本企业实际情况的绩效评价工具。有效的绩效评价依靠两方面的因素:一是评价制度要合理;二是评价者要有评估技巧,并能保证绩效面谈的准确性,而后者尤为重要。

3) 绩效面谈

绩效面谈是绩效管理中极为重要的环节,但常被忽略。通过面谈,可使员工提高成绩、纠正错误,以积极的态度对待过去,满怀信心地面对未来,努力工作。

(1) 面谈准备。面谈准备主要包括相关的数据和分析的准备,也就是要求主管在绩效面谈前一定要进行绩效诊断,主管不仅要告诉员工考核结果,还要告诉员工为什么会产生这么低的绩效,应该如何避免出现低绩效。

(2) 面谈过程控制。首先,主管应当在开始时花时间讲清楚面谈的目的和具体议程,这样有助于消除双方的紧张情绪,同时也便于控制面谈的进程;其次,在面谈过程中,主管一定要注意平衡讲述与提问,注意倾听被考核者的意见,充分调动对方的积极性,赢得他们的合作,避免对抗与冲突的发生。主管应当只谈员工的工作表现,而不要对员工本人作出评论。负面性的评价是不可避免的,但为了维持员工正面的自我印象,可以先说好的评价。如果管理者和员工的看法有较大的差异,双方应先明确差异所在。

4) 制订绩效改进计划

双方在讨论绩效产生的原因时,对于达成的共识应当及时记录下来,这些问题可能就是员工在下一阶段需要重点关注和提高的地方,并对下一阶段的绩效重点和目标进行规划。面谈结束后,双方应记录、整理达成共识的结论性意见和经双方确认的关键事件或数据,并填写在考核表中。对于达成共识的下期绩效目标也要进行整理，形成下期的考核指标和考核标准。改进绩效计划应当切实可行、由易到难，要有明确的时间性，计划要具体，要得到上下级的认同。改进绩效计划是绩效管理的最终目标。

5)　改进绩效的指导

确保本岗位工作的有效性，应当是考评者与被考评者讨论的核心。上级主管应经常对下属工作绩效的改进提供正确的指导，并在精神上、物质上予以必要的支持。绩效改进指导阶段在绩效管理过程中处于中间环节，也是耗时最长、最关键的一个环节，这个过程的好坏直接影响着绩效管理的成败。具体来讲，绩效改进指导阶段的主要工作就是持续不断地进行绩效沟通、搜集数据形成考核依据。沟通的目的有两个：一是员工汇报工作与进展情况，或就工作中遇到的障碍向主管求助；二是主管人员及时纠正员工的工作与目标计划之间的偏差。对于主管而言，及时有效的沟通有助于全面了解员工的工作情况，掌握工作的进展信息，并有针对性地提供辅导和资源，以提升下属的工作能力，达到激励的目的；同时，主管可以掌握绩效评价的依据，以便对下属作出公正客观的评价。对员工而言，员工可以得到关于自己工作绩效的反馈信息，以便尽快改进绩效、提高技能；同时，员工可以及时得到主管相应的支持和帮助，以便更好地达到目标。以有效沟通为基础进行绩效考核辅导也是双方共同解决问题的机会，这也是员工参与管理的一种形式。最后，在绩效改进指导的过程中，主管对员工的突出贡献和优秀行为给予适时的赞扬，将极大地调动员工的工作热情，使员工好的行为得以强化和继续，有利于营造企业良好的绩效氛围。

五、绩效考评的方法

企业在采用绩效管理的考评方法时，应根据企业的环境和条件，以及各类岗位和人员的特点，选择以下考评方法。

1. 按个体形式区分的考评方法

按个体形式区分的考评方法，可以衡量员工具备某些特征(如依赖性、创造性、领导能力)的程度，这些特征通常被认为对岗位和企业是非常重要的，而且该方法容易更新。特征法是目前最普遍使用的方法，但是为了避免主观性和偏见，应该在职业分析的基础上进行详细的设计。

特征法主要包括以下几种具体方法。

1)　量表评定法

量表评定法要求考评者就量表中列出的各项指标对被考评者进行评定，评定一般分为 5 个等级，例如，评价员工的人际交往能力是好、较好、平均、较差、差，也可以让评定者在 0～9 分的连续分值上为员工打分。使用描绘性量表评定法时，应事先规定好指标评定等

级的意义及指标的定义。当尺度(等级)和标准被精确定义后,主观性和偏见产生的可能性将大大降低。考评者根据量表对被评估者进行打分或评级,最后加总得出评估结果。

2) 混合标准尺度法

衡量特征的尺度有多种。考评者可以从多个方面描述各种特征,对各个特征进行三个层面(优的、一般的、差的)的描述后,随机排列这些描述,从而形成多重标准尺度,然后以员工的行为是否高于、等于或低于这个标准来评价每一位员工。

3) 书面法

书面法要求考评者以报告的形式,认真描述被评价的员工。考评者通常被要求记录员工的优点和缺点,并对员工的发展提出建议。书面法可以提供一些其他方法所不能提供的描述性信息,使考评者有机会指出员工独有的特征。书面法常常与其他方法一起使用。

书面法的缺点是:如果对员工的所有特征进行描述,可能会非常耗时(尽管与其他方法一起使用时,不一定要求作全面描述),而且描述将受到考评者写作风格和表达技巧的影响。此外,书面法带有主观性,描述的重点不一定能放在与绩效管理相关的方面。

2. 以员工行为为对象进行考评的方法

这是一种将员工行为作为对象进行考评的方法,要求考评者遵循一定的工作范围和尺度,对员工行为进行描述,以提高绩效考评的正确性。通过这些描述,考评者可以更容易地评估员工在工作范围内的成绩。行为法用来评判员工的哪些行为是适当的,哪些行为是不当的。

行为法主要包括以下几种。

1) 关键事件法

关键事件法是指在某些工作领域内,员工在完成工作任务的过程中有效或无效的工作行为导致了不同的结果,即成功或失败。这些有效或无效的工作行为被称为"关键事件",考评者要记录和观察这些关键事件,因为它们通常描述了员工的工作行为及其发生的具体情况,这样在评定一个员工的工作行为时,就可以利用关键事件作为衡量的尺度。关键事件对事不对人,让事实说话,考评者不仅要注重对行为本身的评价,还要考虑行为发生的情境。

关键事件法的缺点是:关键事件的记录和观察费时费力;能作定性分析,不能作定量分析;不能区分工作行为的重要性程度,很难使用该方法比较员工。

2) 行为观察量表法

行为观察量表法是在关键事件法的基础上发展起来的,它要求评定者根据某一工作结果的发生频率或次数来对被评定者进行打分。例如,从不(1 分)、偶尔(2 分)、有时(3 分)、经常(4 分)、总是(5 分)。对不同工作行为的评定分数可以相加得到一个总分数,也可以按照

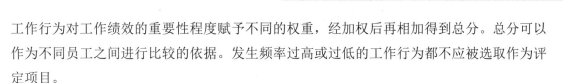

工作行为对工作绩效的重要性程度赋予不同的权重，经加权后再相加得到总分。总分可以作为不同员工之间进行比较的依据。发生频率过高或过低的工作行为都不应被选取作为评定项目。

3）　行为定点量表法

行为定点量表法和关键事件法一样，也需要由主管事先为每一个工作维度搜集可以描述有效、平均和无效的工作行为。每一组行为可以用来评定一种工作或绩效的维度，如管理能力、人际交往能力等。选择确实可以区分员工的关键工作行为，并为每种行为赋值，就可以将有用的行为项目按照维度和赋值量的顺序整理排列，形成实用的评定量表，称为行为定点量表。

4）　硬性分配法

硬性分配法也称强制分类法。假设员工的工作行为和工作绩效整体呈正态分布，那么按照正态分布的规律，员工的工作行为和工作绩效好、中、差的分布存在一定的比例关系，中等的员工应该最多，表现好的、差的员工都极少。采用这种方法，可以避免传统考评中员工大多数都是良好，至少也是过得去的情况发生。当然，如果员工的工作绩效分布呈偏态，该方法就不适合了。硬性分配法只能把员工分为有限的几种类别，难以具体比较员工的差别，也不能在诊断工作问题时提供准确可靠的信息。硬性分配法可用于评估对象比较多的评估工作。

5）　排队法

按照员工行为或工作业绩的好坏把员工从最好到最坏排队，并将排队结果作为人事决策及诊断不良工作行为的依据。用排队法考评员工既可以用单一指标，也可以使用多元指标。一般来说，员工较少的企业可采用单一指标，考评者可以根据员工行为的整体来判断工作绩效。多元标准的考评每次采用一个标准进行排队，将多次排队的结果平均，作为员工最终的排队位置。

3. 按照员工的工作成果进行考评的方法

按照员工的工作成果进行考评的方法，是指考评者以员工的工作结果而不是行为表现或特征来对员工进行考评。这种方法比较客观，容易被员工接受，能够减少产生偏见的可能性。同时，结果考评法促使员工对其行为负责，可以促进员工认真、谨慎地选择完成任务的方法。

按照员工的工作成果进行考评，主要有以下几种具体的考评方法。

1）　生产能力衡量法

每一个衡量标准都直接与员工的工作结果是否对企业有利相联系。例如，对销售人员的考评以销售量为基础(如汽车销售数量、销售收入)；对业务经理的考评以销售或服务利润增长量为基础；对服务和维修人员的考评以服务的顾客数量、汽车数量、返修率等为基础。

这种方法可以直接将员工个人目标与企业目标相连接。

该方法的缺点是：由于注重结果，有时候员工所不能控制的某些外部原因导致的结果也要由员工承担责任，在无意中会引起员工的短期行为而忽视长期结果。

2) 目标管理法

目标管理是一种管理哲学，是领导者与下属之间双向互动的过程。使用目标管理法可以克服结果法的某些缺陷。该方法要求员工与上司共同协商制定个人目标，这些个人目标依据企业的战略目标及相应的部门目标确定，并与它们尽可能保持一致；目标的数量不宜过多，应有针对性；目标应做到可量化、可测量，且长期目标与短期目标并存。设立目标的同时，还应测定达到目标的详细步骤。目标管理法能使员工个人的努力目标与企业目标保持一致，能够减少管理者将精力放到与企业目标无关的工作上的可能性。由于评价标准直接反映员工的工作内容，结果易于观测，所以很少出现评价失误，也适合对员工提供建议、反馈和辅导。但是，目标管理法没有在不同部门、不同员工之间设立统一目标，因此难以对员工和不同部门之间的工作绩效进行横向比较，也就难以为以后的晋升决策提供依据。

六、薪酬管理

薪酬是指员工因被聘用所获得的一切有形的和无形的劳动报酬，它既包括工资、奖金等现金性收入，也包括各种形式的福利、奖励。

1. 薪酬的种类

1) 工资

工资是企业支付给员工的较为稳定的报酬，是报酬体系的主要部分。

(1) 固定工资。固定工资是指企业按固定日期支付给员工相对固定数量的报酬。除了按期支付外，在一定时期内，固定工资也是相对稳定的。

(2) 计件工资制。计件工资制把工人的报酬同其产量(或件数)直接挂钩，因此，它是最流行的激励性报酬体制。以一种简单的方式来表述就是：一个业务人员或工人的计件工资按照每月(或每天)必须完成的产量(销售量或服务顾客的数量)分成两部分。对超过该标准的汽车产品或服务数量，员工可以从中提取一定比例的奖励金。销售人员的提成就是报酬与产量(此处是销售量)挂钩的一种典型范例。

(3) 计时工资制。计时工资制是指企业的员工依据其工作时间获得的报酬。例如，工人的工资形式通常为日工资或小时工资，这常常被称为"日薪"。而有些员工、管理人员、专业技术人员，通常还包括秘书和办事人员，则以月薪的形式支付报酬。他们根据一定的时间(如周、月或年)，而不是以小时或日的形式获取报酬。

2)　奖金

奖金是指由于员工的杰出工作表现以及对企业发展作出的特殊贡献，企业支付给员工的工资以外的劳动报酬。

3)　佣金

佣金(俗称提成)一般是指员工完成了某项任务(如销售人员完成规定的销售指标)而获得的一定比例的报酬。

4)　福利

员工福利是企业为员工提供的非金钱的所有物质待遇，一般用实物或服务的形式支付，如住房公积金、各种保险、带薪休假、优惠购买企业股票等。

按照马斯洛的需求层次理论，人的需求是多方面的。例如，有对衣食住行的基本需求，还有对成就感、归属感、权力或自我实现的高层次需求。这些高层次需求的满足同样具有激励作用，而且是金钱所不能替代的。虽然金钱只能间接(或根本不能)使其得到满足，但我们也必须清楚地看到，在所有的激励手段中，金钱无疑是最重要、最基本的激励因素。因此，以现金形式支付报酬仍是最重要的一种激励手段。

管理人员、行政人员和专业人员不同于生产操作性员工，后者的工作大多必须遵循严格、详尽且具体的职务要求，他们的工作绩效在很大程度上取决于他们所利用的技术与设备。销售业务、服务业务、管理及行政人员则不同，他们的工作是综合性的，涉及多种因素，常常需要主动对情况作出自主分析与权衡，并作出决策，他们的工作绩效在很大程度上取决于自身的能力和努力。对于销售岗位、管理职位和专业技术职位来说，职位评价只是部分地回答了如何为这些员工付酬的问题，因为这些职位在若干方面不同于生产职位和事务性职位。为管理人员和专业技术人员设计报酬体系相对来说比较复杂，需要给予特殊考虑。

目前在汽车 4S 店，各类人员的工资构成比较简单，如整车销售人员的工资由基本工资和销售提成组成；顾客服务接待人员的工资由基本工资和接待顾客的提成组成；车间维修工人的工资由基本工资和维修车辆的提成组成；一般管理人员的工资主要是基本工资；高级管理人员，如总经理或副总经理，一般采用年薪制。

除了上述以工资形式发放的薪酬外，汽车 4S 店根据年或季度的销售业绩的实际情况，还发放一定金额的奖金。此外，从业人员还享有休假、各类社会保险、住房公积金等福利和待遇。

2. 薪酬制度设计的步骤

薪酬制度设计的关键是要做到"对内具有公平性，对外具有竞争力"。企业的薪酬制度在为其自身赢得竞争优势和实现战略目标的过程中具有非常重要的作用。因此，薪酬制度的设计和实施是整个人力资源管理中最复杂的工作。

一般来说,汽车4S店的薪酬制度设计通常遵循以下几个基本步骤。

1) 合理而详尽的岗位分析

岗位分析是企业设计薪酬制度体系的基础。岗位分析也称工作分析或岗位描述,即根据企业发展的战略要求,运用科学的方法对企业所设置的各类岗位的工作内容、工作方法、工作环境以及工作执行者应具备的知识、能力、技能、经验等进行详细描述,形成岗位说明书或工作规范。岗位分析是一项基本工作,需要企业人力资源部、员工及其主管共同努力和合作来完成。员工的工资待遇与其工作岗位所要求的工作内容、工作责任、任职要求等紧密相连。所以,科学合理地分配薪酬必须从岗位分析开始,它是保证薪酬制度设计公平性和科学性的必要手段。

2) 公平合理的岗位评价和排序

岗位评价是在对企业中存在的所有岗位的相对价值进行对比分析的基础上,通过分类法、排序法、要素比较法等方法对岗位进行排序的过程。岗位评价和排序是建立新的薪酬制度体系的关键环节,要充分发挥薪酬机制的激励和约束作用,最大限度地调动员工工作的积极性、主动性和创造性。

3) 薪酬市场调查

通过正常的调查手段收集相关企业的个人薪酬水平及相关信息,然后对薪酬调查结果进行统计和分析,将其作为企业薪酬体系决策的参考依据。

4) 草拟薪酬方案

在完成上述工作并掌握详尽资料后,才能进行企业薪酬方案的草拟工作。薪酬体系方案的草拟是在对各项资料和情况进行深入分析的基础上,运用人力资源体系的知识进行薪酬体系的书面设计工作。草拟的薪酬体系要兼顾公平性和竞争性原则,在充分发挥薪酬激励作用的同时,还要处理好短期激励和长期激励的关系,处理好老员工和新员工的关系,保证新的薪酬体系在维护稳定的前提下设计。

5) 测评薪酬方案

薪酬方案草拟结束后,应对草拟方案进行认真的测评,其主要目的是通过模拟运行的方式来检验草拟方案的可行性、可操作性,并预测薪酬草拟方案的激励作用是否能得到有效发挥。

6) 薪酬方案的宣传与执行

薪酬草案经过认真测评后,应对测评中发现的问题和不足之处进行调整,然后进行必要的宣传或培训。薪酬方案不仅要得到企业上中层的支持,更应该得到广大员工的认同。经过充分宣传、沟通和培训,薪酬方案就可以进入执行阶段。

7) 薪酬方案的反馈和修正

在薪酬方案的执行过程中,进行反馈和修改是必要的,这样才能保证薪酬制度长期有效地实施。另外,对薪酬体系和薪酬水平进行定期的调整也是十分必要的。

【资料链接】

某公司销售部业务员提成草案

一、整车销售部分(以台数计算)

(1) 公司正常标价销售的车辆：200万元/台。

(2) 公司促销价销售的车辆(促销活动或特别优惠价格的车辆)：50万元/台。

(3) 重点销售车辆(高价格、高利润或冷门车辆)：400万元/台。

二、整车销售部分(以利润计算)

(1) 公司正常标价销售的车辆：毛利润的4%。

以单价15万元/台，利润率3%为例：15万元/台×3%=4500元/台，4500元×4%=180元/台。

(2) 公司促销价销售的车辆：50万元/台。

(3) 重点销售车辆：毛利润的1.5%。

以毛利为2万元的车为例：2万元×1.5%=300元/台。

三、保险部分

提取保险产值的4%。

以单价15万元的车为例：

15万元的车平均保险产值约为3500元/台。

公司利润：3500元/台×(18%-4%)=490元/台。

销售员：3500元/台×4%=140元/台。

四、装潢部分

毛利润的10%。

五、高出价格部分

高出价格部分的50%。

六、任务完成与指标

(1) 达标任务：4台/月，所有销售人员每月只有完成达标任务后才能100%享受提成额度，否则提成金额按照每月实际完成销售任务的比例提取奖励。

(2) 努力任务：6台/月，超过努力目标部分，每多销售1台，公司额外奖励100元/台车。

(资料来源：某汽车4S店内部资料)

 ## 本章小结

人力资源管理是指为完成企业的管理工作和总体目标，影响员工的行为、态度和绩效

的各种企业管理政策、实践及制度安排。其管理的基本目的就是"吸引、保留、激励与开发"企业所需要的人力资源。具体内容包括：人力资源规划、工作分析、员工招聘选拔、员工培训、员工绩效管理、员工薪酬管理、员工激励、职业生涯设计与管理、人员保护和社会保障、劳动关系和劳动合同、企业文化与团队建设、人力资源管理系统评估与生产力改进等。

汽车4S店一般设置整车销售部、售后服务部、备件管理部、市场部、行政办公室和财务部等部门。各部门根据职能要求进行人员招聘，招聘时应遵循公平竞争的原则、少而精的原则和宁缺毋滥的原则。招聘的主要程序包括制订与审批招聘计划、招聘信息的发布、应聘者提出申请和初审、发出面试通知等环节。招聘形式总体上分为内聘和外聘两种，主要的外聘形式有广告招聘、校园招聘，通过劳务市场、职业介绍机构、猎头公司、信息网络招聘和员工推荐等。

员工培训的意义在于：培训是提高员工素质和增强企业竞争力的根本途径之一、培训是提高劳动生产率和工作效率的重要途径、培训会给企业带来巨大的经济效益。员工培训的步骤包括培训需求预测、制定培训目标、制订培训计划、培训实施过程、培训评价。具体的培训内容包括对汽车销售人员的职业道德、专业知识、敏锐的观察力、观念、自我激励、销售语言等方面的训练。

员工的工作绩效是指员工经过考评并被认可的工作行为、表现及结果。对企业而言，绩效就是任务在数量、质量和效率等方面的完成情况；对于员工个人来说，绩效则是上级和同事对自己工作情况的评价。绩效考评是一种员工评价制度，它是通过系统的方法、原理来评定和测量员工在职务上的工作行为和工作效果。绩效管理是基于绩效考评制度的人力资源管理子系统，它表现为一个有序且复杂的管理活动过程。绩效考评主要为员工的薪酬调整、奖金发放提供依据，为员工的职务调整提供依据，为上级和员工之间提供一个正式的沟通机会，让员工清楚企业对自己的真实评价和期望，企业也能及时准确地获得员工的工作信息，为改进企业政策提供依据。绩效考评包括业绩、能力和态度考评等内容。绩效考评一般是先从基层员工开始，逐步向上至中层负责人和高层管理人员，形成由下而上的过程。薪酬是指员工因被聘用所获得的一切有形的和无形的劳动报酬，它既包括工资、奖金等现金性收入，也包括各种形式的福利和奖励。

习题及实操题

1. 简述人力资源管理的意义。
2. 人力资源管理的发展阶段有哪些？
3. 分析和思考人力资源管理的必要性。

4. 汽车 4S 店的部门设置和职责分别是什么？

5. 简述汽车 4S 店的人员设置和职责。

6. 简述人员招聘的意义。

7. 人员招聘决策的原则和主要内容有哪些？

8. 人员招聘的程序是什么？

9. 人员招聘的形式有哪些？

10. 简述面试的步骤。

11. 简述员工培训的意义及步骤。

12. 简述绩效、绩效考评、绩效管理的含义。

13. 绩效考评的用途有哪些？具体包括哪些内容？

14. 绩效考评的程序是什么？有哪些常见的考评方法？

15. 薪酬的含义是什么？有哪些组成部分？

16. 结合自己的实际情况，对照汽车 4S 店的部门设置和人员职责，分析自己适合在汽车 4S 店的哪个部门担任哪个职位，并找出目前的不足之处。基于这些分析，制订一个改进和提高业务能力的学习计划。

17. 调查本地的汽车 4S 店招聘人员时所采用的主要形式及绩效考评方法。

第三章 汽车 4S 店销售管理

【知识点】

- ◉ 熟悉汽车 4S 店销售目标的内容及确定方法。
- ◉ 了解汽车 4S 店销售预测的含义、程序及方法。
- ◉ 了解汽车 4S 店销售配额的作用、类型和分配方法。
- ◉ 熟悉汽车 4S 店销售费用的预算管理方法。
- ◉ 了解汽车 4S 店销售组织的建立步骤,熟悉销售团队建设的方法。
- ◉ 掌握汽车 4S 店的销售业务流程。
- ◉ 掌握销售准备管理、销售接洽管理、销售陈述管理、处理异议管理、促成交易管理、售后服务管理的工作内容。

整车销售是汽车4S店的核心业务之一，销售业务管理对汽车4S店的发展至关重要，可以说销售管理工作是促进企业进步的重要因素。在汽车流通环节中，销售观念的正确性、销售工作的到位程度、销售管理的完善性、销售预测的准确性、销售目标的合理性等，都直接关系着汽车4S店的生存与发展。

第一节　汽车4S店的销售预测管理

汽车销售预测是企业各项决策的基础，几乎每个年度的销售报告都包括对下一年度的销售预测。

一、销售预测的含义

销售预测是指对未来特定时间内全部产品或特定产品的销售数量与销售金额的估计。销售预测是在充分考虑未来各种影响因素的基础上，结合本企业的实际销售情况，通过一定的分析方法提出切实可行的销售目标。

预测在企业运营中是一项非常重要且具有多重用途的工作。销售预测在企业管理中具有重要的作用，它不仅为寻求市场机会和制定营销策略提供依据，而且是制订销售计划和目标的前提，同时还影响和决定着企业其他工作的安排。

影响企业销售预测的因素有很多，我们可以根据已有的数据，对可能产生的情况进行分析，然后制订不同情况下的行动计划。销售预测应考虑以下因素。

1. 外界因素

1)　消费者需求

消费者需求是外界因素中最重要的一项，如汽车消费的流行趋势、偏好变化、生活方式的变化、人口流动等，均可成为影响汽车需求的质量与数量方面的因素，因此必须加以分析与预测。平时就应尽量搜集有关的市场资料、市场调查机构资料、购买动机、消费者认可程度等统计资料，以便掌握市场的需求动向。

通常情况下，首先应对市场需求进行预测。市场需求决定了销售潜力，而销售潜力通常是一家公司可能达到的最大销售量。销售预测值是基于销售潜力来确定的，并且一般低于销售潜力。从上面的叙述可以看出需求预测是非常重要的。需求预测有利于销售经理从整体上掌握市场状况，使销售预测更加客观和准确。

2)　经济发展态势

销售收入深受经济变动的影响。尤其近几年，汽车技术与生产迅速发展，无法预测的影响因素越来越多，导致企业销售收入发生波动。因此，为了正确地进行销售预测，需特别注意资源的未来发展、汽车及相关行业发展趋势及GDP增长率等指标的变动情况。

3）同业竞争

销售额的高低深受同业竞争的影响。古人云："知己知彼，百战不殆。"为了企业的生存与发展，必须时刻掌握竞争对手的动向，例如，注意竞争企业经营规模的变动、促销与服务体系的变化等。

4）政府政策与法律

政府的各种经济措施、政策与法律均会对企业销售产生影响，因此应及时了解这方面的信息，以便准确地作出销售预测。

2. 内部因素

1）营销活动策略

公司的产品策略、价格策略、销售渠道策略、广告及促销策略等的变更对销售额均会产生影响。

2）销售政策

销售政策的变动，如市场管理的变更、交易条件或付款条件的调整、销售人员报酬方式的变化、销售方法的更新等均会对销售额产生影响。

3）销售人员

销售活动是一种以人为核心的活动，所以人为因素对于销售额的实现具有相当深远的影响。

4）经营的品牌汽车的生产状况

应该考虑汽车产量和供应是否能满足销售活动的要求、生产技术水平的变动、产品质量以及是否需要更新换代等生产方面的因素。

二、汽车销售预测的程序

销售预测的程序是指进行销售预测的一系列步骤，它始于预测目标的确定，止于销售预测结果的使用。

（1）确定预测目标。企业的整体预测活动都是围绕着预测目标展开的，它关系到整个预测活动的成败，应尽量具体、详尽。

（2）初步预测。初步预测未来的销售量，主要确定预测应涉及的变量，如销售量、市场占有率、利润率等。

（3）选择预测方法。在销售预测中，常见的预测方法有定性预测法和定量预测法两种，具体内容见后面详解。

（4）依据内外部因素调整预测。需要考虑的内部因素有：同过去相比，预测期间的工作有何不同、营销战略是否有改变、是否有新产品推出、价格策略如何、促销费用如何安

排、销售渠道有无变化等。要考虑的外部因素有：经济环境是改善还是恶化、是否有新的重要竞争对手加入、竞争对手的营销策略变化等。

(5) 将销售预测与公司目标进行比较。比较销售预测和公司的营销目标是否一致；预测不能满足目标时，是降低目标值，还是进一步采取措施实现原来的目标。

(6) 检查和评价。销售预测不是固定不变的，随着内外部环境的变化，销售预测也会发生改变。应及时对销售预测进行检查和评价，并建立反馈制度，使一些重大的变化能够在销售预测和决策中得到体现。

三、汽车销售预测的方法

一般的汽车市场销售预测，多数以现有车辆的短期预测为主。现有车辆是指以现有的市场为对象，对从过去到现在甚至未来可持续销售的车辆进行预测，所以，该预测资料大多以过去的业绩为依据。一般来讲，销售预测方法分为定性预测法和定量预测法两种，实际应用时可细化为更多种，既可以通过统计方法或运用计算机进行，也可以凭直觉或经验来估算。至于何者为佳，则无固定标准可循。但有一点需要特别留意，就是不要拘泥于某一种销售预测方法，而应视实际情况加以预测。

定量预测法是借助数学和统计学的分析工具，通过对以往的销售记录进行分析来预测未来；而定性预测法不需要太多的数学和统计学分析工具，主要根据经验来判断。常用的汽车销售预测方法如表 3-1 所示。

表 3-1　常用的汽车销售预测方法

分　类	说　明	方　法
定量预测法	根据过去的业绩进行客观分析和统计	(1)　时间序列预测法 (2)　相关分析预测法
定性预测法	根据经验进行主观分析和推测	(1)　顾客意向调查法 (2)　销售人员综合意见法 (3)　高级管理人员估计法 (4)　专家意见法

1. 时间序列预测法

时间序列预测法又称趋势外推预测法或历史延伸预测法，具体是指将历史资料和数据按照时间顺序排列成一个系列，根据时间序列所反映的经济现象的发展过程、方向和趋势，将时间序列外推或延伸，以预测经济现象未来可能达到的水平。时间序列(Time Series)是指把反映某种市场现象的某一统计指标(如某地区的工业增加值、某种商品的销售量或销售额等)在不同时间上的数值按先后顺序排列而形成的数列，又称动态数列或动态序列。时间序列反映的是某一经济现象在时间上的变化发展过程。

在分析汽车销售业绩时，通常将销售业绩按照年、月的次序进行排列，以观察其轨迹。采用时间序列预测法进行汽车销量预测，就是分析汽车销量随时间变化的趋势，从而预测未来汽车销量的一种方法。其具体的应用方法包括平均预测法、指数平滑预测法、数学模型法等。

2. 相关分析预测法

事物变化时，彼此之间都存在着直接或间接的关系，汽车销售量也会随某种变量的变化而发生变化。例如，消费者的收入一旦增加，汽车的需求量必然上升；汽车数量一增加，维修保养服务量也会随之增加等。相关分析预测法正是通过统计分析销量及影响因素之间的关系，并借此进行预测的方法。

3. 顾客意向调查法

顾客意向调查法是根据购买者的意见进行销售预测的方法。许多企业在对产品市场总体无法掌握的情况下，往往采用这一方法，并能取得很好的效果。

1) 优点

销售预测本质上是一种在假设条件下，预估购买者将来可能的消费行为的一种艺术，这也表明最有用的信息来源是购买者本身。在实际调查中，企业一般根据购买者(包括潜在顾客)的名单接触他们(有时是面对面)，询问他们在某一特定情况下，在未来的某一时间计划购买哪些特定车型的汽车产品，并请他们说明愿意从某一特定厂商处购买的数量占其总购买数量的比例，或有哪些因素会影响他们对商品的选择。假定厂商获得了这些信息，同时这些信息也很可靠的话，那么厂商便可据此预测其未来的销售量。

2) 缺点

虽然这一方法比较好，但在实际操作中还有许多限制。

(1) 意愿问题。在许多情况下，购买者不会表露出他们的购买意向，即使消费者(购买者)在回答调查时表示愿意购买某产品，但实际上他并不一定会购买该产品。此外，购买者有时可能出于某种原因敷衍调查者，这会直接影响调查结果的准确性。

(2) 能力问题。这个方法的第二个缺点是消费者是否有能力回答调查中提出的问题，即在消费者愿意合作的前提下，这个方法的准确性仍然要看消费者是否有能力以明确、系统的方式表述其意向，因为对汽车性能等方面的知识比较熟悉的消费者不足调查人数的20%。

(3) 成本与收益问题。调查是要付费的，因此运用此方法时要考虑其成本与收益问题，即要考虑调查所获得信息的价值与搜集信息的成本相比是否值得。一般来讲，企业为降低成本，往往采用部分概率抽样的调查方法来代替全面调查(全查)，以电话或邮寄问卷的方式代替亲自访问，但此时若抽样方法不当就会影响调查的准确度。

3) 消费者意见调查的科学性问题

企业对汽车消费一般使用抽样调查，而且问卷的设计通常采用如下方式：

你是否有意在近两年内购买一部汽车？

☐是　☐否

运用这种调查方式，我们可以预见被调查者回答"是"的比例要高于"否"，所以调查的结果往往差强人意。因为回答不想购买者，也有购买的可能性。根据这种消费者购买意向调查的数据对短期内汽车的销售进行预测，虽然不是完全准确，但也具有一定的参考价值。

购买者意向调查法的适用前提是：①购买者很少；②调查成本很低；③购买者有明确的购买意向；④购买者愿意表达他们的意向；⑤购买者有能力实现他们原先的意向。

4. 销售人员综合意见法

销售人员综合意见法是指公司根据销售人员对其服务区域内的销售量或顾客未来需求量的估计进行综合预测的一种方法。其程序是先由各个销售人员预测自己所在区域内顾客的潜在需求量，然后由销售经理加以总结与修正后上报给公司，公司在对各地区的销售估计值进行修正的基础上，得出总体估计数据。

1) 优点

销售人员综合意见法的优点主要有以下三个方面。

(1) 各销售人员对实际业务情况较为熟悉，并且比较接近顾客，对顾客的认识比较深刻或更能看透市场发展趋势，特别是当产品技术含量高且技术更新快时，这一方法的优点更加明显，因此其所做的销售预测比较切合实际。

(2) 由于参与销售预测，销售人员对其估计结果具有较强责任感，也能接受公司下达的销售目标；同时他们对完成公司所提出来的销售配额具有较大的信心，更能鼓励他们完成销售目标(配额)。

(3) 销售人员综合意见法是一个从基层向上预测的过程，便于公司进行销售分析和管理。

2) 缺点

大部分销售人员的估计必须进行调整，因为销售人员的观察可能会有所偏差。销售人员难免受普遍乐观或悲观心理的影响，或者受最近销售成败的影响，从而作出较为极端的判断。更有甚者，他们可能不了解宏观经济发展，以及公司总的销售计划。他们也可能为了使自己下一年度的销售额能大大地超过销售配额，以获得奖金或升迁机会，而故意低估预测数字。同时，销售人员可能缺乏足够的学识与分析能力，或者没有时间进行详细估计，或者根本没有兴趣或不太用心等，这些因素都可能使得其所作出的估计不太准确，因而要进行修正。

虽然有这些缺点，但销售人员综合意见法仍被多家汽车4S店所应用，我国大部分的汽车销售和服务企业均使用此法。这是因为公司可以根据销售人员的预测下达相应的销售配额，销售人员也比较容易接受任务。为提高这一方法的准确度，公司可提供一些帮助或奖励以刺激销售人员作出较佳的估计，如公司可以提供给销售人员自己过去的预测与其实际销售业绩的比较记录表，或提供一些有关预测的资料，或将每一个预测做成摘要，提供给所有的销售人员。某些销售人员的估计可能会过分保守，以压低公司给他们的销售配额，遇到此情形，公司可根据他们所报的较低的估计，配给其较少的广告及推广费用，作为处罚。

销售人员综合意见法在下列条件范围内适用性较佳：①销售人员对信息来源非常了解；②销售人员很配合；③销售人员无偏差，或他们的偏差是可以更正的；④销售人员参与销售预测可以获得额外的利益。

5. 高级管理人员估计法

由于购买者意向调查法与销售人员综合意见法所需耗费的时间与成本太高，并且其所得的结果均需经过公司高级经理人员的修正，因此有时由公司高级营销人员直接估计，可以减少所耗费用，并且所得结果并不比前两种方法差。

高级管理人员估计法是指由公司高级管理人员各自根据其所获得的事实资料，独立估计下一期(或未来期间)可能的销售量，然后将此结果公布并请那些估计较为乐观者或悲观者说明其所持的理由，互相讨论之后，再请他们重做一次估计，如此重复估计直到彼此间的估计值集中在一个很小范围内，再取此范围的中值为预测值。此法的优点是简单明了，且所做的估计值综合了各方面的意见。当然有时各高级主管之间可能会坚持己见，以致无法获得一致的估计值，此时则宜由总经理作出最后裁决。其缺点是所得的最后预测值可能较不易为销售人员所接受。

6. 专家意见法

专家意见法是指根据专家意见作出销售预测的方法。专家既可以是厂商，也可以是技术人员和大学教授。专家意见既可能是调查购买者与供应商的结果，也可能是分析过去统计资料所得出的结论。

高级管理人员的估计有时难免会过于乐观或悲观，因此一些企业可能会借助外部力量，即请专家作出销售预测。例如，汽车制造公司经常请求他们的经销商直接作销售估计。这种方法的优缺点和销售人员综合意见法的优缺点一样，例如，经销商不可能进行很细心的估计，对企业将来的发展可能看得不准，亦可能故意提供有偏差的估计数字来获取眼前的好处。

有时候厂商会聘请外界科技人员、大学教授等来评定将来的市场需求量。事实上，厂商经常使用外界所提供的一般经济预测或特殊的工业预测，这也属于专家意见法。一些商业研究机构也常发行或出售长短期商业情况的定期预测，也可以作为专家意见来进行销售预测。

1) 优点

专家意见法的优点如下。

(1) 预测能做得比较快，并且费用较少。

(2) 在预测过程中能引证并且协调各种不同的观点。

(3) 如果基本资料较少的话，用其他方法可能找不到答案，求教于专家是最好的方法，如新产品市场销售预测就可以应用专家意见法。

2) 缺点

专家意见法的缺点如下。

(1) 其意见有时难以令人信服。

(2) 责任分散，如得到好的和坏的估计值机会参半。

(3) 用此方法所求得的地区、顾客、产品分类等预测数，没有总预测数那样可靠。

汽车4S店的销售预测方法选择要结合实际情况，将多种方法共同运用，以期互补，达到最佳预测效果。

第二节　汽车4S店销售目标与销售配额管理

在销售管理中，销售目标的制定相当重要。一个好的销售目标必须与公司的整体营销目标相配合，要有利于实现公司的经营方针、经营目标以及发展计划。好的销售目标能指导销售行为，激励销售人员，降低销售成本，增加企业利润，提高管理效率。因此，销售目标管理成为汽车4S店销售管理活动的有效手段。

销售目标管理

一、销售目标的内容

销售目标管理就是通过设定合理的销售目标，并对其进行合理的分解，通过合适的手段予以实施和监控，并关注最终结果和评估的一种管理过程。

销售目标是在企业营销目标的基础上确定的，一般来讲，企业的销售目标应包括以下几方面内容。

(1) 销售额指标。销售额指标包括部门、地区、区域销售额，销售产品的数量，销售收入和市场份额等。

(2) 销售费用的预算。销售费用包括差旅费用、运输费用、招待费用、费用占净销售额的比例、各种损失等。

(3) 利润目标。利润目标包括每个销售人员所创造的利润、区域利润和产品利润等。

(4) 销售活动目标。销售活动目标包括访问新顾客数、营业推广活动、访问顾客总数、商务洽谈等。

销售目标可以按销售团队、销售人员、时间段等分成各个子目标，在设定这些目标时，必须结合本企业的销售策略。

二、销售目标值的确定方法

销售目标值往往是在销售预测的基础上，结合本企业的营销战略、行业特点、竞争对手的状况及企业的现状而确定的。

作为一家以获得利润最大化(或效益最大化)为经营目的的汽车 4S 店，其销售收入(销售额)的多少就是企业经营好坏的最好标志，所以确定销售收入目标是确定整个企业的销售目标的核心。确定销售收入目标时，需考虑到三个因素，即与市场的关联、与收益性的关联、与社会性的关联等。

(1) 与市场的关联方面，是针对企业服务的顾客层及可服务多少顾客而言的。企业正是根据这个构想，来确保企业在市场中的地位，即销售目标值的大小必须能确保企业在市场中的地位，而企业为了确保其市场地位，务必对市场展开最佳的活动，使最终成果明显体现在"市场占有率"上。

(2) 与收益性的关联方面，销售收入的目标值必须能满足企业生存与发展所需的一切利益，也就是企业需从事足以获得收益的活动。

(3) 与社会性的关联方面，销售收入的目标值必须能满足企业内外各利益相关者的需求，为社会服务。

在确定销售收入目标值时，应统筹考虑上述因素，不可仅凭销售预测值而随意决定销售收入的目标值。确定销售收入目标值的方法主要有以下几点。

1. 根据销售增长率确定

销售增长率是本年度销售业绩与上一年度销售业绩之差同上一年度销售业绩的比率。其计算公式如下：

$$销售增长率 = \frac{本年度销售业绩 - 上一年度销售业绩}{上一年度销售业绩} \times 100\%$$

有时企业决定销售增长率非常简单。例如，最高层经营者下达指标：明年的销售收入额需增长 20%。此时，就不需任何计算，使用上述数值即可。

但若想求出精确的增长率，就必须从过去几年的增长率着手，利用趋势分析推定下一年度的增长率，再求出平均增长率。此时所用的平均增长率并非以"期数"(年数)去除"增

长率"，因为每年的销售收入是以几何级增加的，应该用计算几何平均数的方法计算平均增长率。

$$下一年度的销售收入目标值=本年度销售业绩×(1+销售增长率)$$

2. 根据市场占有率确定

市场占有率是指企业销售额占业界总的销售额的比率。其计算公式如下：

$$市场占有率=\frac{本公司的销售额}{本地区总的汽车销售额}×100\%$$

使用这个方法，首先要通过需求预测出本地区各家汽车公司总的销售收入的预期值。销售收入目标值为

$$下一年度的销售收入目标值=本地区汽车销售收入预期值×市场占有率目标值$$

3. 根据市场增长率确定

这是根据企业希望其市场地位扩大多少来确定销售收入目标值的方法。如果企业想保住本公司的市场地位，其销售增长率就不能低于业界市场平均增长率。其计算公式如下：

$$下一年度的销售收入目标值=本年度销售额×(1+市场增长率)$$

4. 根据损益平衡点公式确定

销售收入等于销售成本时，就达到了损益平衡。损益平衡时，对应的销售收入计算公式推导如下：

$$销售收入=成本+利润$$

$$销售收入=变动成本+固定成本+利润$$

$$销售收入=变动成本+固定成本(利润为零时)$$

变动成本随销售收入(或销售数量)的增减而变动，故可通过变动成本率计算损益平衡点上的销售收入。

$$销售收入-变动成本率×销售收入=固定成本$$

可利用上述公式导出下列损益平衡点上的销售收入公式：

$$损益平衡点上的销售收入=固定成本÷(1-变动成本率)$$

5. 根据销售人员确定

1) 根据销售人员人均销售收入确定

这是以销售效率或经营效率为基数求销售收入目标值的方法。其中最具代表性、最简易的方法是运用如下公式：

$$销售收入目标值=每人平均销售收入×人数$$

每人平均销售收入与人数的乘积就是下一年度的销售收入目标值。当然，以过去趋势作出单纯的预测或以下一年度增长率为基准进行预测均可。

2)　根据人均毛利确定

这是根据每人平均毛利计算销售收入的方法。其计算公式如下：

$$销售收入目标值 = \frac{每人平均毛利×人数}{毛利率}$$

3)　根据销售人员申报确定

这是逐级累积第一线销售主管申报的销售收入预估值，借以计算企业销售收入目标值的方法。由于第一线销售人员最了解销售情况，所以经过他们估计而申报的销售收入必然是最能反映当前状况，而且是最有可能实现的销售收入。当然，如果第一线销售人员的总预测值和经营者的预测值一致的话，最理想。当采用该方法时，务必注意以下三点。

(1)　申报时尽量避免过分保守或夸大。预估销售收入时，往往产生过分夸大或极端保守的情形，此时，销售人员应依自己的能力来申报"可能"实现的销售收入值。身为第一线领导者的业务经理，务必使每一个销售人员都明白这一点。

(2)　检查申报内容。销售管理者除应避免过分夸大或保守外，还需检查申报内容的市场性，即检查申报内容是否符合过去的趋势以及市场购买力。

(3)　协调上下目标。由于销售人员的申报是"由下向上分配式"，一线销售人员往往过于保守，其销售收入目标值一般定得比较低，不能达到公司总的销售收入目标要求。因此，销售经理还要采用下达销售收入目标的"由上向下分配式"来调整销售收入目标，并做好协调工作。

在确定了销售收入目标值后，再确定其他销售目标，如利润目标、活动目标、费用目标等。

三、销售目标的分解

在确定总体销售目标后，就要对销售目标进行分解。企业进行销售目标分解时应将公司的年度总销售目标、部门目标分解到每一层、每一个岗位。对于汽车 4S 店来讲，其销售目标可以分解为三种层级，如图 3-1 所示。

销售管理中应该结合每个销售员工的实际情况进行适度的调整，而不能平均分解任务目标。

汽车4S店经营管理(第3版)(微课版)

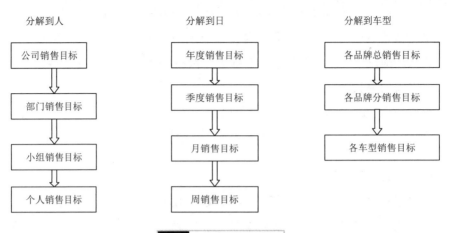

图 3-1　销售目标分解图

【资料链接】

某销售团队销售目标的分解

　　某销售团队总体销售目标是 2000 万元，下面有 5 个员工。销售经理在为每个员工制定目标的时候，员工个人都希望自己的目标少一点，这样压力就小一些。如果按照平均分配目标的原则来分解任务的话，每个人的销售目标是 400 万元，加在一起刚好达到总体 2000 万元的销售目标。但是经理经详细考虑后发现这样分解目标虽然容易，但风险很大：如果有一个人出现问题或者有一个人出现偏差，整个团队的目标就很难完成。考虑多种因素后，该销售经理决定开会讨论，最后团队一致同意结合个人的实际情况进行目标分解更合适。

　　于是销售团队综合考虑员工各方面的条件，最终确定目标如下：销售员甲，能力一直不错，业绩也不错，就让他多做一些，目标定在 600 万元；销售员乙，能力还可以，但不如甲，就给他定目标 500 万元；销售员丙，按照正常来做业绩，可以做到 400 万元；销售员丁，目标定在 400 万元；销售员小张刚来公司不久，销售能力弱一些，目标可以定在 300万元，这样加在一起就是 2200 万元，比总的销售目标要高。这次销售目标的分解能够在一定程度上保证完成总体目标，规避了个别员工出现偏差而未能实现销售目标的风险，同时结合每个人的能力，能够更好地调动员工的积极性，从而为总体目标的实现提供了更多保障。

　　对于个人来讲，销售目标通常包括数量目标、质量目标、时限目标和成本目标等内容。

(资料来源：作者根据网络资料整理)

　　大成功是由小目标所积累的，要想达到目标，必须是一步一个台阶地走上去。把大目标分解为多个容易实现的小目标，并一步步脚踏实地地去实现，才能最终实现企业总体目标。

四、销售配额的作用及确定的程序

销售配额是指在一定时期内分配给销售人员完成的销售任务，是销售人员需要努力实现的销售目标。销售配额是一把尺子，有利于有效地计划、控制、激励销售活动，以达到整个企业的销售目标。

在企业的销售目标管理中，销售经理制定销售目标，安排销售进度，将目标额分配到各销售班组和个人，然后协助他们完成任务，最后对销售人员的销售成果加以评估与考核。在整个过程中，销售配额是销售经理对销售工作进行管理的最有力的措施之一，它有助于销售经理规划每个计划期的销售量及利润，安排销售人员的行动。

1. 销售配额的作用

销售配额是为销售人员设置的目标，对于销售经理及销售人员都具有重要的作用，具体体现在以下几个方面。

1) 导向作用

完成销售配额就是销售人员工作的目标。量化的指标便于销售经理指导销售人员的工作，同时为销售人员的努力指明了方向。销售经理通过比较员工销售配额的完成情况，可以发现销售组织的优势和劣势，销售人员从配额的完成情况中也可以识别市场上存在的问题与机会。合理的配额设置可以使销售经理对各方面的工作进行总结。例如，难以销售的产品总是隐藏在易于销售的产品中，如果按每种产品来分配配额，就可以发现这种情况。按地域或消费者来分配的配额也可以起到同样的作用。

2) 控制作用

配额一经确定，销售人员便有了衡量销售绩效的标准。配额的设置可以使销售人员积极地参与公司的活动，如设置新顾客访问配额、大顾客销售配额、产品展示配额等。

为了更有效地工作，配额的设置应涉及销售活动的各个方面。例如，在开拓市场的前期工作中，仅仅设置销售配额是不够的，还应对新顾客拜访、潜在顾客的确认以及其他一些辅助性销售活动设置配额。因此，在设置配额前，销售经理一定要全面考虑销售人员应该参与的活动，并在配额设置上体现出来。

3) 激励作用

销售经理总是在寻找保持销售人员士气的方法，如果配额的设置具有挑战性，就可以产生很大的激励作用。如果目标很容易实现，激励的作用就会减弱，销售人员可能因此而变得懒散，甚至这些较低的目标也实现不了。如果目标定得过高，谁会为一个不能实现的目标而努力呢？强迫销售人员实现不能实现的目标只能起反作用。也许销售人员能够完成销售目标，但结果却会损害与消费者的关系。因此，设置一个合理的配额，对组织、销售

经理、销售人员都会有很大的好处。

配额常被用来激励销售人员克服困难,例如,当某些产品销路不畅或面临激烈的市场竞争时,可以通过设置配额来激励销售人员加强这方面的销售工作。

4)评价作用

销售配额对于评价销售人员的工作也提供了标准,合理的配额设计有利于销售经理对销售人员的能力进行评估。当配额直接与销售人员的薪水或报酬挂钩时,它不仅具有评价作用,而且激励作用也会更明显地体现出来。销售经理在比较销售人员的实际成果与销售配额的差距后,可据此指导销售人员下一步的销售行为,以提高整体销售绩效;销售人员也可以将自己的实际绩效与销售配额进行对比,找出销售工作中存在的不足和问题,从而不断地提高销售效率。

2．销售配额确定的程序

设置配额通常是一件困难的事情,需要认真对待。作为销售经理,首先要确定配额的类型,然后根据不同的类型确定相关的配额;其次要确定配额基准,逐一制定任务标准;最后根据销售人员所在区域的情况进行调整。

销售配额设置是销售管理的重要职能,设计销售配额时,必须使之能够激励销售人员完成个人和公司的销售目标,为此,必须遵守以下原则。

(1) 公平原则。配额应真实地反映销售人员的潜力。

(2) 可行原则。配额应可行并兼具挑战性。有些公司设定的基数较低,因而起不到对销售人员的激励作用。

(3) 综合原则。与销售量配额相关的各种其他销售活动配额也应同时明确。

(4) 灵活原则。配额应具有一定的弹性,要依据环境的变化进行调整,以保持销售人员的士气。

(5) 可控原则。配额应便于销售经理对销售人员的销售活动进行检查,同时要便于销售经理对偏离销售目标的行为采取措施。销售配额一般体现在销售计划及销售进度表中。

五、销售配额的类型与分配方法

1．销售配额的类型

通常有五种销售配额类型,即销售量配额、销售利润配额、销售活动配额、综合配额和专业进步配额。对任何一项具体的销售工作,都可以选择那些与工作密切相关的配额。

1) 销售量配额

销售量配额是指销售经理为销售人员设定的在未来一定时期内应完成的销售量目标。

销售量配额便于销售人员了解自己的任务。

销售量配额是汽车销售管理活动中最常用也是最重要的配额之一，因为公司总是希望销售人员实现最大销售量。销售量配额通常是在考虑市场潜力的情况下，以销售预测为基础制定的。

销售经理设置销售量配额时必须预测销售人员所在的销售区域的销售潜力。销售经理一般是根据对现有市场状况的分析来估计不同地区的销售潜力，因此需要研究以下因素。

(1) 区域内总的市场状况。

(2) 竞争者的地位。

(3) 现有市场的特点和市场占有率。

(4) 市场覆盖的程度(一般取决于该市场销售人员的主观评价)。

(5) 该地区过去的业绩。

2) 销售利润配额

企业在销售活动中往往重视销售量而忽略了利润。设置销售利润配额的目的就是为了避免这种情况的发生。公司通过利润配额可以控制销售费用，进而控制公司的毛利润和净利润。销售费用对公司的利润有很大影响。销售费用控制的好坏直接影响同一行业不同公司利润率的高低。利润配额与销售量配额一起使用，可以使销售人员明白收入与利润率都是公司关注的目标。例如，销售人员乐于将精力投入到容易销售的产品和熟悉的顾客身上，但是，这些产品和消费者能给公司带来的利润可能很低，而花费的费用与那些销售困难的产品或陌生的顾客却是一样的。因此，利润配额可以激励销售人员访问那些能给公司带来更大效益的顾客，销售能给公司带来更高利润的产品。

销售经理通常希望通过经济手段激励销售人员控制费用，利润配额和销售量配额一样，可以紧密地与薪金分配联系起来，从而起到激励销售人员控制费用的作用。将销售津贴付给那些将费用保持在一定水平的销售人员可以起到同样的作用。

(1) 毛利配额。公司销售的汽车品牌或系列多，而销售每种品牌的汽车实现的利润是不同的，所以可以采用毛利配额。有时，公司用这些指标来替代销售量配额，强调利润、毛利润的重要性。

设置毛利配额，可以使销售人员集中精力提高毛利润。然而，毛利润是很难控制的。通常，销售人员销售汽车的价格调整权限有一定限制，在这种情况下，销售人员无法完全对销售毛利润负责。

(2) 利润配额。很多经理认为利润配额是体现销售目标最好的形式。利润等于毛利润减去费用。利润配额与管理的基本目标直接相连。

利润配额也有一些缺点，销售人员无法控制影响利润的因素。在这种情况下，销售人员无法完全对自己的业绩负责，故以利润为依据评价销售人员的工作是不公平的。合理地

计算销售人员创造的净利润是非常困难的。销售人员的净利润取决于所出售的产品、每种产品的毛利润、出售这些产品时所花费的费用,这些因素使得利润配额的管理很困难,需要大量的资料,而且要获取这些资料需要花费大量的时间。在这种情况下,业绩的控制很困难。

3) 销售活动配额

销售活动配额是用来指导销售人员其他销售活动的指标,这些活动主要包括以下几方面。

(1) 宣传企业及产品的活动。

(2) 产品演示活动。

(3) 吸引新顾客,鼓励其成交。

(4) 展示产品和其他促销工作。

(5) 为消费者提供服务、帮助和建议。

(6) 拜访潜在顾客。

(7) 培养新的销售人员等。

销售活动配额使销售经理能够更好地控制销售人员的时间使用,即在不同销售活动中的时间分配。典型的销售活动包括销售访问、拜访潜在顾客、拜访新顾客、产品演示等。不论是对公司还是对销售人员,这些活动的效果都不会立即显示出来,但是如果市场有足够的开发潜力,就必须不断地努力。遗憾的是,在很大程度上,这些活动的效果是由销售经理主观评价的。销售经理必须研究销售人员对基本顾客所花费的时间和所作访问的记录,依靠主观判断来估计销售人员在这些活动中的价值。

像利润配额一样,活动配额用于指导销售人员从事非产品推销性的销售活动。否则销售人员有可能忽视了将来的发展,而仅关心当前的利益。

有些销售活动虽不能直接实现销售收入,但对将来的销售工作影响很大,如销售报告、顾客调研等。因此有必要以活动配额来评价销售人员的业绩。

使用活动配额时也会遇到一些问题,如员工参与人数多,信息必须从销售人员报告中获得。而这些报告往往偏重数量而忽视质量,因此无法显示出工作的实际状况。另外,由于这些销售活动无法直接实现销售收入,因此很难对销售人员产生激励作用。通常情况下,活动配额与销售配额一起使用并配以一定的津贴奖励,可以提高销售人员的积极性,促使其按规定完成活动配额。

4) 综合配额

综合配额是对销售量配额、利润配额、活动配额进行综合而得出的配额。综合配额以多项指标为基础,因此更加合理。设置综合配额远比设置单一销售目标更复杂,因为它涉及权重这个概念。权重是对活动重要性的量化。

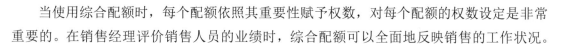

当使用综合配额时，每个配额依照其重要性赋予权数，对每个配额的权数设定是非常重要的。在销售经理评价销售人员的业绩时，综合配额可以全面地反映销售的工作状况。

5）专业进步配额

专业进步配额是指涉及销售人员销售技巧和能力的配额。它不易量化，只能作为定性指标，因此很难设定和考核，一般用一些不可替代的相关指标，如与消费者的关系、顾客对销售和服务的满意度等来衡量。这种配额的确定主要是为了提高销售人员的素质和销售能力。

2. 销售配额的分配方法

分配目标销售额的具体方法如下。

(1) 根据月份分配，即将年度目标销售额按一年12个月或4个季度平均分摊。如果能将销售人员业务能力、品牌特征与月份结合起来，效果会更好。

(2) 根据业务单位分配，即在分配销售配额时，以小组或小区为单位进行分配。

(3) 根据品牌分配，即根据业务员销售的品牌产品进行销售配额分配。

(4) 根据顾客分配，即根据某品牌汽车所面对的顾客多少和性质来决定配额大小。

(5) 根据业务员分配，即根据业务员的能力大小来分配配额。

第三节　汽车4S店销售组织管理

一、销售组织的含义

所谓销售组织，是指企业销售部门的组织结构，具体是指企业为了实现销售目标而将具有销售能力的人、商品、资金、情报信息等要素进行整合而构成的有机体。销售组织能够使组织中的各种要素得到充分的利用和发挥。对于汽车销售企业而言，销售组织就是将经营的汽车商品销售给顾客的销售部门的组织。

当一群人在一个团体内(如公司)为同一个目标而努力时，就会产生"组织"的需求。换句话说，组织就是将员工在工作中的地位、职责和权利，以及他们相互间的关系加以明确地规定。为了发挥最高效率并达到销售目标，必须组织一个强有力的销售队伍，这是对一个销售管理者的要求。销售队伍中的每一个销售员都是公司在某种情况下分配来的，如何把这些人组成一个团队，并使这个团队具有强大的战斗力是销售管理者首先要解决的问题。一般来说，销售队伍的组成比例是2∶6∶2。第一个2是指优秀销售员，他们能完成整个销售额的50%；6是指一般销售员，他们能完成整个销售额的40%；后一个2是指落后销售员，他们只能完成整个销售额的10%。

建立企业销售组织必须弄清四个重要概念，即分工、协调、授权、团队。

1. 分工

公司为了实现目标，必须在各部门之间进行分工合作，如分成市场分析、采购、仓储、促销、推销、收款等工作。只有通过专业的分工，企业才能最终获得效益。

产品的销售涉及促销、推销、售后服务等，顾客分布在不同的区域，因此，销售人员需要分工，才能完成企业的销售任务。

分工导致企业销售组织的部门化与层级化。所谓部门化，是指企业如何来划分必须要做的销售工作，经过划分的销售工作分配给哪一个单位去做的问题。换句话说，销售组织的部门化，也就是对分配给各销售组织单位的工作的种类、性质、范围等分别加以限定。阶层化是指不同的销售组织层次有不同的销售任务和工作，例如，销售组织高层的主要任务是销售战略管理，销售组织中层的分工是战术管理，而销售组织基层的分工是进行具体的销售活动。

2. 协调

分工虽然可以提高工作绩效，但也会产生若干问题。特别是实行了目标管理后，各部门人员对公司总体目标不能全面了解，只能以部门目标为最终目标。"本位主义"妨碍了公司整体目标的实现。为了弥补销售分工带来的缺陷，企业应运用"协调"这一方法，使部门与部门之间、人员之间彼此协调，相互了解沟通，消除冲突，整合资源，发挥各部门的力量，以达到整体销售效果。

销售工作是一项自由度较高的工作，销售人员分布在不同的地方，更需要协调，以便按照企业的销售计划统一行动。要实现销售战略上的协调并在业务上进行联络、洽谈以及情报交换，销售经理应特别注意与部属之间的意见沟通，以免发生误会或不协调。总公司的销售部与分公司更要相互联络与协调，以免部门之间、上下级之间出现对立或不协调。

3. 授权

所谓授权，是指将执行的权利授予下属或责任人。随着企业销售工作的发展与扩展，企业内部的销售活动分工越来越细，销售组织层次不断增加，形成了公司销售管理层、部门销售管理层、一线销售管理层和销售作业层四个层级，这四个层级各负其责。当销售各部门之间有分歧无法取得协调，或是销售上下级部门在执行的细节上无法协调时，公司的最大效益就无法得到保证。因此，企业为求得销售各部门之间、销售人员之间的协调，必须建立授权制度。

4. 团队

团队可定义为在特定的可操作范围内，为实现特定目标而共同合作的人的集合体。团队涉及销售队伍组织的策略问题，即销售人员以何种方式与目标顾客接触，是独自一人工作，还是采用小组推销、推销会议或推销研讨会的方式。从目前发展的趋势来看，销售工作越来越需要集体活动，需要其他人员的支持与配合。因此，团队形式的小组推销越来越受到企业的重视和顾客的欢迎。

二、建立销售组织的步骤

1. 明确销售组织设立的目标

设立销售组织的第一步，是确定所有要达到的目标。最高管理层确定公司的整体目标，主管销售业务的负责人确定销售业务部门的目标。大部分销售部门的目标是：①完成一定的销售量；②获得一定的净利润；③扩大市场覆盖面；④为顾客服务，提高顾客满意度。

短期特定的目标小而明确，能较好地提高销售管理效率。销售业务部门的人员与其他部门的人员一样，如果指派的目标明确，则工作将更有效，可以避免浪费时间、精力与财力。

短期特定的目标应随时调整、修订。一般来讲，如果销售外部环境没有大的变化，销售部门的基本组织也不需要变化。当销售情况或特定的目标发生变动时，销售组织应随之而改变。销售业务部门的长期目标左右着销售业务工作的总体方向，需要相当长的时间才能完成。不论是长期目标还是短期特定目标，都是销售政策建立的依据。总之，销售业务部门目标的确立或重订，是设计合理销售业务组织的起点。

2. 进行销售岗位分析

要想达到销售组织目标，首先应确定要完成何种销售活动。为了搞好企业的销售工作，任务、责任必须合理地分配到各销售业务岗位。因此，我们就必须对销售活动进行分类，将相关的工作分派到同一岗位，并采用高度专业化的组织。

当然，在实际销售活动中，为求销售管理的经济性，常迫使一个职位要负责多项工作。若设置职位较多时，凡属相关的工作应归纳到一起，并设立相应的部门按照销售岗位配置人员。

根据销售活动的岗位要求，将任务分配到销售人员个人。因此，首先要确定不同销售岗位的人员任用资格条件，并建立相应的编制。在确立销售组织框架后，应找出合适的销售人员担任相应的岗位工作，以便销售工作能顺利完成。企业甚至可以对这些销售人员加以训练后再让其上岗。

3. 制定协调与控制方法

销售活动分工复杂，人员之间也存在着层级，因此需要协调和控制，以保证销售活动按照既定的目标前进。在管理销售活动时，应有适当的授权，以推动销售工作的进行。管理者应有足够的时间来协调各种销售活动以及销售部门与其他部门之间的关系。

销售业务部门的销售人员应对销售组织结构图加以研究，以明确自己在组织内的位置、应对何人报告、与他人的关系如何以及如何与他人合作等。

4. 改进销售业务部门的组织工作

销售业务组织运作后，要定期检查销售业绩是否符合既定的销售目标，当实际绩效与目标有差距时，要加以改进。

市场实践表明，企业为了应对竞争、服务于顾客，往往需要进一步扩张销售区域、增加新部门等，此时应对原先的销售组织加以评估与改善。

三、销售团队建设

1. 销售团队的构成要素

一个运动队的队长要负责协调队员间的配合，并最终对该队的成果负责。为了取得成功，队长必须充分利用每一位队员的技能。销售经理的工作和运动队队长的工作相似。他必须学会如何分配任务以及如何激励团队成员作出最大的努力，否则就达不到他们的销售目标。团队销售能够帮助企业合理地安排内部资源，提供更高水平的顾客服务，赢得更多具有竞争性的销售机会，带来更高的销售收入，减少拜访次数并缩短销售周期。

任何组织的团队，都包含目标、定位、职权、计划和人员五个要素，销售团队的建设也不例外。因此，销售经理应重点从这五个方面着手考虑销售团队建设问题，这有利于抓住问题的关键。

1) 销售团队目标

销售团队目标是销售团队建设的第一要素。为什么要建立销售团队？你希望它是什么样的？它们是基于工作关系形成的天然团队，还是仅仅为完成某项具体销售任务组成的项目团队？他们能够发展成自我管理的团队吗？这些团队是短期存在，然后分崩离析，还是能够持续存在多年？

尽管销售团队的具体目标各不相同，但所有的销售团队都有一个共同的目标，那就是把销售工作中相互联系、相互依存的人们组成一个群体，使之能够以更加有效的合作方式达成个人、部门和企业的目标，为顾客提供更好的服务。特别是对产品技术含量高的公司来讲，团队销售通常是解决顾客问题的集技术与营销技能于一体的最佳途径。

在确定是否采用团队销售时，销售经理必须对团队销售能够为公司的业务能力带来多大提高进行评估，然后把进行团队销售拜访的费用与单独进行销售拜访的费用进行比较，相关公式如下：

$$单次销售拜访的平均费用 = \frac{销售人员总费用}{销售拜访次数}$$

$$单次销售拜访的销售支持人员费用 = \frac{支持人员耗费的小时数 \times 每小时平均工资}{销售拜访次数}$$

$$团队销售拜访费用 = 单次销售拜访的费用 + 销售支持人员的费用$$

$$团队销售费用率 = \frac{团队销售总额}{团队销售拜访费用}$$

如果上述分析表明进行团队销售带来的收益率高于单个销售的收益率，那么就应该考虑实施团队销售战略了。

2) 销售团队定位

销售团队如何融入现有的销售组织结构中，从而创造出新的组织形式？这是一个重要的问题。当然，这不单纯是画一个新的销售组织结构图的问题，而是要改造公司的思维方式，使其成为一个更具有合作性的工作场所，让来自销售组织不同部分的人员能够真正地成为团队伙伴。这将打破传统的销售组织结构模式，使企业重新审视销售组织自身的结构问题。在进行销售团队的定位时，有必要重点考虑的问题包括：由谁选择和决定销售团队的组成人员？销售团队对谁负责？如何采取措施激励团队及其成员？

在对销售团队目标、定位和其他相关问题进行讨论、作出回答后，接下来就可以制定一些规范，规定团队任务，确定团队应如何融入现有的销售组织结构中。在形成销售团队规划书或任务书时，应该尽可能地仔细考虑，规划书应尽可能地传递公司的价值观及团队预期等重要信息。

3) 职权

一旦完成了上述工作，销售经理就可以把工作重点转向职权的划分。所谓职权，这里是指销售团队负有的职责和应享有的权限。销售团队的工作范围是什么？它能够处理可能影响整个组织的事务吗？或者说，它的工作重点集中在某一特定领域吗？你愿意让你的销售团队作为主要顾问提出意见和建议吗？你希望你的团队真正采取实际行动，促成某种结果吗？你的团队是自然团队(成员来自组织内同一部门或工作领域)、混合团队(成员来自销售、技术、财务、生产等不同的部门)，还是项目团队(为完成特定计划或项目而组建的临时性团队)？不同团队的界限是什么？各团队在多大程度上可以自主决策？这些问题直接影响着团队实现既定目标的能力，必须引起高度重视。

这些问题实际上是销售团队目标和定位的延伸。销售经理的职权划分类似于制定一套职位说明书，大致确定销售团队中每位成员的职责和权限。在这方面，销售经理要解决的问题取决于销售团队类型、目标和定位，也取决于组织的基本特征，如规模、结构及业务

类型等。

4) 计划

销售团队的第四个要素是计划，它关系到每个团队的构成问题。销售团队应如何具体分配和行使组织赋予的职责和权限？换句话说，销售团队成员分别做哪些工作，如何做？销售经理可能会决定把这些事情留给各团队成员去决定，也可能提出一些指导原则。每个团队有多少成员才合适？各团队都要有一位领导吗？团队领导职位是常年由一人担任，还是由成员轮流担任？领导者的权限与职责分别是什么？应该赋予其他团队成员特定职责与权限吗？各团队应定期开会吗？会议期间要完成哪些工作任务？除参加会议外，销售团队成员应独立地或分成不同小组完成哪些工作任务？预期每位成员把多少时间投入到团队工作？销售经理应根据组织本身特点和实际需要，对这些问题进行合理选择。最后需要强调一点，有些销售组织，尤其是一些规模较小或结构相对简单的销售组织，倾向于首先考虑人员问题，而不是优先考虑职权和计划问题。实际上，遵循以上建议的顺序似乎更明智，可以避免在决定团队如何发挥作用前选定团队成员而导致的一系列问题。

5) 人员

销售团队的最后一个要素是人员问题。销售团队是由人组成的。确定销售团队目标、定位、职权和计划，都只是为销售团队取得成功奠定基础，最终能否获得成功取决于人。

销售团队人员的选择非常重要。如果采取自愿原则，可选择的人员相对比较少；如果团队是跨部门的，就必须选择不同部门较有代表性的成员。在选择团队成员时，销售经理或团队领导都应该尽可能多地去了解候选者。他们每个人都有哪些技能、学识、经验和才华？更重要的是，这些资源在多大程度上符合团队的目标、定位、职权和计划的要求？这都是在选择和决定团队成员时必须认真了解的。销售团队并不是5名或10名最优秀的销售人员的简单集合，而是能够产生协同作用的人员的合理组合。

2. 销售团队领导者的选择

如果一个销售团队在实现目标方面取得了成绩，那么它一定具有下述特点：第一，销售团队的方针明确；第二，在实行这一方针方面，销售活动的领导者头脑清醒，其领导作用得到发挥；第三，团队内部能够相互沟通。为达到以上三点，在销售团队建设时，应选择合适的团队领导者。

在选择团队领导者时，应以下述内容为标准：从个性上来说，团队领导者应该是有勇气、正直、充满爱心的人；从素质上来说，团队领导者应该是一个具有决断能力的人，是一个具有创造性的人，是一个能够系统地解决问题的人。

一个称职的销售团队领导者应该做到以下六点。第一，意识到领导者的责任，例如不转嫁责任，不逃避责任，不一人独占成果等。第二，发挥领导作用，例如以公司的销售活动为中心发挥自己的领导作用，为下属解决问题提出建议、作出指导等。第三，加强管理，例如根据原则管理团队，自己率先遵守规章制度等。第四，彻底加强事前管理，例如预算管理、人员管理、行动管理、计划管理等。第五，发挥领导者的自主性和主导性，例如有自己的想法，并提出自己的意见和建议，作出自己的判断等。第六，具有领导者应具备的行为特点，例如努力使行动客观化，加强信赖关系等。

3. 销售团队的目标管理

1)　销售团队目标管理的步骤

所谓销售团队的目标管理，是指配合公司的销售策略制订销售目标计划，决定方针、安排进度、切实执行，并使销售团队有效地达到目标，同时对其销售成果进行严格检查。

销售团队目标管理的步骤可分为以下几个方面。

(1)　设定销售团队的目标。

(2)　执行销售团队的目标。

(3)　评估与修正销售团队的目标。销售团队目标管理评估的对象可按照产品、部门、人员、经销商等进行划分。销售团队目标的评估可采用 4W1H 法：①由谁评价(who)，一般为经办者本人、上司和主管评价部门；②何时评价(when)，一般可分为日常评价、定期评价、年底总评价；③为什么评价(why)，评价目的一般有改善业务、改善团队等；④评价什么(what)，一般有对结果的评价和对过程的评价；⑤如何评价(how)，评价方法有绝对评价和相对评价。

(4)　目标管理的奖惩。销售团队目标管理应搭配奖惩机制，以激发团队成员的工作潜能和销售士气。奖励方式可分为精神奖励与物质奖励两种，奖励内容可分为目标奖励、团体奖励与个人奖励、年终绩效员工奖励等。

2)　树立团队精神的要点

销售团队目标管理的关键是树立团队精神，要点如下。

(1)　要使每个销售业务员都相信，当公司获利时，他们也会受益。

(2)　让团队所有成员都分享成功。目标达成时一起庆祝，共同参与颁奖典礼，邀请每个人及其配偶共进特别的晚餐，甚至举办公司野餐。

(3)　保证团队内部竞争是健康的，避免造成销售业务员之间的不和。在赞美甲销售员上个月的工作很努力时，不能责问乙销售员"为什么不能像甲一样做得那么好"，那样只会使乙希望甲下个月业绩不好。

(4)　鼓励团队中的成员一起努力。一起工作确实是建立同事感情的最好方法，要让他们彼此帮忙、取长补短。

(5)　确保销售团队中任何人的杰出表现都能被公司本部所知晓。要让表现好的人知道，公司的管理层已经注意到他们的好表现了。必须让销售业务团队中的所有成员都感觉到参

与到团队中是很光荣的，且能得到合理的奖赏。

第四节 汽车4S店销售业务流程管理

销售在很大程度上是由销售人员的销售活动完成的，如果单纯从销售人员与其销售对象接触和交往的时间顺序来看，汽车4S店的销售业务流程包括：销售准备、接待顾客、车辆展示与推介、交易达成、销售中的服务(代理缴纳车辆购置税和保险、代理牌照办理、代理贷款办理等)、售后服务等。

一、销售准备管理

销售准备是至关重要的，销售准备的好坏直接关系到销售活动的成败。一般来说，销售准备工作主要包括四个方面：一是进行市场调查，寻找潜在顾客；二是从潜在顾客中筛选顾客，确定最有可能消费的顾客作为重点推销对象；三是制订好销售计划；四是进行相关知识和推销工具的准备。每一位销售员都应该在销售前做好这四个方面的准备工作，以便做到心中有数、稳操胜券。

1. 寻找潜在顾客

由于推销是向特定的顾客推销，推销员必须先确定自己的潜在销售对象，然后再开展实际推销工作，所以寻找顾客的含义包括两层：一是根据自己所推销商品的特征，提出成为潜在顾客必须具备的基本条件；二是通过各种线索寻找并确定出符合这些基本条件的顾客。寻找顾客、确定潜在的顾客不是一项简单的任务，需要做大量细致、艰苦的调查和研究工作。对于大多数商品来说，80/20定律都是成立的。也就是说，一件商品80%的销售额是来自这种商品所拥有顾客中的20%。那么如果你能顺利地找到那20%的顾客，就可以事半功倍。所以，作为一名现代的销售员，必须经常对顾客的需求进行深入调查，正确判断推销对象的真实需要，这是变潜在顾客为现实顾客、变潜在购买为现实购买的重要依据之一。只有做到这一点，才能克服盲目性，提高推销效率。

【知识拓展】

寻找潜在顾客的方法

寻找和发掘潜在顾客的方法有很多，下面是一些常见的方法。

(1) 资料发掘法。资料发掘法是指通过分析各种资料，如统计资料、名录类资料、报刊类资料等寻找潜在顾客。

(2) 渠道发掘法。从你认识的人中发掘潜在顾客；从陌生人中发掘潜在顾客；通过商业联系发掘潜在顾客；从其他企业销售人员处获取潜在顾客信息；利用因工作变动的销售顾问的顾客名单发掘潜在顾客；通过连锁介绍去发掘潜在顾客；在展览会和促销活动中发掘潜在顾客；从成交顾客中发掘潜在顾客等。

寻找顾客时，销售员必须注意，并非每一个潜在的顾客都是合格的顾客。为了克服盲目性、增强科学性，销售员有必要考虑以下几个特征，只有具备下述特征的顾客，才能成为现实意义上的顾客，才是合格的顾客。

(1) 对产品有真实需求。销售员首先要对潜在顾客进行购买需求审查，以便事先确定该推销对象是否对销售员所推销的商品有需求。如果销售员确信顾客的真实需求与自己的商品相适应，那么就应该满怀信心地去推销；反之，如果顾客压根不喜欢某种商品，而销售员却一味地向他推销，那么销售员完全是在做无用功。

(2) 有支付能力。在确定顾客对产品有真实需求后，销售员就要对推销对象进行购买力的审查。因为并不是任何潜在的购买需求都能自然地成为市场的现实购买需求，只有具备了支付能力的需求才有可能成为现实需求。不具有实际支付能力的潜在顾客不可能转化为现实意义上的顾客，不会成为合格的顾客。如果销售员不进行市场调查，不对顾客的资信作一番了解，不了解顾客的支付能力，就会陷入盲目的境地，造成被动局面，降低推销工作的效率，甚至遭受严重的物质和财力损失。

(3) 有购买决策权。如果潜在顾客具备了以上两个条件，但缺乏必要的购买决定权，那么交易仍旧不能达成。所以，当销售员在拜访一位顾客时，及时掌握他是否有购买决策权也是十分重要的。销售员为了提高推销工作效率，要善于识别购买决策人，有的放矢地开展推销工作。当然，对于销售员来说，消费者个人是否具有购买决策权还是比较容易确定的。比较难确定的是单位采购的购买决策权，因为那里的决策层次多，决策系统复杂，而销售员又不容易见到能作出决策的领导。因此，这就对现代销售员提出了更高的要求。它要求销售员不仅要掌握产品知识和推销技巧，而且还要熟悉现代管理知识，了解企业内部的组织结构、人事安排、决策方式和决策执行程序。

【资料链接】

乔·吉拉德的连锁介绍法

乔·吉拉德(Joe Girard)是世界上销售汽车最多的超级汽车销售员，他平均每天要销售5 辆汽车。

他是怎么做到的呢？连锁介绍法是他使用的一个方法，只要任何人向他介绍买车的顾客，成交后，他会付给那个介绍人 25 美元。25 美元在当时虽然不是一笔庞大的金额，但也足够吸引一些人，举手之劳即能赚到 25 美元。

哪些人能当介绍人呢？当然每个人都能当介绍人，但有些人的职位更容易介绍大量的

顾客。乔·吉拉德指出，银行的贷款员、汽车厂的修理人员、处理汽车赔损的保险公司职员，这些人几乎天天都能接触到有意购买新车的顾客。

乔·吉拉德说："首先，我一定要严格规定自己'一定要守信''一定要迅速付钱'。例如，当买车的客人忘了提到介绍人时，只要有人提及'我介绍约翰向您买了部新车，怎么还没收到介绍费呢？'我一定告诉他，'很抱歉，约翰没有告诉我，我立刻把钱送给您，您还有我的名片吗？麻烦您记得介绍顾客时，把您的名字写在我的名片上，这样我可以立刻把钱寄给您。'有些介绍人并无意赚取25美元，坚决不收下这笔钱，因为他们觉得收了钱心里会不舒服。此时，我会送他们一份礼物或在好的饭店安排一顿免费的大餐。"

乔·吉拉德借助连锁介绍法获得了庞大的顾客源，加上自己的销售技巧和努力，最终成为世界超级汽车销售员。

(资料来源：https://wenku.baidu.com/view/bfe9d74dc850ad02de804155.html)

2. 制订销售访问计划

一旦找到了潜在顾客，或者确定了要访问的顾客，销售员就要制订销售访问计划。销售访问计划有助于建立销售员的信心，它能帮助销售人员在买卖双方之间营造友好的氛围。销售访问计划应包括四个方面：确定访问目标、建立顾客情况表、制订顾客利益计划、制订销售展示计划。为了顺利地达到访问目的，访问计划的内容必须具体，拟订时主要应做到以下几点。

1) 确定当天或第二天要走访的顾客

根据工作时间与推销产品的难度以及以往的推销经验来确定人数，从你所拟订的潜在顾客名单中挑选具体的顾客，可以将同一地区的顾客划分成一个顾客群，一次全拜访到，这样有利于节省时间，提高效率。

2) 确定已联系好的顾客的访问时间与地点

如果你已经与某些顾客取得了联系，那么不妨根据对方的意愿来确定访问时间与地点。一般来说，能够预先安排好访问时间将有助于访问计划的成功，而访问地点与环境应该具有不易受外来干扰的特点。

3) 拟订现场作业计划

针对产品的具体细节和可能遇到的问题来设计一些行动的提纲，拟定介绍的要点。在对产品有了深入了解的情况下不妨将产品的功能、特点、交易条款以及售后服务等关键信息归纳为少而精的要点，以便在销售过程中准确传达。预测对方可能提出的问题，并准备相应的回答，经验较少的推销员一定要多花一些时间在这方面，做到有备无患。

4) 推销工具和知识的准备

在出发前对销售做好各项准备是必不可少的，这是销售员走向成功的秘诀。同时，这一准备过程也是大有学问的。在推销时，除了要带上自己精心准备好的产品介绍材料和其他各种资料，如样品、照片、鉴定书、录像带等，还要带上介绍信、工作证、法人委托书、项目委托证明等，带上证明企业合法性的证件或其复印件也是非常必要的。如果公司为顾客准备了纪念品，也不要忘记带上。最后，当然还应准备一些达成交易所需的单据，如订单、合同文本、预收定金凭证等。

如果面对的是一项较为复杂的销售任务或新市场开发任务，可以成立销售小组。小组销售可以将对方的注意力分散，给每个人留下一段思考时间，有利于观察顾客、作出正确的反应。小组成员可以在知识、经验上相互弥补，相互促进。如果准备以销售小组的形式进行推销，那么就必须制订小组销售计划。

【小提示】

销售人员应该对自己推销的产品及其相关知识进行了解、研究。如果你不了解自己的产品，不了解产品技术，不了解竞争对手，那么顾客就会对你所进行的讲解产生不满甚至愤怒。

二、销售接洽管理

除了电话销售外，如果销售员不能面对面地接触顾客，那么无论用任何手段施展销售才能，其所做的努力都将白费。因此，在确定潜在顾客之后，销售员就要接近顾客，并与之洽谈。

1. 约见顾客

在进行推销活动时，通常需要先取得"面谈约见"的机会，然后按照约定的时间去访问，同时做好下次面谈的约见工作。因此，约见是征得顾客同意见面的过程。约见有以下好处：一是有利于销售员自然、顺利地接触顾客，避免出现拒客、遭受冷遇的局面；二是有利于销售洽谈的深入展开；三是有利于销售员节约时间；四是有利于销售员接触到合适的销售对象。

在现代销售技术的条件下，常用的销售约见方式有以下几种。

1) 电话约见法

电话约见法是指通过电话、传真等与推销对象取得联系要求面谈的方法。如果是初次在电话中约见，需要简短地告知对方自己的姓名、所属的公司、打电话的事由，然后请求与他面谈，务必在短时间内给对方留下良好的印象，并需要强调不会占用对方太多的时间。

2) 信函约见法

信函约见法是指通过文字形式向顾客发出邀请，要求面谈的一种方法。信函可谓是比电话更有效的沟通方式。虽然随着时代的进步出现了许多新的传递媒介，但多数人始终认为信函比电话更尊重他人一些。因此，使用信函来约见访问，所受到的拒绝比电话要少。此外，运用信函还可将广告、商品目录、广告小册子等一同寄给顾客，以增加顾客的兴趣。

使用信函约见时必须事先仔细研究与选择。如果对方的职业或居所不适宜收信，那么使用信函约见的方法就会失败。如果没有详细分辨收信人是否对该商品比较关注，对收信人的职位是总经理还是业务员、寄达的地方是办公室还是私人住宅等问题均未加以思考，而随意寄出信件，难免会被人当成垃圾处理掉。通常情况下，信函的内容包括问候、寄信的目的、拟拜访的时间，并附上宣传册。

3) 访问约见法

访问约见法是指直接与顾客见面，以确定洽谈的时间与地点的方法。它是一种试探性访问。一般情况下，在试探性访问中，与决策者直接面谈的可能性较小。

4) 介绍约见法

介绍约见法是指通过他人介绍约见顾客的一种方法，这种方法比较有效。例如，可以请顾客认识的人作为中介，这样有助于顺利获得顾客的接见。介绍约见既可以持介绍人所写的信函直接访问顾客，也可以由介绍人亲自陪同销售员去会见顾客。

5) 网络约见法

网络约见法是指通过电子邮件(E-mail)、网站(Web)、在线聊天室等网络工具约见顾客的一种方法。随着网络技术的进步，越来越多的销售人员通过互联网与顾客取得联系，洽谈业务。这种方法进步，可以24小时进行联系，传播的信息量也较大。国外许多销售员在互联网上建立自己的主页，供顾客访问和查询，既方便了顾客，又增加了销售量。

以上五种约见方法各有其优缺点，应就具体问题灵活选用。比如，有介绍人的就用介绍约见法，没有什么关系的就用信函约见法和网络约见法等。如果在访问途中有多余时间，就直接上门访问，进行预约面谈，这样才能做到不浪费时间与精力，以便收到更好的效果。

2. 接近的方法

经过约见，当销售员获准可以与顾客正式接触时，销售工作便进入了面谈阶段。销售人员经常会遇到顾客的冷淡态度，打破冷淡气氛往往是新人推销最头痛的问题，甚至经验丰富的推销员也常常觉得具有挑战性。因此，学习有效的接近方法是必要的。接近方法涉及销售人员运用技巧和智慧与顾客进行最直接的面谈，以拉近销售人员与顾客之间的心理距离。

一般来讲，最初的讲话往往决定了对方对你的第一印象，这样一方面可以引起顾客的兴趣，另一方面也可以消除顾客的戒心。尤其在初次访问时，顾客的心里总是存有"是否要求我购买"的抗拒心理，同时也有一种"见面也好，听听他说什么"的心理。因此，销售员的开场白非常重要，能够决定顾客是"拒绝"还是"听听看"。比较高明的做法是开始时不显露出任何"请你买"的意思，而是营造一种轻松的谈话氛围。

通常，销售员首先应该推销自己。在初次访问时，确实有进行自我推销的必要。销售员应先介绍自己的公司，再介绍自己，最后说明来访的目的。面谈技巧，归纳起来有以下几种。

1) 介绍接触法

介绍接触法是指销售员直接了当地以口头的形式介绍所在公司的名称和产品，与推销对象接触，使顾客对销售员有个初步的了解。大多数销售员会采用这种接触法，这是接触技巧中最常见的一种方法。但是这种方法很少能单独引起顾客的注意和兴趣，因此，它通常需要和其他方法配合使用。

2) 提问接触法

提问接触法是销售员公认的有效方法之一。销售员在不了解顾客真实想法的情况下，以提问的方式来获取有关推销信息。在这种开场白中，销售员应找出一个既与顾客的需求有关，同时又与产品的特殊功能有关，并能使顾客作出正面答复的问题。要小心的是，不要提出对方可能答"不"的问题。例如，你可以问："您希望购买经济性好的汽车吗?"然后在对方回答"希望"后介绍和展示样车。而不能问："您需要购买这款汽车吗?"如果这样问，对方会回答："不需要。"销售也就无法继续进行了。

3) 利益接触法

利益接触法是指以消费者的利益为中心，通过介绍商品的功能，使之能够满足顾客的需要，给顾客带来好处，进而达到接触顾客、转入正式面谈的目的。利益接触法的最大特点是能立即引起顾客的注意和兴趣，使其有一种期待感，渴望了解商品对他到底有何用处。

4) 赞美接触法

赞美接触法是指销售员通过赞美顾客来达到接触顾客的目的。这种方法利用了人们的荣誉感，恰当的赞美能够收到意想不到的效果，比如称赞顾客对汽车知识的了解或对某品牌汽车的鉴赏力等。因为人们喜欢被赞扬，在被赞美的状态下特别容易接受别人的建议。但是，赞美应适度。销售人员在运用赞美接触法时，应该真诚，实事求是，否则会引起顾客的反感，影响整个推销过程。

5) 馈赠接触法

馈赠接触法是指通过向顾客赠送免费的小礼品或样品来接触顾客的方法。在推销工作中，许多销售员是以一些小巧、精致的礼品作为媒介联络感情，从而达到接触顾客的目的。馈赠接触法特别适用于集团消费单位，由于来客接待工作都是由秘书或办公室人员负责的，因此销售员在访问时送上一些工艺小礼品，可以较容易地接触到有关人员并引起他们对所推销产品的注意和兴趣。当然，馈赠的礼品必须与顾客的喜好相适应，价值也不能过高，

以免违反国家有关法令，构成行贿，这是正当的经济竞争所不允许的。

6) 征询意见接触法

征询意见接触法是指销售员通过征求意见的方式上门请教顾客，接触已经约见的顾客。这种方法的目的是借题发挥，通过征询了解顾客对产品的需求，引起顾客对产品的注意和兴趣。当被问及对某事物的看法时，人们常常感觉受到了尊重，也乐意将看法告诉他人。征询意见接触法尤其适合新销售员使用，因为它表明你重视买方的意见。

7) 引荐式接触法

引荐式接触法是指通过提及顾客所熟悉的人或事来接触顾客的方法。如果你真的能够找到一个顾客认识的人，他曾告诉你该顾客的名字，或者告诉你该顾客对你的产品有需要，那么你可以说："……您的同事(或好友)要我前来拜访，跟您谈一个您可能感兴趣的问题。"这时，顾客可能会立即知道是怎么回事，你已经成功引起了他的注意，同时，他也会对你产生一定的亲切感。

8) 表演式接触法

表演式接触法是指通过做一些能引起顾客兴趣和注意的事来达到接触顾客的目的。例如，以一个有趣的故事或笑话开场，可以吸引顾客的注意。但这样做时，一定要知道，你的目的不仅仅是想给顾客带去快乐，所讲述的内容一定要与你的产品用途有关，或者能够直接引导顾客考虑你的产品。

三、销售陈述管理

销售陈述是指销售员运用各种宣传方式和手段去激励顾客对自己所推销的产品产生需求，因此，它的实质是促使推销对象迅速形成一种特定的购买行为。事实上，销售陈述是整个推销过程中最重要的环节。接近顾客的成功，并不意味着交易一定能成功。俗话说，"良好的开端是成功的一半"。推销员在顺利地接近顾客后，在已经赢得了顾客的注意和引起他们的兴趣的基础上，应该趁热打铁，立即转入销售陈述。

销售陈述是销售员向推销对象传递信息、沟通思想的过程，是促使推销对象形成购买行为的特定过程，它是一种复杂的、有的放矢的活动。

1. 记忆式陈述

记忆式陈述是指预先周密计划好的销售陈述方式。一般是销售员先熟记全部内容，然后对顾客进行准确无误的重新陈述。有时如果准备得不那么充分，销售员也可以根据情况进行自我发挥和创造。

记忆式销售陈述以两种假设为前提：一种是潜在顾客的需求是通过销售展示和直接接触产品而被激发出来的；另一种是这些需求已被激发出来，原因是潜在顾客已在努力寻求这种产品。无论是哪种情况，销售陈述的作用都是使潜在顾客的初始愿望发展成为对最终购买请求的肯定回答。

在记忆式销售陈述的过程中，销售人员的讲话占 80%～90%，只是偶尔允许潜在顾客回答一下事先拟定的问题。在陈述期间，销售人员不要试图去确定潜在顾客的需要，而是要把相同的推销词讲给所有的潜在顾客。销售人员集中介绍说明产品及其好处，然后用购买请求结束推销词。卖方希望对产品好处所做的具有说服力的介绍能促使潜在顾客购买。

记忆式陈述有许多优点。首先，它确保了所有的销售要点按照逻辑顺序编排好，使得对这一领域不熟悉的新手产生了自信，避免了临场发挥时词不达意。更重要的是，推销词经过了公司所有销售人员的讨论，因而记忆式陈述对进行销售展示十分有效。许多销售经理认为，通过采用记忆式陈述这种办法，使得销售陈述工作更加标准化。其次，如果推销时间短(如挨门挨户推销)，产品是非技术性的(如书籍、化妆品等)，此方法是行之有效的。其不足之处是把所有的潜在顾客都假想成一种固定模式，这种预先背诵使得销售员往往丧失了针对不同顾客的具体特点进行灵活应变的能力，它展示的特点、优势和利益也许对购买者并不重要。另外，记忆式陈述会让顾客听起来感到厌烦，不那么亲切入耳，而且使潜在顾客参与的机会少。

2. 公式化陈述

公式化陈述主要是利用顾客可以看到的宣传资料、样车、影像资料等进行销售介绍和展示，以激发顾客兴趣，并引起购买欲望。在汽车销售的过程中，很多公司采用的"六方位绕车介绍法"，这是公式化陈述方法的应用。公式化陈述方法实际上是一种劝说式销售展示，与记忆式方法相近。

车辆展示
与介绍

在使用公式化方法时，销售员必须先了解有关潜在顾客的情况。在展示时，销售员遵循结构化程度不高的展示要点提纲进行展示，销售员在销售谈话中尤其是在开始时一般控制着谈话。例如，销售顾问可以进行销售开场白，详细介绍产品的特点、优势和利益，然后运用回答问题、处理异议等方式引导买方发表意见。

公式化陈述一方面保持了记忆式陈述的主要优点，同时又增加了灵活机动的一面。这种方法使得销售员只要记住有关此次陈述的主要内容梗概，就可以在现场进行具体的发挥，从而保证了销售陈述的要点不会被忽略，同时还能营造一种和谐、友好的交流气氛，使买卖双方有合理的时间进行相互交流。公式化陈述的特点在于它显得自然亲切，顾客可以积极地参与，同时对销售员也提出了较高的要求，要求销售员必须能够独立思考。

3. 满足需求式陈述

满足需求式陈述极具创造力和挑战性，它不同于记忆式和公式化的销售陈述，它是一种灵活的相互交流式的销售陈述。销售人员运用这种陈述方式

需求分析

时必须积极、主动，而且灵活，它的理论基础是销售中的合作销售理论，也就是说，销售员与潜在顾客如果能够在一起很好地合作的话，就能够确定顾客需求并最终达成交易。

在满足需求式陈述的过程中，通常谈话的前50%～60%的时间(即开发需求阶段)都用在讨论买方的需求上。一旦意识到了潜在顾客的需求(认识需求阶段)，销售员就会重述对方的需求以弄清情况，从而开始控制谈话。在销售陈述的最后一个阶段，也就是满足需求阶段，销售员说明产品将怎样满足双方的共同需要，从而达到成交的目的。

如果想成功地运用此方法，销售员必须主动与潜在顾客打交道，发现并确认他们的需求。在双方的实际讨论中，必须找出顾客使用产品所能得到的最大利益，一般以提出一个探究性的问题开始，比如可以问："贵公司需要哪种电脑？"这种开场白可以给销售员一个机会，来确定提供哪种产品是有益的。通过提问并倾听顾客的回答，确认顾客的需要，然后开始陈述。这一需求确认方法对销售员首次会见顾客是非常有效的。满足需求式销售陈述尤其适用于销售规格严格、价位高的工业技术产品。

4. 解决问题式陈述

解决问题式陈述与满足需求式陈述非常类似，它也是以"解决具体问题"为目的的一种陈述类型。采用这种方法需要销售员对顾客的情况进行更详尽和全面的调查，需要销售员全面、细致地了解顾客所处的环境，然后才能确认陈述的主要内容。

在销售复杂或技术性极强的产品，如保险、工业设备、会计系统、办公设备和计算机时，销售员通常需要进行几次销售访问，对潜在顾客的需求进行详细分析。销售员通过分析获得解决潜在顾客问题的方案。解决问题式销售陈述通常包括六个步骤。

(1) 说服潜在顾客允许销售员进行分析。

(2) 进行精确的分析。

(3) 就存在的问题达成一致意见，确认买方想解决这些问题。

(4) 提出解决潜在顾客问题的方案。

(5) 根据分析和方案准备销售陈述。

(6) 进行销售陈述。

上述四种销售陈述方法的基本区别在于销售人员控制谈话的程度不同。运用结构性较强的记忆式和公式化陈述方法，销售人员通常占用谈话时间的大部分；而结构性不强的方法能使买卖双方之间的相互交流多一些，双方平等地谈话。如果是对一群人推销，建议使用满足需求式和解决问题式的销售陈述；对于个人短时间推销，则可采用记忆式和公式化销售陈述。

四、处理异议管理

异议就是指潜在顾客对销售员的陈述提出的反对意见。潜在顾客在销售的任何阶段都有可能提出异议。

有人认为，异议对销售人员来讲，就像空气一样不可或缺。销售人员必须接受异议，而且不仅要接受，更要欢迎，因为异议不一定都是坏事，它可以告诉你继续努力的方向。有异议，就意味着有成功的希望。

1. 处理异议时应注意的问题

异议不能限制或阻止，只能设法加以处理或控制，因此，在处理异议时应注意以下几点。

1) 认真倾听，真诚欢迎

销售人员要认识到异议是必然存在的，出现异议是正常的。听到顾客提出异议后，应保持冷静，不可动怒，也不可采取敌对行为，而应继续保持微笑，表示对此问题有真诚的兴趣，并聚精会神地倾听，千万不可加以阻挠。另外，推销过程中必须承认顾客的意见是合理的，以示对其尊重。只有这样，当销售人员提出相反的意见时，潜在顾客才会比较容易接受他的提议。在肯定对方的意见时可以说："我很高兴你能提出此意见""你的意见非常合理""你的观察很锐利"等。

当然，如果要轻松应对异议，销售人员必须对商品、公司政策、市场及竞争者都要有深刻的了解，这些是处理异议的必备条件。

2) 重述问题，证明了解

销售人员向潜在顾客重述其所提出的反对意见，表示自己已理解。必要时可询问潜在顾客自己的重述是否正确，并选择反对意见中的若干合理部分给予真诚的赞同。

3) 审慎回答，保持友善

销售人员切记不可忽略或轻视潜在顾客的异议，以避免潜在顾客产生不满或怀疑，使交易谈判无法继续。销售人员对潜在顾客所提的异议必须谨慎回答、妥善处理。一般而言，应以沉着、坦白的态度将有关事实、数据、资料或证明，以口述或书面方式告知潜在顾客，措辞必须恰当，语调必须温和，并在和谐及友好的气氛下进行洽谈，以解决问题；对于不能解释的异议，应坦言自己解决不了，不可胡乱回答。销售人员也不可直接反驳潜在顾客，更不应贬低他们的理解能力，否则可能会造成与潜在顾客之间难以修复的关系裂痕。

4) 预测异议，予以预防

处理异议的最好办法是在异议出现之前就进行讨论或采取行动以做好应对准备。而在设计销售展示时，可以直接提出预测的异议。对于汽车销售而言，销售人员在为顾客解说汽车产品之前先自己做一些演练，根据实际销售经验，首先估计出顾客可能会提出的反对意见，然后针对可能出现的反对意见，预先想好应对顾客异议的答案。

5) 准备撤退，留有余地

销售人员应该明白顾客的异议不是轻而易举就能解决的。如果一时无法达成交易，销

售人员则应确保未来重新洽谈的可能性，以期再有机会讨论这些分歧。此时，"优雅撤退"不失为明智之举。

2. 处理异议的方法

销售顾问在识别顾客异议后，应针对不同异议采取不同的应对方法，主要方法有以下几种。

1）忽略法

当顾客提出的异议对产品销售影响不大时，销售顾问可以适当地转移话题，忽略顾客异议。

2）太极法

当顾家对问题异议不是很坚决的时候，可以采用太极法，以柔克刚，例如，在处理不是很坚决的"价格异议"时，可以说："因为价钱高，才更适合像您这样身份的人。"

3）补偿法

当推荐的产品存在不足时，销售顾问可以适当地从补偿角度去解决，如补偿给顾客更多的赠品和附加服务等。

4）反驳法

在顾客对产品有误解时，直接反驳是最有效的，当然在应用该方法时要拿出让顾客信服的证明。

5）询问法

当没有确定顾客核心异议时，销售顾问可以多加询问，深入浅出地引导顾客，挖掘顾客核心异议。

【知识拓展】

异议的类型

1. 真实的异议

真实的异议是指顾客由于目前暂时没有需求、对你的汽车不满意或抱有偏见而表达出来的异议。这些异议主要表现在：价格太高、质量问题、担心售后服务、交易条件、对汽车公司不满、对销售人员不满等。

1）价格太高

销售人员最常面对也是最害怕面对的顾客异议是价格问题。销售人员首先要有心理准备，顾客只会强调产品价格高，而不会对销售人员说价格太便宜。因此，面对顾客提出价格太高的异议时，销售人员首先应明白，这种异议是一种绝大多数购买者所共有的人之常情的自然反应。在商业思维中，销售人员要明白顾客的标准反应模式就是拒绝。

2) 质量问题

一方面是从新闻媒体、社会传闻中得到的有关质量方面的信息；另一方面是从竞争对手那里获得的贬义信息，以及对销售人员所做的有关汽车质量的解释或说明有意见，特别是对"不着边际的夸夸其谈"抱有怀疑和不信任。

3) 担心售后服务

很多顾客害怕售后服务不够周到，买之前什么都说好，买了以后，有问题谁也不管，到处"踢皮球"，更谈不上服务态度了。也有顾客认为特约服务站网点不够多，维修不方便。还有的顾客担心或怀疑技术能力是否能够解决他们的问题，因而对售后服务提出异议。

4) 交易条件

交易条件也是一种顾客经常提出的异议，如付款方式、交车时间、交车地点、赠送的物品、折扣、让利幅度、免费保养的次数、车辆的装饰与美容等。

5) 对汽车公司不满

顾客的异议还可能涉及对销售人员所在公司的不满。顾客对汽车公司的异议可能来自别的竞争对手的宣传、朋友的抱怨、媒体的负面报道等。也有顾客可能因汽车公司或品牌的知名度不高而对其产生不好的印象。

6) 对销售人员不满

在顾客初次见到销售人员时，可能会因为销售人员的着装不整、态度不好、心不在焉、敷衍了事、技术生疏、夸大其词、不按时交车、随便承诺等原因产生不满。总之，销售人员不能取得顾客的信任，就会使顾客产生不好的印象，从而使顾客将不购买的理由转移到销售人员身上。

2. 虚假的异议

虚假的异议主要有以下两种情况。

(1) 顾客用借口或敷衍的方式来应对销售人员，目的就是不想和销售人员进行实质性的洽谈，不是真心参与到销售活动中。

(2) 顾客可能会提出很多异议，但这些并不是他们真正关心的问题，具体如下。

● 这车价格太贵了。

● 这车外观不够时尚。

● 提出非常过分的要求。

● 属于顾客的隐性异议，通常不愿明说。

● 坚持自己的错误观点等。

这些情况虽然听起来是异议，但却不是顾客真正的关切。这类顾客大多数是有购车意愿的，但由于车价超出预算、对车型信心不足、需要进一步比较或其他等原因(包括个人隐私)，暂时无法购车。当然，也有非常渴望拥有汽车但又无力购买、纯粹是来"过过瘾"的人。

(资料来源：作者搜集整理)

五、促成交易管理

现代推销已成为一个标准化的过程。成交是一个独特的推销阶段，它有两层含义：一是表示一种状态，即顾客接受销售员的劝说或建议，决定购买推销品；二是指销售员在完成一系列准备工作后，在条件成熟时建议和引导顾客立即采取购买行动的过程。

与成交阶段相比，其他推销阶段的活动都是在为最终成交做准备的。事实上，只有到了成交阶段，顾客才决定是否购买所推销的产品。即便是一个经验丰富的推销员，而且顺利地通过了成交前的一系列推销阶段，但除非顾客决定购买，否则这位推销员所做的努力都是徒劳。因此，成交是整个推销过程中最重要、最关键的阶段，掌握建议成交的时机是一种艺术，要把握好这个分寸。

1. 识别购买信号

顾客有了购买欲望时往往会发出一些购买信号，有时这种信号是下意识发出的，顾客自己也许并没有强烈地感觉到或不愿意承认自己已经被说服，但他的语言或行为会告诉你可以和他做买卖了。对于销售员来说，准确地把握时机是相当重要的，顾客没有发出购买信号，就说明你的工作还没有做到家，还应该进一步努力而不宜过早地提出成交。

2. 适时提出成交的建议

找到合适的时机时，销售员便可立即建议成交，建议的最终目的是促使顾客自动表达购买意愿。认为一提出成交的建议或请求，顾客就立刻表示接受，这是一种不切实际的幻想。顾客一般不会轻易作出购买决策，即使他们对某一推销商品产生好感，也不会马上决定购买。顾客往往会犹豫不决，会提出各种要求以获得有利条件。但这并不意味着这时不应提出成交，恰恰相反，只要时机成熟(如发现顾客的购买信号)，销售员就应该进行成交尝试。成交是一个过程，当时机成熟时，销售员向顾客提出成交建议，顾客犹豫不决或提出要求，销售员设法消除顾客的疑虑并作出必要的让步，然后再次提出成交建议，顾客仍感到不安或提出新的条件，销售员再作出解释和妥协，而后再次提出成交，不断重复，直到成功。

常见的促成技巧包括：假设法和压力法相结合、二选一法和诱导法。

1) 假设法和压力法相结合

这种方法是销售顾问自己心里想"假设顾客要买的话，会怎么样？"例如，销售顾问说："先生，如果您要买的话，您是选择黑色的还是选择白色的？"如果顾客的回答是肯定的，就直接顺理成章地进入买卖；如果是否定的，就说明这个顾客肯定有什么问题没解决，就想办法再去解决那个问题。这种方法采用的是一个试探性的问题，顾客根据自己的需要回答，不要黑的，不要白的，要的是银色的，那么话题就来了，销售顾问就可以按照银色的车往下谈。此时压力法就可以上场了。销售顾问可以告诉顾客："这个银色的车，我查看了库存还剩两辆，是星期一刚到的货，原本六辆车现在只剩两辆了。"这样就可以给顾客带来压力。顾客一听，就紧张了，再不买过两天又没了。假设法与压力法结合起来，交易的促成就容易多了。

2）　二选一法

销售顾问可以提供两个或两个以上的方案供顾客选择，例如说"您喜欢这几款车中的哪一款？"，或者说"您是现金支付、分期付款，还是做按揭？"等等，让顾客自己做出选择。

3）　引导法

销售顾问可以以公司现在的促销活动等短期优惠为由，引导并激励顾客提前作购车决定。顾客心里可能会想，"我本来就想买车，干吗要拖，现在就买吧。"

当然，在促成交易的阶段，除了销售人员的灵活技巧外，还需要销售团队成员间的相互支持和配合。

【知识拓展】

成交信号的类型

顾客表现出来的成交信号主要有表情信号、语言信号、行为信号和进程信号等。

1. 表情信号

表情信号是从顾客的面部表情和体态中所表现出来的一种成交信号，如在洽谈中面带微笑、下意识地点头表示同意、对产品的不足之处表现出包容和理解的神情、对推销的商品表示感兴趣和关注等。

2. 语言信号

语言信号是指顾客通过询问价格、使用方法、保养方法、使用注意事项、售后服务、交货期、交货手续、支付方式、新旧产品比较、竞争对手的产品及交货条件、市场评价以及说出"喜欢"和"的确能解决我这个困扰"等表露出来的成交信号。以下几种情况都属于成交的语言信号。

(1)　顾客对商品给予一定的肯定或称赞。

(2)　征求别人的意见或者看法。

(3)　询问交易方式、交货时间和付款条件。

(4)　详细了解商品的具体情况，包括商品的特点、使用方法、价格等。

(5)　询问团购是否可以优惠，这是顾客在变相地探明商品的价格底线。

(6)　声称认识商家的某某人，或者是某某熟人介绍的。

(7)　对产品质量及加工过程提出质疑。

(8) 了解售后服务事项,如安装、维修、退换等。

语言信号种类很多,销售人员必须具体情况具体分析,准确捕捉语言信号,顺利地促成交易。

3. 行为信号

人们的行为习惯往往会在不经意间通过动作行为透露出一些对成交有价值的信息。当出现以下信号时,销售人员要立即抓住机会,勇敢而果断地试探和引导顾客完成签单。

(1) 反复阅读文件和说明书。

(2) 认真观看有关的视听资料,并点头称是。

(3) 查看、询问合同条款。

(4) 要求销售人员展示样品,并亲手触摸、试用产品。

(5) 突然沉默或沉思,眼神和表情变得严肃,或表示好感,或笑容满面。

(6) 主动请出本公司有决定权的负责人,或主动介绍其他部门的负责人。

(7) 突然给销售人员倒开水,变得热情等。

4. 进程信号

当顾客有以下行为时,便是在发出进程信号,这是顾客进一步作出购买决定的表现。

(1) 转变洽谈环境,主动要求进入洽谈室或在销售人员要求进入时,顾客非常爽快地答应;销售人员在订单上书写内容、进行交付款等动作时,顾客没有明显的拒绝和异议。

(2) 向销售人员介绍自己同行的有关人员,特别是购买的决策人员。例如,主动向销售人员介绍"这是我的太太""这是我的领导"等。

根据终端环境的不同、顾客的不同、销售产品的不同、销售人员介绍能力的不同、成交阶段的不同,顾客表现出来的成交信号也千差万别,不一而足,但是却有一定的规律可循。优秀的销售人员可以在终端实战中不断总结、不断揣摩、不断提升,把握成交时机,及时并且成功地促成交易。

(资料来源:作者搜集整理)

六、售后服务管理

交易顺利达成后,销售员应避免让顾客感觉到态度上的冷淡。一旦买卖完成,就开始敷衍顾客,这会让顾客失去安全感。从生意人手中买下商品和从朋友手中买下商品的感觉是截然不同的。因此,一定要让顾客记住你的诚意,让他们认为购买你的商品是明智且幸运的。为了做到这一点,在商品出售后必须稳定顾客的情绪,让他们保持平静,可以找一些大家共同关心的话题聊一小会儿。当然,最好不要提商品,这样可以使顾客的心境平和下来。在道别时,与顾客握手表达谢意,给顾客留下美好的印象。

汽车 4S 店普遍采用售后跟进策略。跟进是指在成交阶段后(无论成交与否)，销售员对顾客所持的一种态度和进一步提供的服务，希望顾客能对销售员及公司留下美好且深刻的印象，为今后销售成功创造机会。在销售陈述中，销售员时常面临着两种结果：要么与潜在顾客达成交易，要么成交失败。对销售员而言，达成交易固然可喜，成交失利也不必气馁。成交后还有许多工作需要销售员去做；成交失利，也并不表明从此永无成交的可能，只要处理得当，仍能创造成交的机会。所以，销售员无论是否与顾客达成交易，都要进行"跟进"。

成交只是顾客和销售员对销售陈述的要点以及建议所达成的暂时性的协议，真正要使顾客在成交后感到满意，销售员要进行多方面的跟进服务。成交后，销售员要选择适当的时机和方法，再次向顾客表示感谢，可用书信、电话或亲自登门等方式向顾客表示谢意。销售员与顾客建立长期的业务关系，需要通过售后跟进来完成。跟进还可以为日后扩大销售奠定基础。

成交失败后，销售员可能会产生两种不同的态度：放弃或是继续努力。放弃是不可取的，因为这与推销应是"积极、主动、进攻"的要求不相符。在失败后，销售员采取跟进策略，则有可能创造出新的成交机会。

作为跟进内容的一部分，销售员应该对成交失败的原因进行检讨。常用的一种方法是外究内省。外究是指成交失败后销售员应认真探讨失败的外部原因。这些原因有的是销售员可以改变调整的，有些则是销售员无力改变的，如产品价格、交易条件等。内省是指销售员自我检讨销售陈述中可能犯下的一些过失。检讨失败的原因并吸取教训，有益于今后的销售成功。因为推销是一项兼具科学和艺术双重性质的工作，需要销售员不断地观察、评估、研究、实践和检讨，这样方能提高业绩。

关于售后管理的具体内容，在本书第四章中将有详细介绍。

 ## 本章小结

销售目标管理是通过设定合理的销售目标，并对其进行合理的分解，通过合适的手段予以实施和监控，并关注最终结果和评估的一种管理过程。一般来讲，企业的销售目标应包括销售额指标、销售费用的估计、利润目标、销售活动目标等，可以根据销售增长率、市场占有率、市场增长率、损益平衡点公式、销售人员等来确定销售收入目标值。

销售预测是指对未来特定时间内全部产品或特定产品的销售数量与销售金额的预测。一般来讲，销售预测方法分为定性预测法和定量预测法两种。

销售配额是分配给销售人员的在一定时期内完成的销售任务，是销售人员需要努力实现的销售目标，其作用体现在导引、控制、激励和评价等方面。销售配额包括销售量配额、

销售利润配额、销售活动配额、综合配额和专业进步配额。目标销售额的分配可以根据月份分配、根据业务单位分配、根据品牌分配、根据顾客分配、根据业务员分配。

销售组织是指企业销售部门的组织结构，具体是指企业为了实现销售目标而将具有销售能力的人、商品、资金、信息等要素进行整合而构成的有机体。建立销售组织的步骤为：明确销售组织设立的目标、进行销售岗位分析、制定协调与控制方法、改进销售业务部门的组织工作。

汽车4S店的销售业务流程包括销售准备、接待顾客、车辆展示与推介、交易达成、销售中的服务(代理缴纳车辆购置税和保险、代理牌照办理、代理贷款办理等)、售后服务等。

习题及实操题

1. 销售目标包括哪些内容？

2. 确定销售目标的常见方法有哪些？

3. 简述汽车销售预测的程序和方法。

4. 什么是销售配额？销售配额有哪些作用？

5. 销售配额是如何确定的？有哪些常见的类型？

6. 在团队建设中如何树立团队精神？

7. 什么是销售费用预算？销售费用预算有哪些作用？

8. 简述完整的销售程序。

9. 销售约见的方式有哪些？

10. 简述接近顾客的方法。

11. 简述销售陈述的方法及各自的优缺点。

12. 销售过程中如何处理顾客异议？

13. 如何寻找潜在顾客？

14. 学生自由组合，2～3人一组，分别扮演顾客和销售员，模拟完成销售业务流程。

第四章　汽车4S店售后服务管理

【知识点】

◎ 了解汽车4S特约维修站售后服务组织机构，掌握汽车4S特约维修站售后服务的核心流程内容及管理方法。

◎ 掌握汽车4S特约维修站接待工作必要的业务技巧。

◎ 熟悉汽车维修预约服务流程，掌握汽车维修预约服务的内容及礼仪规范。

◎ 熟悉维修接待服务流程，掌握维修接待服务的内容及礼仪规范。

◎ 熟悉维修质量检验的内容及方法。

◎ 掌握汽车维修业务的交车服务流程、交车服务内容及礼仪规范。

◎ 简单叙述保修的工作内容，正确描述保修的条件，掌握车辆保修程序、保修手续的办理和费用的计算。

汽车售后服务是汽车4S店的核心业务之一。汽车4S店作为商家,从事的是商业贸易,即提供服务活动,而服务的重点是在为客户服务,即帮助客户购车、帮助客户使用车辆。如果说汽车销售是一个瞬间的交易,那么汽车售后服务就是一场马拉松,对于客户来说,车辆一经使用就需要终身服务。可以说,售后服务对产品的附加值最大、对品牌价值的贡献度最大、在市场竞争中的权重也越来越大,与此同时,售后服务开始成为汽车4S店的主要利润来源。所以,做好售后服务管理,不仅关系到客户能否得到真正满意的服务,更关系到汽车4S店自身的长远发展。

第一节　汽车4S店售后服务管理概述

一、汽车4S店的售后服务组织机构

汽车4S店设立售后服务部,由售后服务部经理主管。售后服务部是汽车销售业务的延伸,其主要工作就是负责技术咨询、车辆的首次免费保养、维修和保养业务、事故车接待处理、车辆及配件索赔、汽车召回等服务。工作职责范围包括从服务到保修保养的全过程。常见的汽车4S店售后服务组织机构如图4-1所示。

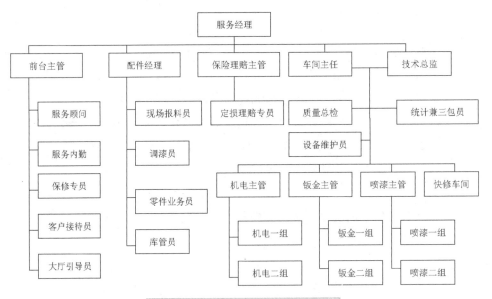

图 4-1　汽车4S店售后服务组织机构

二、售后服务工作的内容

1. 整理客户资料、建立客户档案

客户送车进厂进行维修保养或来公司咨询、商洽有关汽车技术服务后,业务部应在两

日内将客户的相关信息整理制表并建立档案。客户的相关信息包括：客户名称、地址、电话、送修或来访日期、送修车辆的基本信息、维修养护项目、保养周期、下一次保养日期、客户希望得到的服务以及该客户在本公司维修或保养的记录等。

2. 根据客户档案资料，挖掘客户的需求

业务人员根据客户的档案资料，研究和挖掘客户对汽车维修保养及其相关方面的服务需求，找出下一次对其开展的服务内容，如通知客户按期保养、邀请客户参与本公司联谊活动、告知客户本公司的优惠活动、通知客户按时进厂维修或免费检测等。

3. 开展跟踪服务，提升服务质量

业务人员通过电话等方式广泛开展客户跟踪服务，让客户及时反馈用车情况和对本公司服务的意见；询问客户近期有无新的服务需求；告知相关的汽车运用知识和注意事项；介绍本公司近期为客户提供的各种服务，特别是新的服务内容；介绍本公司近期为客户安排的各类优惠联谊活动，如免费检测周、优惠服务月、汽车使用新知识进座等；咨询和走访客户等。

4. 汽车的维修保养服务

客户在日常的用车过程中，总会出现各种各样的技术问题。汽车厂商授权汽车 4S 店围绕客户及汽车开展各项技术服务工作。

5. 其他工作

汽车 4S 店作为服务型企业，除了履行厂商要求的职责外，还积极开展一些附加的售后服务，创造更多的服务价值，包括保险与理赔服务、二手车交易、汽车美容与装饰等。

三、汽车维修业务流程

汽车维修业务

1. 基本流程

汽车维修是汽车 4S 店围绕客户及汽车所展开的各项技术服务工作，其中汽车是企业间接服务的对象，客户是企业直接服务的对象。因此，汽车 4S 店售后服务的业务管理必须充分体现以人为本的特点，围绕客户这一中心展开各项服务活动。汽车 4S 店售后服务的生产与运作就是使汽车售后服务的流程更具合理性、科学性和经济性，体现服务流程的高效性，以充分适应企业本身的特点，挖掘企业的发展潜力，最大限度地满足客户需求。绝大多数汽车 4S 店采用以客户为中心的服务运作流程，其步骤如下。

（1）预约，即工作人员认真倾听客户意见及维修保养需求，并作详细记录。

(2) 预约准备，即工作人员进行全面准备，并通知有关人员(配件、车间等)。

(3) 接车，即服务顾问接待客户，并对客户车辆进行初步检查，详细记录相关信息。

(4) 维修，即维修车间对客户车辆进行所承诺的维修保养等作业。

(5) 质量检验，即对完工车辆进行维修工作质量检查，为交车服务提供必要依据。

(6) 交车，即服务顾问向客户解释维修工作和发票内容，陪同客户结账，将完工的车辆交给客户，并送别客户。

(7) 跟踪服务，即对客户进行跟踪回访，听取客户意见，进行满意度调查等，以有效地提升后续工作质量和客户满意度。

2. 细化流程内容

上述基本流程可以细化为 13 个具体步骤，各步骤中的具体内容如表 4-1 所示。

表 4-1　维修作业各流程的内容

流　程	内　容
预约及准备	(1) 业务人员登记客户及车辆的基本信息，如客户名称、车牌号、作业分类、结算方式(自付、三包、索赔)、车辆的行驶里程、故障描述、客户要求的维修保养及检查项目等。 (2) 联系配件部及车间，确认作业用工及用料情况，以确保预约能如期、保质进行
车辆入厂	客户将车开入汽车 4S 店或维修厂进行报修
接车服务	(1) 接待客户。在客户来访时，对客户进行热情接待，为与客户进行进一步交流创造良好的氛围，并在接待台的计算机上核实客户的预约信息，重点记录客户的基本情况和故障现象。 (2) 接车检查。服务顾问和客户一起进行车辆的初步检查，包括车辆的外观检查和随车附件登记，对车辆故障原因作出初步判断
检测诊断	(1) 服务顾问联系好检验员对进场维修保养车辆实施车辆交接和进场检验工作，然后与客户磋商，确定维修项目和用料。 (2) 仔细倾听客户的需求及客户期望。 (3) 按照客户所述如实填写"维修工单"。维修项目必须让客户过目，确认所执行的工作，以消除客户的疑虑。服务顾问应提供维修费用和完工时间方面的信息
维修估价 (报价)	(1) 检验员根据该车已确认的维修项目确定项目的估价。 (2) 服务顾问把价格(包括工时费和材料费等)如实地告诉客户；并将各项预算写在工作单上，作为日后核对的依据；询问客户，当价格过多少时必须向他通报；询问客户，如果在修理过程中发现了其他损坏的部件，是否可以更换
确认登记 (开单)	将客户信息、维修的车辆信息、修理项目、费用等进行确认登记并开单(维修合同)，请客户签字确认后生效
维修派工	确定其故障现象、维修项目及维修中所需的用料信息后，进行相应的派工与领料。将维修项目分配到修理组并发出派工单
维修领料	根据车辆维修用料计划，办理领料手续并从仓库领用配件

续表

流　程	内　容
维修保养作业	(1) 车间作业，班组长接到检验员"派工单"后，安排好维修工进行作业。 (2) 维修工在施工过程中发现问题和急需增加的维修项目，要及时向检验员汇报。 (3) 检验员在整个维修过程中实施质量跟踪，协助维修工解决技术难题，对需增加的维修项目及时与业务部联系并确认，落实后再维修。 (4) 在诊断和维修中出现一些需要追加的维修服务项目，接待人员需和客户联系，讨论对所要执行的工作和交车时间的改动，接待人员此时应表现出坦率和真诚的态度，以使客户确信这一追加工作是必要的，避免客户产生疑虑
完工总检	(1) 车辆维修完工后，维修工立即告知检验员，由检验员对车辆进行竣工检验，检验员对已检验合格的车辆开具收费结算表，并通知业务员确认及整理车辆的交接手续。 (2) 具体内容包括：核对工作单，检查所有项目是否完成；检查车辆的各个主要部分是否完好；对照接车检查登记表，检查车辆的其他部分是否在维修过程中损坏。确认没有问题后，才能通知客户来取车。 (3) 检验员做好车辆的技术资料的整理归档工作
结算收银	车辆修理完毕后，维修工作单即可转入财务进行结算处理。服务顾问通知客户车辆完工，详细解释费用的情况，并带领客户进行结算
交车与送别	(1) 为了确保和客户的长期关系，服务顾问应在交车步骤中紧密合作，确保交车所需的全部信息与文件完全准备好，使客户对交车经历和服务流程中所获得的接待感到完全满意。 (2) 服务顾问必须在约定的日期和时间交车，万一有延误，必须提前和客户联系。 (3) 将车辆交给客户，提醒客户下次保养的时间及用车注意事项，并与客户约定回访的时间及方式等。 (4) 送别客户
跟踪服务	(1) 建立车主维修访问档案，以备查询。其目的在于客户关系的持续发展。 (2) 服务顾问应在交车后两天之内与客户联系，确认客户对维修服务是否满意，应将解决客户关切和投诉的问题作为首要工作

3. 非工作时间车辆抢修作业

非工作时间车辆抢修作业程序如表 4-2 所示。

表 4-2　非工作时间车辆抢修作业程序

流　程	内　容
接洽	值班人员根据报修人提供的故障车辆情况认真做好相关记录，包括报修人姓名、单位、故障车辆的位置、故障情况及司机的联系电话
安排	值班人员立即组织相关维修人员赶赴现场
作业	在抢修过程中如发现该车在现场无法修复时，应及时向调度室反馈并安排拖车回厂；如遇到重大车辆故障抢修任务时，需及时上报部门领导
资料归档	当班人员对已抢修完毕的车辆，在下个工作日上报给公司，由检验员开具"结算单""派工卡"，补办相关的报修手续及检验工作，以确保车辆维修的质量和技术资料归档

四、保险车辆维修流程

为保证保险车辆的维修进度和质量,汽车4S店应该认真抓好保险车辆维修工作,其中重要的一环是保险车辆维修流程。汽车4S店的保险车辆维修流程一般如下。

(1) 保险车辆进厂后应该确定是否需要保险公司进行受损车辆损伤鉴定。若需要,则由服务经理负责联系保险公司进行鉴定。切不可未经保险公司同意而直接拆卸,以免引起纠纷。

(2) 要积极协助保险公司完成对车辆的检查、照相以及定损等必要工作。

(3) 保险公司鉴定结束后,由车间主管负责安排班组或维修技师进行拆检。各班组长或维修技师将拆检过程中发现的损伤件列表并通知车间主管或服务经理。

(4) 服务经理收到损伤件列表后联系保险公司,对车辆进行全面定损并协商保险车辆维修工时费。定损时应由服务经理陪同,若服务经理不在,应提前向业务接待人员交代清楚。

(5) 业务接待人员根据保险公司定损单下达任务委托书。客户有自费项目,应征得客户的同意,另开具一张委托书并注明,将委托书交由车间主管安排维修。

(6) 业务接待人员开完委托书后,将定损单转交给报价员。

(7) 报价员将定损单所列的材料项目按次序填入汽车零部件报价单,报价单必须注明车号、车型、单位、底盘号,再与相关配件管理人员确定配件价格,并转给配件主管审查。

(8) 报价员在配件主管确定配件价格、数量和项目后,向保险公司报价,并负责价格的确认。

(9) 报价员将保险公司返回的价格交给配件主管审核,如价格有较大出入,由服务经理同保险公司协调。报价员将协调后的回价单复印后,将复印件转给配件主管。

(10) 对于定损时没有发现的车辆损失,由服务经理与保险公司协调,由保险公司进行二次勘查定损。

(11) 如有客户要求自费更换的部件,必须由客户签字确认后方可到配件库领料。

(12) 保险车辆维修完毕后应严格检查,以确保维修质量。

(13) 维修车间将旧件整理好,以便保险公司或客户检查。

(14) 检查合格后,将任务委托书转交给业务接待人员审查,注明客户自费项目。审核后转交结算处。

(15) 结算员在结算前将通知客户结账,服务经理负责车辆结账的解释工作。

(16) 如有赔款转让,由服务经理负责协调客户和保险公司。

【资料链接】

某企业售后服务管理制度及业务接待工作制度

一、售后服务管理制度

(1) 售后服务工作由业务部主管指定的专门业务人员——跟踪业务员负责完成。

(2) 跟踪业务员在客户车辆送修进场手续办完后，或客户到公司访谈咨询业务完成后，两日内建立相应的客户档案。客户档案内容见本规定第二条第一款。

(3) 跟踪业务员在建立客户档案的同时，研究客户的潜在需求，设计拟定下一次服务的针对性通话内容、通信时间。

(4) 跟踪业务员在客户接车出厂或业务访谈、咨询后三天至一周内，应主动打电话联系客户，进行售后第一次跟踪服务，并就客户感兴趣的话题与之交流。电话交谈时，业务员要主动询问曾到我公司保养维修的客户车辆运用情况，并征求客户对本公司服务的意见，以示本公司客户的真诚关心与在服务上追求尽善尽美的态度。对客户谈话要点要进行记录，特别是客户的要求、希望或投诉，一定要记录清楚，并及时予以处理。能当面或当时答复的应尽量答复；不能当面或当时答复的，通话后要尽快加以研究，找出办法；仍不能解决的，要在两日内报告业务主管，请示解决办法，并在得到解决办法的当日告知客户，一定要给客户一个满意的答复。

(5) 在销售后第一次跟踪服务的一周后的 7 天以内，跟踪业务员应对客户进行第二次跟踪服务的电话联系。电话内容仍要以客户感兴趣的话题为主，内容避免重复，要有针对性，仍要体现本公司对客户的真诚关心。

(6) 在公司决定开展客户联谊活动、优惠服务活动和免费服务活动时，跟踪业务员应提前两周把通知先以电话方式告之客户，然后于两日内根据情况需要把通知信函寄给客户。

(7) 每一次跟踪服务电话，包括客户打入本公司的咨询电话或投诉电话，经办业务员都要做好电话记录，登记入表(附后)，并将电话记录存入档案，将电话登记表归档保存。

(8) 每次发出的跟踪服务信函，包括通知、邀请函、答复函都要登记入表(附后)，并归档保存。

(9) 指定跟踪业务员不在岗时，由业务主管临时指派本部其他人员暂时代理工作。

(10) 业务主管负责监督检查售后服务工作，并于每月对本部售后服务工作进行一次小结，每年年末进行一次总结。小结、总结均以本部工作会的形式进行，由业务主管提供小结或总结书面报告，并归档保存。

(11) 本制度使用以下 4 张表格："客户档案基本资料表""跟踪服务电话记录表""跟踪服务电话登记表""跟踪服务信函登记表"。

二、业务接待工作制度

业务接待工作是业务工作的一个重要组成部分。下面从两个方面进行讲解。

(一)业务接待工作的程序

业务接待工作从内容上分为两个部分,即迎接客户送修程序与恭送客户离厂程序,具体内容如下。

(1) 业务厅接待前来公司送修的客户。

(2) 受理业务:询问客户来意与要求;技术诊断;报价,决定是否进厂,或预约维修或诊断报价;送客户离厂。

(3) 将接修车清洗送入车间,办理交车手续。

(4) 维修期间,维修增项意见征询与处理:征询客户意见,与车间工作人员交换维修意见。

(5) 将竣工车从车间接出:检查车辆外观技术状况及有关随车物品。

(6) 通知客户接车,准备客户接车资料。

(7) 业务厅接待前来公司取车的客户,引导客户视检竣工车,汇报情况,办理结算手续,恭送客户离厂。

(8) 对客户进行跟踪服务。

(二)业务接待工作的内容

1. 业务厅接待前来公司送修或咨询业务的客户

业务厅接待前来公司送修或咨询业务的客户,其工作内容如下。

(1) 见到客户驾车驶进公司大门,立即起身,带上工作用具(笔与接修单)走到客户车辆驾驶室左侧门一侧向客户致意(微笑点头)。当客户走出车门或放下车窗后,应先主动向客户问好,表示欢迎(一般说"欢迎光临!"),同时作简短的自我介绍。

(2) 如客户车辆未停在本公司规定的接待车位,应礼貌地引导客户把车停放到位。

(3) 简短地问明来意,如属简单咨询,可当场答复,然后礼貌地送客户出门并致意(一般说"请慢走""欢迎再次光临"),如属需要诊断、报价或进厂维修的,应征得客户同意后进接待厅商洽;或让客户先到接待厅休息,待我方工作人员检测诊断后,再与客户商洽。情况简单的或客户要求当场填写维修单或预约单的,应按客户要求办理手续。

(4) 如属新客户,应主动向其简单介绍我公司维修服务的内容和程序。

(5) 如属维修预约,应尽快问明情况与要求,填写"维修预约单",并呈交客户;同时礼貌告知客户,请其记住预约时间。

工作要求:接待人员要文明礼貌,仪表大方整洁,主动热情,要让客户有"宾至如归"的第一印象。客户在接待厅坐下等候时,应主动倒茶,并示意"请用茶",以表示待客之意。

2. 业务答询与诊断

工作内容:在客户提出维修养护方面的诉求时,我方接待人员应细心且专注地聆听,然后以专业人员的态度、通俗的语言回答客户的问题。在客户车辆需作技术诊断后才能作出维修决定时，应先征得客户同意，再由我方工作人员开始技术诊断。接待人员对技术问题有疑难时，应立即通知技术部专职技术员迅速到接待车位予以协助，以尽快完成技术诊断。技术诊断完成后应立即打印或填写诊断书，应明确指出车辆故障或问题所在，然后把诊断情况和维修建议告知客户，同时将检测诊断单呈交客户，让客户进一步了解自己汽车的车况。

工作要求：在这一环节，我方接待人员态度要认真细致，善于倾听，善于专业引导；在检测诊断时，动作要熟练，诊断要明确，要展现我公司技术上的优越性和权威性。

3. 业务洽谈

业务洽谈的工作内容如下。

(1) 与客户商定或提出维修项目，确定维修内容、收费定价、交车时间，确定客户有无其他要求，将以上内容一一填入"进厂维修单"，请客户过目并决定是否进厂。

(2) 客户审阅"进厂维修单"后，若同意进厂维修，应礼貌地请其在客户签字栏签字确认；如不同意进厂维修，接待人员应主动告知并引导客户到收银处办理出厂手续——领取"出厂通知单"，如由我方诊断或估价的，还应通知客户交纳诊断费或估价费；办完手续后应礼貌送客户出厂，并致意："请慢走，欢迎再次光临！"

工作要求：与客户洽谈时，要诚恳、自信、为客户着想，要不卑不亢、宽容、灵活、坚持"顾客总是对的"的观念。对不在厂维修的客户，不能表示不满，要保持一贯的友好态度。

4. 业务洽谈中的维修估价

工作内容：与客户确定维修估价时，一般采用"系统估价"，即按排除故障所涉及的系统进行维修收费；对一时难以找准故障所涉及系统的，也可以采用"现象估价"，即以排除故障现象为目标进行维修收费，这种方式风险较大，我方工作人员定价时应考虑风险价值。当出现以下三种情况时，可以用"项目定价"，即按实际维修工作量收费：①维修项目的技术含量不高；②市场有相应行情；③客户指定维修项目。这种方式有时并不能保证质量，应事先向客户作必要的说明。在维修估价洽谈中，应明确维修配件是由我方还是由客方供应，使用正厂件还是副厂件；并应向客户说明，凡客户自购配件，或坚持要求关键部位使用副厂件的，我方应表示在技术质量上不作担保，并在"进厂维修单"上写明。

工作要求：这一环节中，我方业务接待人员应以专业人员的姿态与客户洽谈，语气要沉稳平和，灵活选用不同方式的估价，要让客户对我公司有信任感。应尽可能说明本公司价格的合理性。

5. 业务洽谈中的承诺维修质量与交车时间

工作内容：业务洽谈中，要向客户明确承诺维修质量保证，应向客户介绍我公司承诺质量保证的具体规定。要在掌握公司现时生产情况下承诺交车时间，并留有一定的余地。特别要考虑汽车配件供应的情况。

工作要求：要有信心，同时要严肃，特别要注意公司的实际生产能力，不可有失信于用户的心态与行为。

6. 办理交车手续

工作内容：客户在签订维修合同(即维修单)后，接待人员应尽快为客户办理交车手续；接收客户随车证件(特别是二保、年审车)并审验其证件的有效性、完整性和完好性，如有差异应当及时与客户说明，作相应处理，并请客户签字确认。接收送修车时，应对所接车的外观、内饰表层、仪表座椅等进行一次视检，以确认有无异常，如有异常，应在"进厂维修单"上注明；对随车的工具和物品应清点登记，并请客户在"随车物品清单"上签字(详见"随车物品清单")，同时将工具与物品装入为该车用户专门提供的存物箱内。接车时，对车钥匙(总开关钥匙)要登记、编号并放在统一规定的车钥匙柜内；对当时油表、里程表标示的数字登记入表。如果车辆需立即送至车间修理，交接时，车间接车人员必须办理接车签字手续。

工作要求：视检、查点、登记要仔细，不可忘记礼貌地请客户在"进厂维修单"上签名。

7. 礼貌送客户

工作内容：客户办完一切送修手续后，接待员应礼貌地告知客户手续已全部办完，暗示客户可以离去。如客户离去，接待员应起身送客，或送客户至业务厅门口，并致意："请慢走，恕不远送。"

工作要求：热情主动、亲切友好，注意不可虎头蛇尾。

8. 为送修车办理进车间手续

工作内容：

(1) 客户离去后，迅速整理"进厂维修单"(可通过计算机系统进行，同时登记相关车辆统计报表)，如属单组作业，直接由业务部指派承修作业组；如属多组作业，应将"进厂维修单"递交车间主管处理。

(2) 由业务接待员负责通知清洗车辆，然后将送修车送入车间，交给车间主管或调度员，并同时递交随车的"进厂维修单"。请接车人员在"进厂维修单"指定栏签名，并注明接车时间，时间要精确到10分钟以内。

工作要求：认真对待、不可忽视工作细节，更不可省略应办的手续。洗车工作人员洗完车后，应立即将该车交给业务员处理。

9. 追加维修项目处理

工作内容：业务部接到车间工作人员关于追加维修项目的信息后，应立即与客户进行电话联系，征询对方对增项维修的意见。同时，应告知客户由增项引起的工期延期。在获得客户明确答复后，立即将信息转达给车间工作人员。如客户不同意追加维修项目，业务接待员应口头通知车间，并记录通知时间和车间接话人；如同意追加，即可开具"进厂维

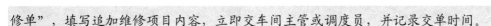

修单"，填写追加维修项目内容，立即交车间主管或调度员，并记录交单时间。

工作要求：与客户沟通时要礼貌；说明追加项目时，要从技术上做好解释工作；事关安全时要特别强调利害关系，要冷静地对待客户的抱怨，不可强迫客户，应当尊重客户的选择。

10. 查询工作进度

工作内容：业务部根据生产进度定时向车间询问维修任务的完成情况，询问时间一般安排在维修预计工期进行到70%～80%的时候。询问完工时间和维修过程等有无异常情况。如有异常应立即采取应急措施，尽可能避免工期延误。

工作要求：要准时询问，以免影响准时交车。

11. 通知客户接车

工作内容：

(1) 做好相应的交车准备：车间交出竣工验收车辆后，业务人员要对车辆进行最后一次清理，主要包括清洗、清理车厢内部，查看外观是否正常，清点随车工具和物品，并放入车内；结算员应将该车全部单据汇总核算，此前要收齐车间与配件部有关单据。

(2) 通知客户接车：所有准备工作完成后，即可提前1小时(工期在两天之内)或提前4小时(工期在两天以上，包括两天)通知客户准时来接车，并致意："谢谢合作！"如果不能按期交车，也要按上述时间或更早时间通知客户，说明延误原因，争取客户的谅解，并表达歉意。

工作要求：在通知客户前，交车准备工作要认真完成；向客户致意、道歉要真诚，不得遗漏。

12. 对取车客户的接待

工作内容：

(1) 主动起身迎接取车的客户，简要介绍客户车辆的维修情况，并指示或引领客户办理结算手续。

(2) 结算：客户来到结算台时，结算员应主动礼貌地向客户打招呼，示意客户在台前座位落座，以示尊重，同时迅速拿出结算单呈交客户；当客户同意办理结算手续时，应迅速办理；当客户要求打折或有其他要求时，结算员可引领客户找业务主管处理。

(3) 结算完毕，应即刻开具该车的"出厂通知单"，连同该车的维修单、结算单、质量保证书、随车证件和车钥匙一并交到客户手中，然后由业务员引领客户到车厂进行随车工具与物品的清点和外形视检，如无异议，则请客户在"进厂维修单"上签名。

(4) 客户办完接车手续后，接待员送客户出厂，并致意："××先生(小姐)请慢走。""祝您一路平安！欢迎再次光临！"

工作要求：整个交车结算过程的动作、用语要简练，不要让客户觉得拖延和烦琐；清点、交车后客户的接收签名不可遗漏；送客要真诚。

13. 客户档案的管理

工作内容：客户车辆进厂后，业务接待人员当日就要为其建立业务档案，一般情况下，一车一档案袋。档案内容应包括客户的有关资料、客户车辆的有关资料、维修项目、修理保养情况、结算情况、投诉情况等，一般以该车"进厂维修单"内容为主。老客户的档案资料表填写完毕后，仍应存入原档案袋。

工作要求：建立档案要细心，不可遗失档案规定的资料，不可随意乱放，应将档案放置在规定的车辆档案柜内，由专人保管。

14. 客户的咨询解答与投诉处理

工作内容：当客户通过电话或亲自到业务厅咨询有关维修业务问题时，业务接待人员必须先听后答。倾听要细心，不可随意打断客户；回答要明确、简明且有耐心。在回答咨询时，要善于正确引导客户对维修的认识以及对我公司实力和服务的认识与信任；并注意记录下客户的工作地址、单位、联系电话，以便日后联系。对于客户的投诉，无论电话或上门，业务接待员都要热情礼貌接待，认真倾听客户意见，并做好登记、记录。倾听完意见后，接待员应立即给予答复。如不能立即处理，应先向客户致意，表达歉意并明确表示下次答复时间。处理投诉时，不能凭主观臆断，不能与客户辩驳争吵，要冷静且合乎情理。投诉对话结束时，要致意："××先生(小姐)，感谢您的信任，我们一定会给您一个满意答复。"

工作要求：受理投诉的人员要有公司大局观，要有"客户第一"的观念，投诉处理要善始善终，不可轻慢客户。客户对我方答复是否满意要进行记录。

15. 跟踪服务

工作内容：根据档案资料，业务人员定期向客户进行电话跟踪服务。跟踪服务的首次联系一般选定在客户车辆出厂后的两天至一周之内。跟踪服务的内容包括：询问客户车辆的使用情况，了解客户对我公司服务的评价，告知对方有关驾驶与保养的知识，或有针对性地提出合理使用的建议，提醒客户下次保养的时间，保持联系，介绍公司最近推出的新服务内容、新设备、新技术，告知公司为客户提供的免费或优惠活动。做好跟踪服务的记录和统计。通话结束前，要向客户致意："非常感谢合作！"

工作要求：电话跟踪时，要文明礼貌，尊重客户。在客户方便时与之通话，不可强求。电话跟踪要有一定的准备，要有针对性，不能无主题；用语要简明扼要，语调应亲切自然。在交谈中要善于了解相关市场信息，发现潜在的维修服务需求，并及时向业务主管汇报。

16. 预约维修服务

工作内容：受理客户提出预约维修请求，或我公司根据生产情况向客户建议预约维修，经客户同意后，办理预约手续。业务员要根据客户与我公司达成的意见，填写预约单，并请客户签名确认。预约时间要明确，需要准备价值较高的配件，应征询客户是否愿意预交定金(按规定不少于原价的二分之一)。预约确定后，要填写"预约统计表"；并于当日内通知车间主管，以便留出工位。预约时间临近时，应提前半天或一天通知客户预约时间，以免客户遗忘。

17. 业务统计报表填制、报送

工作内容：周、月维修车辆的数量、类型、维修类别、营业收入与亏损的登记、统计及月统计分析报告由业务部完成，并按时提供给财务部、分管经理、经理，以便管理层作出分析决策。

工作要求：按规定时间完成报表填报，日报表当日下班前完成，周报表周六下班前完成，月报表月末最后一天下班前完成。统计数据要准确、完整，不得估计、漏项。

(资料来源：某汽车 4S 店内部资料)

第二节　维修预约服务

有效的预约能使汽车 4S 店各工作环节得到高效运作，从而使工作效率得到极大的提高，同时能有效地提升客户满意度。目前，预约工作已经成为汽车 4S 店普遍采用的售后服务方式。

一、预约服务的类型

根据预约方式的不同，汽车 4S 店的预约可以分为主动预约和被动预约两种。

维修预约服务的
类型及内容

1. 主动预约

由于汽车是一种技术复杂、价格昂贵的商品，因此大多数车主对汽车都不太了解，或者没有时间和精力关心自己的车何时进行保养或维修，这就需要汽车 4S 店的工作人员根据预留的客户档案，主动联络客户，及时了解车辆的使用情况，给出合理的维修保养建议，并根据客户的时间和汽车 4S 店的具体生产情况积极主动地进行合理的维修保养安排。这类服务为企业主动邀约客户，故称为主动预约。

2. 被动预约

客户在开车过程中发觉车子有故障问题，或者车主有较高的保养意识，能够按照维修保养手册的要求主动向汽车 4S 店进行预约，并提前订好配件、工位和技师等，保证自己的车进厂后能够尽快完成维修保养作业，以节省时间。这类预约是由客户主动提出的，对于汽车 4S 店来说，是被动发生的，故称为被动预约。

二、预约工作流程及标准

汽车4S店的预约工作一般经历预约前的准备工作，预约接听、记录、确认，预约统计、移交，预约后的工作等过程。

1. 主动预约前的准备工作

企业主动预约应做好各项准备工作。客户的预约工作一般是由业务接待员或服务顾问来完成的。预约人员在进行预约之前应该清楚两方面的情况，一方面应当了解客户信息及其车辆情况，如客户的名称、联系方式、车辆牌照号、车辆型号、行驶里程数、以往的维修情况、车辆需要做何种维护或有何种故障现象需要进行维修等；另一方面需要了解本企业的维修生产情况和收费情况，如维修车间是否能够安排工位和维修技师，专用工具资料是否可用，相应的配件是否有现货或何时到货，相应维修项目的工时费和材料费等。如果预约人员对以上两方面情况很清楚，那么同客户预约时就会得心应手。如果预约人员当时不了解情况，就需要及时地了解清楚后再同客户电话确认。不要不清楚情况就盲目预约，以免到时给客户造成时间损失，引起客户抱怨，影响汽车4S特约维修站售后服务的信誉。

【小提示】

在进行预约工作时，汽车4S店必须履行自己的承诺，所有的预约内容必须到位，不能预约与不预约都一样。对客户来说，要充分体现出预约的好处，否则将会打消客户对预约的积极性，导致预约维修推广困难。

鼓励更多客户进行预约的做法有以下几方面。

(1) 设立专门的预约接待窗口。

(2) 预约在维修低谷时间的客户，可享受工时折扣以及其他优惠政策。

(3) 广泛开展预约优点的宣传，接车及交车时直接向客户推荐，电话回访时介绍预约。

(4) 发放预约优惠卡，预约可赠送小礼品，向客户发信函时要进行介绍。

(5) 预约时客户可挑选业务接待员。在接待区和客户休息室内放置告示牌，引导客户进行预约。

(6) 在寄给现有客户和潜在客户的印刷宣传品中推荐预约，为预约客户提供免费安全检查或其他鼓励性优惠等。

2. 预约接听、记录和确认

在预约过程中，工作人员接听电话要迅速，认真倾听客户的要求并记录重要信息及车辆信息(地址、电话、牌照号等)。按接听电话指南及预约计划表格记录下客户的想法和问题，告诉客户企业能提供的特别服务，并征询其意见。在结束预约前，工作人员要再次确认客户资料及预约的具体内容，以降低失约的可能性。

3. 预约统计与移交

预约工作人员结束客户预约后，要及时统计预约内容，保证信息的具体和完整，并将预约单移交给服务顾问，以保证维修保养服务的下一步工作顺利进行。

4. 预约后的工作

为了使客户进入汽车 4S 店后能如约开展车辆维修作业，预约人员同客户做好预约之后应及时通知服务顾问接待(预约人员也可以就是服务顾问)，以便在客户到来之前做好必要的准备工作。在停车位、车间工位、维修技师、技术资料、专用工具、配件、辅料等方面都应该准备齐全，尤其是维修技术问题的确认及维修方案的准备，以免到时影响维修工作的效率和质量。

准备工作属于流程中的内部环节，与客户并无直接的接触。业务接待员需要及时通知维修车间与配件部门做好相应的准备工作，维修车间、配件部门也应对业务接待员的工作给予积极的支持和配合。如果这些工作不能在客户到来之前做好，比如维修所需配件不能按时采购到，应及时通知客户取消这次预约并希望客户谅解，但是这一切工作都应当在客户到来之前完成。如有可能还应提前准备好任务委托书(或维修合同)。

【小提示】

为客户到来做准备，接待人员应注意以下问题。

(1) 及时打印委托书，不要等客户来时再打印，以避免给客户留下准备不充分的印象，同时可为诊断车辆故障节约时间。

(2) 检查最新的技术信息，如维修手册、配件资料。

(3) 检查维修记录，确认是否返修。

(4) 至少提前两天告诉配件部门和维修车间工作人员本次预约的内容，确认检查员是否具备相应项目的服务能力以及能否遵守合同所有的承诺。

(5) 准备所有文件及需要的项目，如租车协议、替代车的钥匙。

(6) 如果有某项工作没有完成，需要重新预约。

预约服务的标准如表 4-3 所示。

表4-3　汽车4S店的预约服务标准

预约类型	过程与内容	具体的工作标准
被动预约	自我介绍	通报公司名称/个人代号,并感谢顾客来电
	确认顾客需求	运用结构式提问,尽快确认顾客实际需求
	解答顾客问题	(1)如果在交谈过程中必须接听另一个电话时,需先征得来电顾客的同意。 (2)如果无法回答顾客的问题,应亲自联络其他人员协助。 (3)如果一时不能解答顾客的问题,应向顾客承诺何时能够给予答复
被动预约	预约留言	(1)与顾客约定车辆维修保养的具体时间。 (2)顾客指名要找的业务人员不在时,应主动协助留言。留言内容包括来电者的姓名、电话、基本需求以及最佳的回电时间
	登记	结束通话后对来访客户信息进行登记
主动预约	自我介绍	接通电话,首先说明公司名称/个人代号
	向顾客介绍维修服务项目	(1)提醒顾客进行必要的保养维护,介绍维修厂(站)提供的预约服务。 (2)提供维修厂(站)地址、电话
	解答顾客问题	解答顾客所关心的问题
	预约	如果顾客同意,依据顾客的意愿,帮助其确定预约的日期和时间
	登记	在顾客自愿的情况下,留下顾客的电话、姓名

三、预约电话的技巧

在预约过程中,业务接待人员使用正确的电话语言和技巧很关键,它直接影响着预约作业的服务质量。

1. 拨打电话

主动预约时,汽车4S店的业务接待人员作为通话的发起者,想要保证预约成功,必须讲究拨打电话的技巧。

拨打电话时,自始至终都要以礼待人,表现得文明大度,尊重与自己通话的对象,注意语言文明。在通话之初,恭恭敬敬地问声"您好";问候之后,要告知对方本人所在单位、本人全名及本人职务,如"您好!我是××汽车4S店的业务接待员王某"。终止通话之前,应该和对方说"再见""晚安"等。通话过程中,除了要注意语言技巧外,还应注意态度真诚。

【小提示】

业务接待员拨打电话进行预约时，通话内容要简练。通话前要做好准备，把预约对象的姓名、电话号码、通话要点等内容列出清单，这样可以避免出现边说边想、丢三落四、缺少条理等问题，从而保证预约工作顺利完成。通话时，问候完对方并自报身份后就应开宗明义、直奔主题，不讲废话。

2. 接听电话

被动预约时，业务接待员要按照接听电话的礼仪程序和合适的顺序进行操作，以便给人留下积极的第一印象。

接听电话首先应在铃响三声内拿起电话。铃响三声之内拿起电话是人们能够接受的标准。第三声之后，客户的耐心就会减退，甚至会对企业产生怀疑。无人接听的电话，往往会给客户带来不良情绪，甚至会使客户产生抱怨。汽车4S店的业务接待员若因特殊原因未能及时接听电话，则应在接听后马上向对方表示歉意，如"对不起，让您久等了"等语言，缓和客户的不良情绪。

其次，拿起电话时首先要问候来电者。接听电话应以问候作为开始，因为这样可以立即向客户表明友好和坦诚的态度。拿起电话后应该说"您好""早上好""下午好"等问候语。

自报姓名，这一基本的礼貌行为会让来电者知道自己正是他所要找的人或部门。同时，向来电者自报姓名也可以节省大量的时间，从而及时、顺畅地进入通话主题。如果是客户打进来的电话，要先报出企业名称，然后自报部门和自己的姓名。

询问客户是否需要帮助。说一句"我能为您做些什么？"表明预约人员和企业准备帮助客户，满足他们的需求。在接听电话时应采用以下三种方式。

(1) 直线电话："早上好，我是张×，有什么事情需要帮忙吗？"

(2) 外线打来的电话："您好，这里是××汽车服务有限公司，我能为您做些什么？"

(3) 接听一个部门的电话："下午好，这里是前台业务，我是赵×，我能为您做些什么？"

3. 让对方电话等候

让对方电话等候，是客户最不愿意遇到却又在所难免的事，这就需要业务接待人员运用关于让客户等候的礼仪妥善处理。

1) 询问客户是否可以等候

让客户等候之前必须先征得客户的同意。接待人员不能简单地对客户说："请您稍等一会儿"，应该征得客户的同意，例如可以说："您是否可以等我一会儿？"在对方答复

后再决定后续工作如何进行。

2) 告诉客户等候的原因

经验证明，如果有礼貌地告诉客户必须等候的原因，大多数客户是能够接受的，但一定要为客户提供中肯可信的等待理由。例如：

"要等一会儿才能回答您的问题，因为我需要和经理商量一下。"

"我需要一两分钟的时间同其他部门核实一下。"

"我需要几分钟时间在计算机中查到那份文件。"

为了使客户了解到预约人员所提供的等候理由是中肯可信的，而不是以劣质的服务为借口，预约人员在回答客户时必须将理由简明、扼要、中肯地表达清楚，避免使用"不清楚""可能是""这不是我的事"等词语。比如，预约人员接到了一位客户的电话，这位客户问他的车何时修好，何时能取，一种提供信息的答复是："您可以稍等一会儿吗？我给维修车间打个电话确认一下再回复您。"而作为借口的答复是："我不清楚您的车修得怎样，这段时间车间里在修车辆较多，是否修好，现在还很难说，您稍等一会儿，我给他们打个电话给你问问。"

3) 提供等候时间信息

提供等候时间信息对客户能起到平心静气的作用。需要提供等候时间信息的具体程度取决于预约人员认为客户需要等候的时间长度，如果需要等候的时间很长，就要认真地估计一下时间。等候时间的长短有以下三种情况。

(1) 短暂的等待时间(最多 60 秒)。如果知道让客户等候的时间会很短，在等候之前，你可以礼貌地说："请稍等，我马上就来。"

(2) 较长的等候时间(1～3 分钟)。在这种情况下，如果客户没有预料到会有较长时间的等候，较好的办法是不告诉客户需要等候的确切时间，并且要重新确认客户是否愿意等候。例如，"我需要两三分钟时间同我们的主管经理一起解决这个问题，您是否愿意稍等一会儿呢？还是希望我一会儿再给您回电话呢？"

(3) 漫长的等候(3 分钟以上)。在不知道客户还要等多久才能真正得到想要的答复时，最好的办法是在客户发泄怒气之前，在等待期间告诉他，一有消息就会及时给他回电话。这种情况应每隔 30 秒告知客户一下问题处理的具体进展。

4) 对客户的等候表示感谢

当预约人员回到这条线路上时说"谢谢您"，是一种很好的方式，这一行为算是圆满地完成了这次等候，而且得到了客户的耐心等待和理解。例如，预约人员正在与经理磋商一些重要的事情，这时电话响了，预约人员马上拿起电话，问候了来电者，并有礼貌地说："我正和经理商谈事情，很快就要谈完，您可以稍等一会儿吗？"然后等待客户的答复，当客户表示同意后，预约人员接着说："谢谢。"在一分钟之内，预约人员回到这条线路时对客户说："谢谢您的等待，我能为您做些什么？"

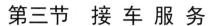

第三节　接车服务

接车服务是业务接待员与客户的第一次直接面对面接触。此项作业不仅要求接待人员仪容气度不凡，而且必须具备与客户交流沟通的能力，同时拥有判断汽车故障的精湛技术，思路敏捷，头脑灵活。

一、接车服务的主要内容

接车服务以接待和预检活动为核心内容。汽车维修业务接待工作贯穿于车辆维修流程的全过程，从接待客户、询问、接车检查、开具任务委托书、填写维修项目，直至客户取车、付款、电话跟踪、反馈信息等，构成了业务接待人员的工作顺序和内容。在接车服务过程中，业务接待员的主要工作内容包括以下几方面。

1. 客户迎接工作

业务接待员应友好地接待来店的每一位客户。不管是预约客户还是非预约客户，在接车过程中，接待人员都应当注重形象与礼仪，并善于与客户进行有效沟通，体现出对客户的关注与尊重，体现出高水平的业务素质。

对于预约客户，接待人员要事先做好接待准备工作，包括事先确认预约客户的基本信息、打印任务委托书等。一旦客户如约来修车，发现一切工作准备就绪，业务接待员正在等待他的到来，这样客户肯定会有一个比较好的心情，从而有效地提升客户满意度。

2. 询问客户需求

客户来店后，业务接待员要认真了解客户的需求及来店目的。如果确定客户需要服务，要明确服务的类型；如果是有其他目的，则要尽可能地提供相应的帮助。

3. 车辆问诊与预检

业务接待员应对来店客户的车辆进行问诊，细心聆听客户对车辆故障的描述，并绕车检查，确认车辆的基本信息，初步找出故障来源，根据试车检测情况及时向客户提供维修建议。

4. 维修项目估价

业务接待员要协调车间维修工位和库房零配件的关系，根据客户需要维修的项目进行估价和估时。工时估价应按照企业规定的不同车型、不同维修项目的统一工时定额和工时

费报价。零配件应按销售价格报价,特殊订货的配件价格应适当地乘以一定的系数后报价。对于一般维修项目可向客户直接报价,个别维修项目的收费则应向客户作必要的解释。

5. 开具任务委托书

业务接待员和客户就维修项目和费用、工时等达成一致意见后,要开具维修任务委托书。任务委托书的内容应包括车辆的基本资料(型号、年份、VIN等)、车况、证件的交接、随车工具及物品的保管、与客户商定的材料、配件提供方式,且应以文件的形式明确具体的维修项目和费用等。任务委托书是客户和业务接待员之间达成维修协议的一种文件,只有经双方签字确认后,委托行为才正式生效。

【知识拓展】

委托书的重要性

(1) 委托书记录了维修接待员和客户之间的沟通情况,可以防止发生误解。

(2) 委托书对客户的要求进行详细而清楚的说明,有助于维修工在第一次维修时就将车辆完成修复。

(3) 委托书是一份管理性文件,记录了经销店和客户在维修和预期费用上达成的协议。

(4) 委托书有助于确定维修工的工资。

(5) 委托书可以作为经销店的保修费用和零部件存货的审计依据。

6. 维修作业安排和客户安排

客户签好任务委托书后,业务接待员应征求客户意见,是离店还是到汽车4S店休息区等候。将客户安排好后,业务接待员应将车辆送到待检区,并和车间联系以安排车辆的维修作业。

7. 推销增加的服务

业务接待员在车辆维修中反馈的增加项目和零件的更换,应及时与客户取得联系。业务接待员向客户建议额外的维修服务时,应解释服务的性质、价格及好处。

8. 维修作业的跟进

业务接待员在车辆维修作业期间,要及时掌握维修进度和维修质量;了解三检的实施情况;零件与工时如有改变,一定要通知客户;如发现有需要增加的维修项目,应立即由客户确认;在特殊情况下(如出现返修时),要检查维修技师的工作,并随车进行车辆技术档案的登记整理。

二、接车服务要点

接车服务应注意以下几点。

(1) 业务接待人员要亲自进行客户接待工作，不能因为工作忙就叫其他人员(如维修技师)代替，这样会让客户感到不受重视，客户会对企业产生不信任感。

(2) 将胸牌戴在显眼的位置，以便使客户知道在与谁打交道，这样有利于增加信任感。

(3) 接待客户时应直接称呼客户的姓氏和职务，如赵经理、薛总等，这样会使客户感到受重视，同时也显得亲切。接待客户可分为接待预约客户和接待非预约客户。接待预约客户时，取出提前准备好的任务委托书和客户档案，陪同客户进入维修区，这样会使客户感到汽车 4S 店对他的预约十分重视，客户对待这一环节也会很满意；接待非预约客户时，应仔细询问并按接待规范进行登记。

(4) 交谈时要集中精力，避免匆忙或心不在焉。

(5) 认真听取客户的具体愿望和问题，通过有针对性的提问来更多地了解客户要求，并将所有重要的信息都记录在工作本中。

(6) 在开具任务委托书之前与客户一起对车辆进行检查，如果故障只在行驶中才能发现，应与客户一起进行试车。当着客户的面进行这种形式的技术检测不仅有利于加深自己对故障的把握程度，而且可以避免客户的不信任，发现新的故障还可以增加维修项目，若业务接待人员对这一故障没有把握，可以请一位有经验的技术人员一起进行车辆诊断。与客户一起对车辆进行检查，详细了解车辆的基本情况，包括检查车辆是否存在某些缺陷，如车身某处有划痕、某块玻璃打碎、缺失点烟器或备胎等，这些缺陷应在任务委托书上注明，避免将来出现不必要的纠纷。

(7) 向客户解释可能的维修项目，若客户不明白或想进一步了解，可通过易于理解的实例来解释一些技术细节。

(8) 告诉客户所进行维修工作的必要性和对车辆的好处。

(9) 在确定维修项目后，告诉客户可能花费的工时费及材料费。如果客户对费用感到吃惊或不满，应对此表示理解，并为其仔细分析所要进行的每一项工作，千万不要不理睬或讽刺挖苦。接待时对客户的解释会换来客户的理解，如果事后客户看到比预想的情况要多付钱，几乎都会恼怒。在某些情况下，如果只有在拆下零件或总成后才能准确地确定故障和相关费用，报价时应当特别谨慎。在这种情况下，在费用预算上必须明示客户，用词严谨，避免事后纠纷。例如，"以上是大修发动机的费用，维修离合器的费用核算不包括在本费用预算中，只有在发动机拆下来之后才能确定。"

(10) 分析维修项目，告诉客户可能出现的情况，并表示在进行处理之前会事先征得客

户的同意。例如，客户要求更换活塞，业务接待员应提醒客户可能会发生汽缸磨损，且拆下汽缸盖后应将检查结果告诉客户，并征求其意见。

(11) 业务接待员写出或打印出任务委托书，经与客户沟通确认能满足其要求后，应请客户在任务委托书上签名确认。

(12) 接车时，业务接待员应提醒客户把车上的贵重物品拿走，并当面点清车里的剩余物品。

(13) 最后请客户到客户休息区休息或与客户道别，并向客户说一声"谢谢""再见"。

三、接车服务流程

汽车4S店的接车服务流程如图4-2所示。

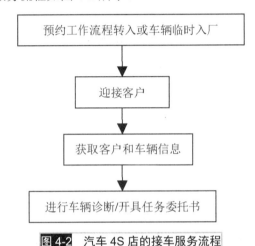

图 4-2　汽车4S店的接车服务流程

四、维修接待的技术服务要求

1. 倾听故障描述

1) 记录症状

客户报修时，业务接待员要按客户的说法记录下故障症状，而不是记录解决的方法。如果客户没有主动说出故障症状，则业务接待员应该主动询问客户汽车现在的工作状况。对于某一种故障症状，业务接待员在提出解决方法前应该事先考虑到可能还有其他原因会导致这种症状，所以只记录解决方法会导致工作失误，客户还会认为业务接待员不专业。

2) 说明诊断流程

当业务接待员把客户报修时所说的故障状况记录下来后，就应向客户说明诊断要经过的步骤、诊断的收费标准及依据。如果客户在维修前明白了收费标准和程序，就会对汽车

4S特约维修站的售后服务感到满意。

3) 分析问题

业务接待员从客户那里获得信息后，不要马上下结论。当然，业务接待员可能对客户提出的汽车问题已经有了一些设想，但是要等车辆检验后才能验证此设想。所以接待人员不要向客户说出自己的设想，要让客户用自己的话来说出问题。这样，业务接待员就能保证任务委托书上信息的准确性。待客户离开后，业务接待员就可以仔细检查汽车和分析所有的问题了。

【资料链接】

业务接待员的正确接车案例

客户张先生开车到了汽车4S店。业务接待员小李说："张先生，您好！我能为您做些什么？"

张先生："我这车最近发动机怠速时有点粗暴不稳。"

小李记下"怠速粗暴"后问："启动怎么样？"

张先生："你这问题问得太好了，最近这车启动还真挺费劲儿，估计是蓄电池的原因吧？"

小李记下"启动困难"后又问："我们会检查的，请问还有其他问题吗？"

张先生："没有问题了。"

这位业务接待员做得很正确，因为他只记录"怠速粗暴""启动困难"等故障症状，并没有记录"蓄电池的原因"这一解决方法。

(资料来源：刘亚杰. 汽车4S店经营管理[M]. 长春：吉林教育出版社，2009.)

2. 客户确认维修项目

1) 说明问题

业务接待员应告知客户检查过程中发现的问题以及需要维修的原因。

【资料链接】

业务接待员向客户说明问题的方法对比

客户张先生开车到汽车4S店保修车辆(续文中的上述实例)。

业务接待员小李给客户张先生打电话说："是张先生吗？您好！我是××特约维修站的业务接待员李×。我已经检查了您的汽车，想告诉您我检查到的问题，首先蓄电池是好的，但需要调整。"

业务接待员小李的话语中并没有向客户说明检查发现的具体问题，也无法向客户解释需要进行的维修项目。

应该这样说："是张先生吗？您好！我是××特约维修站的业务接待员李×。我已经检查了您的汽车，想告诉您我查到的具体情况，首先蓄电池是好的，但我发现喷油器需要清洗，而且应该换套新的火花塞，这就是造成您汽车启动困难、发动机怠速粗暴的根本原因。"

（资料来源：刘亚杰. 汽车4S店经营管理[M]. 长春：吉林教育出版社，2009.）

2) 说明解决方法

业务接待员应告诉客户用什么样的方法来维修他的汽车，并解释清楚这种维修的特点和优点。在向客户说明具体解决方法时要掌握好特点和优点的概念及运用。特点：描述的是事物的特征。优点：一般来说与省钱、省时、节油、提高性能、安全或便利等有关。这样更容易和客户达成维修意见的统一，便于后续工作的顺利进行。

3) 说明项目估价

和客户解释说明车辆问题及维修意见后，业务接待员应向客户进行车辆维修服务报价。具体估价包括汽车维修工时费、汽车维修材料费和其他费用三项。其中，汽车维修工时费是指汽车维修所付出的劳务费用，即完成一定的维修作业项目而消耗的人工作业时间所折算的费用；汽车维修材料费是指汽车维修过程中合理消耗的材料费用，一般分为配件费用、辅助材料费用和油料费用三类；其他费用是指上述费用以外的、汽车维修过程中按规定允许发生的费用，主要包括材料管理费、外协加工费等。

常见的估价方式有三种。

(1) 现象估价：按故障发生的现象进行一次性彻底维修来收费。该估价方法适用于疑难杂症以及那些其他企业修理但未修好的故障。前提是判断要绝对准确，否则可能会发生亏本。

(2) 系统估价：按照牵连的系统所需进行的检查、诊断和维修费用来收费。这一般是通用的估价方式，是使用最多、准确性最有保障的估价方法。

(3) 项目估价：按故障维修实际工时来收费。一般是对个别客户指定的维修项目进行估价。

以上三种估价方式在实际运用中要灵活掌握，在估价过程中既要维护企业的利益，又要顾及客户的感受，要在具体工作中向客户多作解释，以便在统一认识的基础上采取双方都能接受的估价方式，从而作出合理的维修估价，使客户有一种消费明确的感觉。

上述内容得到客户认可后，需打印任务委托书，经客户签字确认后，车辆可进入下一个工作流程。

第四节 维 修 服 务

一、维修和质量检验的流程

汽车 4S 店的维修和质量检验流程如图 4-3 所示。

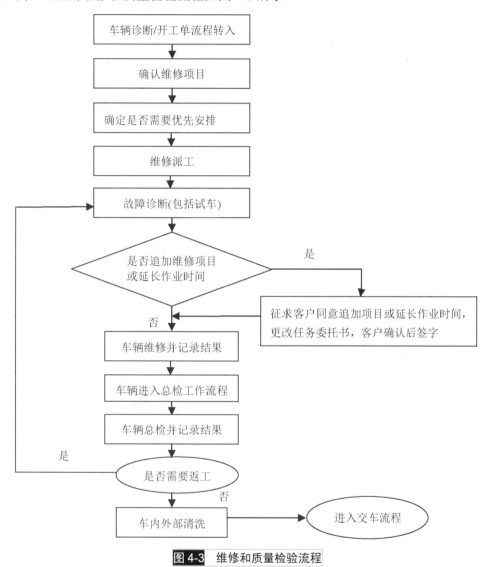

图 4-3 维修和质量检验流程

【资料链接】

某企业车间管理制度

为了保障生产有序、高效地进行，制定本制度。

一、生产高度工作的主要任务：以生产作业的维修单为依据，合理组织企业的日常生产活动，经常检查维修作业过程及情况，及时、有效地调整和处理生产过程中的异常情况，组织新的平衡，保证全面完成生产任务。

二、每日开班前，应检查生产准备情况，包括班组人员到位情况、设备工具准备情况、配件供应或修复待装情况，督促和协助有关部门、班组按时做好多项生产准备工作。

三、根据当日应安排的作业"维修单"，及时、均衡地安排班组进行作业。调度指令必须绝对服从。班组或员工个人对调度有意见，必须先执行指令，下班后再提意见，必要时可向经理报告。

四、对车间进行周期性巡视检查，不断地到各个作业工位检查工作情况，若发现异常，要及时处理和协调。一般情况下，每班次(4小时)车间巡查不少于4次，每次不少于25分钟。

五、根据生产需要合理组织，调剂作业安排，以确保各工位之间的有效配合。当班组作业完成时，及时通知技术检验员迅速到工位检验。

六、经常与配件部联系，了解配件情况，督促配件部及时把配件供应到车间班组。

七、出现维修增加项目情况时，应立即通知业务部，以便与客户取得联系。在接到业务部增项处理意见时，应及时通知班组进行增项作业。

八、检查、督促车间合理使用和维护设备。一是检查、督促操作者按章操作；二是检查、督促设备工具的日常维护保养，禁止设备带病运行；三是检查、督促有关单位和班组严格执行设备维修规定。

九、做好车间生产作业安排的记录、统计和分析，及时总结生产过程中的问题与经验，并负责完成该工作报告。

十、督促车间文明环境建设，每日检查生产现场，经常引导教育员工文明施工、爱护环境、爱护设备、爱护车辆，遵守安全生产规定，保持车间整洁的卫生环境。

十一、组织好生产调度会，对全车间的典型问题或情况要及时告诉员工，以吸取教训；对工作中的优良表现要予以表扬，以鼓励员工积极向上。调度人员在调度会前做好准备工作，要以专业管理者的态度发言，简明扼要，启发号召力强。

(资料来源：某汽车4S店内部资料)

二、维修质量检验的内容及方法

1. 汽车维修质量检验的内容

汽车维修质量检验就是通过一定的技术手段对所维修的整车、总成、零件等的质量特性进行测定，并将测定结果与规定的汽车维修技术标准相比较，判断其是否合格。在汽车4S特约维修站中，维修质量检验工作的基本任务包括以下三个方面。

(1) 测定维修的整车、总成、零件等的质量特性。

(2) 对汽车维修过程实施质量监督与控制。

（3）对汽车维修质量进行评定。

2. 汽车维修质量检验的步骤

汽车维修质量检验工作的步骤包括以下几方面。

（1）掌握标准：根据汽车维修技术标准和规范，明确检验项目、质量特性及参数，掌握检验规则和数据处理方法。

（2）进行测定：按规定的检测方法对检测对象进行测定，得出维修质量的各种特性值。

（3）数据比较：将所测得的维修数据与汽车维修技术标准进行比较，判断其是否符合汽车维修质量要求。

（4）作出判定：根据分析比较的结果，判定本项维修作业质量合格或不合格。

（5）结果处理：对维修质量合格的维修作业项目签署合格意见。

3. 汽车维修质量控制

建立全面质量管理系统的首要工作是建立健全质量管理机构。汽车4S店的质量管理机构由企业的主要领导直接负责，应做到每个部门、每个人都有职、有权，各负其责，上下贯通，使整个企业的生产指挥系统步调一致，指挥灵活。

质量管理活动本身是企业的业务工作，它不是企业管理的额外负担，各部门必须将其与本职工作紧密结合，把质量管理工作融汇到日常业务活动中去。各部门的职能工作人员要不断地提高和加强质量管理的自觉性，把"质量第一"的思想树立起来，学会运用质量管理体系去布置、检查、总结工作。维修站的质量职责分配如表4-4所示。

表4-4　维修站的质量职责分配表

组织成员	质量职责
站长	● 制定并实施企业的质量方针和目标 ● 主持建立质量体系 ● 建立并领导质量管理机构 ● 对维修的质量负全面责任 ● 确定各级人员质量职责 ● 对维修中的重大质量事项进行组织研究并作出决策，提出质量要求
技术部	● 对维修工艺设计质量和维修现场质量负技术责任 ● 负责有关技术文件的编制 ● 负责对维修工艺设计质量和维修实施质量进行组织评审 ● 负责采取技术措施，保证维修质量或解决维修质量问题 ● 确保维修的技术质量水平满足维修需求 ● 确保维修质量符合规范要求，满足客户需要 ● 负责维修技术问题的分析，提出解决方案 ● 从工艺上保证维修质量

续表

组织成员	质量职责
维修部	● 从技术上对维修现场的实施质量负责 ● 具体组织实施维修活动 ● 监督检查维修作业实施的质量情况 ● 负责搜集、保存并归档维修方面的技术资料及其他有关维修记录 ● 对质保期服务质量负责，及时向站长汇报维修情况
质量管理部	● 负责组织制订维修总体质量控制计划 ● 负责维修质量方针和质量目标的贯彻落实 ● 对维修各阶段、各环节质量进行监督管理 ● 协助开展检验、测试及验收工作 ● 汇总并通报有关维修质量情况，对出现的质量问题坚持"四不放过"，即原因不清不放过、责任未落实不放过、问题未整改不放过、整改效果不合格不放过，并就维修质量有关事宜负责对外联络、协调、合作沟通工作 ● 参与制订检验计划，编制检验人员所用的全部手册和程序 ● 参与设计检验场地，选择设备和仪表，设计工作方法 ● 分配检验人员工作，监督和评定他们的工作成绩 ● 复核不符合规范的情况，参与研究处置方法 ● 复核存在着不符合规范迹象的工序情况 ● 挖掘下级员工的潜力 ● 了解设备、仪表配备、检验方法和操作等方面的新工艺的发展，取其合适的部分为企业所用
维修车间	● 负责从资源上为维修质量管理和保证提供必要条件，在保证维修质量的前提下，做好维修进度的控制管理工作，编制进度控制计划 ● 负责维修对外联络工作，组织进度协调会，确保维修进度 ● 负责维修文档、技术资料的归档和管理 ● 组织基本功训练，落实"三按"和"三分析"活动 ● 组织开展质量管理小组活动，解决维修质量问题

4. 质量要求

修理完毕的车辆必须符合修理技术标准。按照《汽车车身修理技术条件》(GB/T 5336—2022)和《汽车大修竣工出厂技术条件》(GB/T 3798—2021)的要求，完工出厂车辆的质量保证期从维修完工出厂之日起计算，应不少于车辆行驶 20 000km 或 100d，以先到者为准。

5. 质检工作程序

对于新出库或上一道工序的原材料、零部件及总成，作业人员必须进行检测，合格则进行下一道工序，不合格则报质检员复核，并签字退回仓库或上一道工序。零配件经加工、修理、装配、调整完工后交质检员进行检验，检验合格后转至下一道工序，不合格的必须

返工。车辆维修完工后，先由主修人员自行检查，自检后由辅修人员互检，再将车辆钥匙交给班长，由质检员(即班长)进行检验，如符合质量标准，则填写检验单并签字，之后安排试车。试车完毕确认没有问题后，将车辆钥匙交给调度员之后方可放行。如有必要，必须交总质检员再次进行检验。出现质量返修事故时，调度员及负责维修作业人员所在班班长必须将返修车辆相关情况及时报告公司领导。

6. 维修质量控制及相关事宜

启动发动机检查车辆故障时，应当先检查风扇是否转动、水箱是否有水。车辆修理完毕试车时，应当先检查手刹是否灵敏。零配件、汽车总成解体及组装要按顺序进行，解体时，原则上按先外后内、从左至右的顺序进行；组装时，则按与解体时相反的顺序进行。在组装时不能有任何东西漏装，发现原来有漏装的在维修作业时必须补装好，确保完整、无遗漏。上螺钉时必须使用匹配的扳手等工具，力度必须适中，既不能使劲过大，也不能使劲过小。具体的注意事项如下。

(1) 凡前来检修的车辆，必须先由正、副班长确认检修的难易程度，并合理安排维修人员进行检修。原则上，难度大的检修任务安排技术较好的维修人员进行检修；难度小的由其他维修人员进行检修。

(2) 检修前，必须先由正、副班长(或班长指定的技术好的职工)进行故障判断，确认是否需要更换零配件以及需要更换哪些零配件，在作出决定之后方可实施。

(3) 更换零配件时，不匹配的零配件不允许安装。

7. 维修质量检验规范

在维修过程中，维修技师应严格遵循"不接受、不制造、不传递"质量缺陷的原则，重视修理的质量，采用上下工序互检的方式，并严格执行三级质检检验制度。

1) 三级质检检验制度

第一级检验：维修技师的个人自检。维修技师在完成修理及后续整理工作之后进行自检，自检的主要内容包括：根据维修工单的作业内容，逐项检查是否达到技术标准。自检完毕，维修技师在维修工单技师栏填写自己的名字。

第二级检验：维修班组的互检。维修班组长对本班组的维修质量负责。在其本班组成员自检完成后，班组长应按规定对所完成的维修项目进行质检，并核对是否所有维修项目和操作内容均已完成；当发现问题时，必须采取相应的措施进行纠正；检验的结果应反馈给维修技师，以提高维修技师的技术水平，避免同一问题的重复发生；完成质检后，班组长应当在维修工单技师栏签字确认，如有增加项目，应在增项技师栏下面签字确认，然后将工单、客户自费更换的配件、钥匙等交接给质检人员，申请质检员总检。

第三级检验：质检人员的终检。质检员在班组二级检验合格后，再对车辆的维修质量

进行终检，必要时路试，同时对完工车辆的清洁状况进行检查；做好最终检验记录，并签字。竣工出厂检验合格的，应签发"机动车维修竣工出厂合格证"。对于重要、安全性能的修理、返修等，应优先检验。

2) 质检合格的车辆交车

质检合格的车辆由维修技师将维修工单交接给服务顾问，并向服务顾问作详细交接。服务顾问应进行力所能及的完工交车前质检(包括油液面及颜色外观质检)。服务顾问引导客户检验车辆后，打印预结算单并向客户解释费用明细，随后引导客户完成支付并送客。

3) 维修检验不合格品的处理

维修检验不合格是指各级检验中发生的不合格。对于一、二级检验发生的不合格，由各班组的班组长负责自行采取相应的纠正措施。但对于由于技术水平、配件、维修检测设备等原因，班组长不能解决的，应当及时报告车间主管。

4) 内部返修的处理

三级检验(最终检验)中发现的不合格车辆，质检人员应当做好记录，并将不合格车辆返回原承修班组进行重新维修。同时，告知检验发现的问题，并做好"检验不合格"的标识，即作为内部返修的标注。对于终检中发现的不合格车辆，经维修后应当重新检验。

5) 外返车辆的处理

外返车辆是指经最终检验合格，已交付顾客使用，但在短期内或质保期内故障重新出现，并经分析判断确为维修质量问题的车辆。外返车辆的确认由质检人员、技术总监、车间主管和服务主管共同进行，开外返维修工单，标注"外部返工"，由质检人员安排原承修班组返修；但因技术能力限制，无法完成返修的，应当安排给技术能力更高的班组。外返车辆必须优先安排维修，维修完工后再次检验，合格后才能交付。

质检人员应当详细记录每一台内返/外返车辆，编制日、周、月报告，分析其不合格的原因，并采取相应的纠正措施或预防措施。

【资料链接】

某企业车间生产检验管理制度

为保证维修质量和正常开展技术质量检验，制定本制度。

一、本公司生产检验具体为由技术检验员负责检验作业。

二、技术检验员负责质检任务如下。

(一)严格执行各项质量技术规章、标准和规范，严格把握质量检验关。

(二)参与制定与修订有关质量检验管理规章。

(三)掌握车间生产质量整体动态，完成质量分析，适时地提出改进工作、提高质量的工作方案或建设。

(四)建立、调整、保存质检统计资料，适时地向公司提供相关的信息。

三、质检工作具体规定如下。

(一)凡进出送修车辆或总成，均需经过本厂有关人员技术检验。

1. 进厂送修车辆，属一般性技术状况的，由业务部接待人员负责技术检测诊断，并对公司与客户负责；业务部接待人员不能确诊的，由技术检验员配合，主持检测诊断，并对公司与客户负责。

2. 车间生产过程质检由班组自检和检验员专检双层把关。维修生产过程中，每完成一道工序，班组成员应按工艺规程、操作规范进行一次自检；总成装配完成时，班组长应按标准进行一次自检；全车或局部或总成维修完成且经过自检后，须经检验员进行全面质检，并作出合格与否的确诊。否则不予出车间。

(二)生产过程中，出现价值量大或重要的零件或总成是否更换问题时，班组应请技术检验员到场进行技术分析，并决定是否更换。检验员对价值量大或重要的零部件或总成的更换有决定权，并负有直接责任。

(三)因质量问题返修的车辆，首先经过检验员进行返修前检测，确认返修项目后，通知调度员按照返修单送车间班组返修。

(四)凡竣工车辆，包括返修竣工车辆，必须经技术检验员检验。检验合格，检验员签署"合格"结论并签名，方可移交业务部。检验不合格，检验员签署"不合格"及其项目、技术数据、要求返工等意见，立即通知车间主管和班组返工。检验员在技术质量上有一票否决权，并负有全部责任。

(五)凡返修车辆，班组经车间主管安排后应立即返修，最迟不得拖延到24小时后动工，否则作抗调处理。

(六)凡维修作业中出现漏项、维修质量不合格、违章作业、延误工期等情况均由检验员在检验后记录在检验单上，当事班组应受到规定的处分(处分另见规定)。

四、检验员的工作质量考核。

检验员工作质量主要从检验工作量，检验准确率和检验记录的完整率、及时率等3方面指标考核评价。检验员在上述3项指标达到规定要求时，依情况评为优、良、正常3个工作等级；不能达到规定要求时，依情况评为差、极差2个工作成绩等级(评价指标另见规定)。

(资料来源：某汽车4S店内部资料)

第五节 交车服务

交车是对服务顾问接待工作的大检阅，是服务顾问最重要的工作之一，交车技能的掌握与否直接关系到服务顾问服务能力的高低。圆满地完成交车作业，使客户满意离去，是服务顾问进行交车的主要目的。

一、交车服务的内容

交车服务的内容主要包括以下几方面。

(1) 交车前准备。服务顾问在交车前要对完工车辆进行检查，核实维修项目及费用，确保交车工作万无一失。

(2) 通知客户取车。上述准备工作完成后，服务顾问即可制作好交车明细表，并联系客户确定交车时间。

(3) 客户沟通。客户付款取车前，服务顾问要向客户逐项说明维修项目及具体费用，妥善回答客户提出的疑问，同时进行建议提醒，并告知客户待维修项目及相关注意事项等。

(4) 付款交车。服务顾问要为客户交款提供有效的指导和帮助，引导客户到交款台。客户交款后，服务顾问应根据交款收据或发票将车钥匙及相关服务材料交给客户。

(5) 送别客户。服务顾问要协助客户移动车辆，亲自与客户道别，目送客户离开。

二、交车服务的流程

交车服务的具体流程及过程细分如图 4-4 和表 4-5 所示。

交车服务作业流程

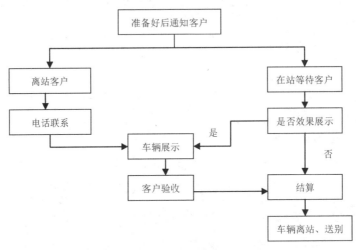

图 4-4　汽车维修业务交车服务流程

表 4-5　交车服务过程细分表

环　节	流　程	责 任 人	完成工作区域	完成时间	操作要点	工　具
交车服务	通知客户	服务顾问	休息区	1分钟	告知竣工 询问是否需要展示 费用解释 免费项目告知 提醒告知	任务委托书 结算单 (钥匙包)

续表

环　节	流　程	责　任　人	完成工作区域	完成时间	操作要点	工　具
交车服务	效果展示	服务顾问	交车区	5分钟	引导至交车区内外效果展示	接车单(预检单)任务委托书结算单(钥匙包)
	结算	财务人员	收银处	5分钟	引导至收银处财务人员接待	任务委托书结算单(钥匙包)
	送行	服务顾问/门卫	门口	1分钟	交钥匙包送行,口头致谢门卫放行客户资料移交	钥匙包出门条

三、交车前的准备工作

交车前的最后检查是维修业务中的重要环节,不仅可以改善工作质量,还会直接影响客户的满意程度。由车间主管或技术总监负责的最后检查,可以保证质量控制获得最佳效果。服务顾问一定要充分了解最后检查的方法和项目,确定最后检查已经实施。如果发生返修的情况,服务顾问还要考虑补救措施。

1. 提前2小时检查作业进度,做到心中有数

服务顾问为了确保能够按时向客户交车,要提早对维修业务进度进行检查跟踪,做到心中有数。如果发生意外情况,要能够及时与客户联系,并做好解释工作。

2. 将车辆内外清理干净(一般由清洁中心处理)

交付客户一辆洁净的车辆非常重要,尤其是一些小细节,有时能体现汽车4S特约维修站售后服务的整体形象,如倒掉烟灰盒里的烟灰等。这样可以让客户感到企业为他的汽车进行了清洁处理,感到企业对他的车辆是负责任的。在售后服务中的那些举手之劳,常常会在很大程度上提高客户的满意度。

(1) 交车前对车辆维修过的部位进行清洁检查,应保证无油污,并确保无意外损伤(即在维修时造成的无意识的损伤)。

(2) 礼仪性地将倒车镜、座椅、音响等恢复原位。

(3) 检查交车时间、费用、实际维修项目等是否与任务委托书上的项目相符。检查交车时间是否与约定的时间相符;检查维修费用与任务委托书上的估价是否有差异,如超出

估计费用,则应查明原因;检查维修项目是否与任务委托书上的一致,如有更改项目,查找原因并说明,做到心中有数,并及时与客户联系,做好解释工作;如有增加项目,说明原因并注意维修费用变更与否。

3. 对照任务委托书进行车上检查,核查完工项目

逐项检查任务委托书上的项目是否已全部完成,确保所有数据均已载入任务委托书,确认所有费用均已列在客户结算单上。确认完成的维修项目符合客户的要求,将出厂返修率减至最低。

4. 核算

服务顾问审验完任务委托书,确认无误后应进行相应的记录,并将任务委托书送交收款员进行核算。

收款员检查任务委托书、材料单和其他凭证(如外部维修加工单等)是否齐全,检查出库的材料是否与任务委托书要求的维修范围一致,并对具体项目进行核对核算。

5. 列出建议维修的项目

列出建议客户维修的项目、维修时间、不维修的危害性或危险程度以及对车辆性能及寿命的影响等,保证交车时能给予客户全方位的指导和关怀,以有效地提升客户满意度。

四、交车服务的要求

1. 带领客户验车

在客户取车的时候,服务顾问应尽可能亲自带领客户查看一下维修完毕的车辆,尽可能使客户每次取车的经历都变成一次积极的体验。在此过程中,尽可能说明免费为客户进行维修的项目,说明维修的难度,更换的大部件或小部件。如果有增加项目或减少项目,应向客户作详细的解释,说明变更项目的必要性,对车辆寿命及性能的影响和好处。总之,交车时要体现出汽车4S店和工作人员是站在客户的角度为客户及车辆着想的。这一环节必须细致周到,充分体现客户第一的理念。

2. 带领客户审验维修项目

带领客户按照任务委托书审验维修项目,确认所有的要求均已满足。在审验维修项目的过程中,积极地向客户解释维修的过程,此时应带上损坏的零件来帮助说明,这样能有效地增强客户对汽车4S店的信任和信心,同时也可以避免让客户认为企业提供的服务过于昂贵。

3. 提醒客户

提醒客户维修过程中发现但未排除的故障，如果可能，给出报价，一定要说明是大约报价，具体价格要与核算员进行核算，要让客户感觉到价格不是随意定的，而是有严格的核算办法及定额规定。

【小提示】

如果发现涉及安全性问题，应向客户解释未排除故障的危害，但不能让客户感觉到是在拉业务，而是要让客户感到是为他着想。对于必须维修但客户拒绝维修的项目，按内部相关规定应向客户解释清楚其危害，对涉及行车安全的内容必要时请客户签订有关的协议，并说明责任自负。

4. 提示

向客户提示当前的服务项目和新推出的项目，以及下次保养的日期，如果可能进行约定，并进行记录，以便到时进行主动预约。

5. 向客户提出关怀性的建议

服务顾问要向客户提出关怀性的建议，例如以下几项。

(1) 轮胎气压不足会增加燃油消耗，建议您要经常检查胎压。

(2) 您后备厢内装了两箱矿泉水，额外的重量会使燃油消耗增加，若减少这些重量，估计百公里油耗会降低 1 升。

(3) 清洗液喷嘴被车蜡堵住了，清洗液喷不出来，我们已将车蜡清除了，以后打蜡时要多注意。

只有服务顾问亲自将车辆交给客户，良好的服务才算画上了圆满的句号。同时，这将再次让客户明确本汽车 4S 特约维修站售后服务的维修服务能力。

6. 告知额外的免费服务

按照客户要求完成维修后，服务顾问就基本完成了工作，但是还可以多做一点，使客户对服务顾问的体贴产生深刻印象。这不会增加任何费用，但却能有效增加客户的好感。

例如：消声器的螺栓松了，我们已经帮您拧紧了；驻车制动器的推杆行程太大，这可能会导致驻车制动器失灵，我们已经调整好了；发动机罩不能平顺开关，我们已给发动机罩的铰链加了润滑油等。

7. 新车服务营销

进行服务营销，告诉客户最近的销售服务项目活动，如有新车销售活动，告诉客户新车的情况，如性能、特点等。

交车并送别客户后，整个业务流程并没有结束，在后期，我们还需要对客户进行跟踪回访，以了解客户维修后的用车体验，并倾听客户的意见和建议。关于跟踪回访的详细内容，将在第六章中介绍。

第六节 保修业务管理

一、保修的意义及保修条件

1. 保修的意义

保修是指汽车4S特约维修站对质量担保期内损坏的车辆进行免费维修，并由汽车生产厂商对特约维修站的维修费用进行结算的服务方式。其费用主要包括车辆正常保修的材料费、工时费，以及外出救援的交通、住宿等费用。

质量担保的目的，一是使客户对生产商的产品满意，二是使客户对生产商和经销商的售后服务满意，这两个因素是维护公司各产品信誉以及促销的基础。其中，客户对售后服务是否满意最为重要。如果客户对生产商的服务仅仅有一次不完全满意，生产商无疑就会失去这个客户；相反，如果生产商的售后服务能够赢得客户的信任，使客户满意，那么生产商就能继续推销其产品和服务。质量担保制度是售后服务部门的有力工具，生产商可以用它来满足客户的合理要求。每个经销商都有义务贯彻这个制度，执行质量担保承诺也是经销商吸引客户的重要手段。众所周知，尽管在生产制造过程中生产者足够认真，检验手段足够完备，但还是会出现质量缺陷，重要的是这些质量缺陷能够通过售后服务系统，且能够利用技术手段迅速、正确地得到解决。售后服务的质量担保正是要展示这种能力，即在客户和经销商之间建立一种紧密的联系，并使之不断地得到巩固和加强。

2. 保修的条件

汽车三包政策中明确规定：家用汽车产品保修期限不低于3年或者行驶里程60 000公里，以先到者为准；家用汽车产品三包有效期限不低于2年或者行驶里程50 000公里，以先到者为准。家用汽车产品保修期和三包有效期自销售者开具购车发票之日起计算。

在家用汽车产品保修期内，若家用汽车产品出现产品质量问题，消费者可凭三包凭证找修理者免费修理(包括工时费和材料费)。

家用汽车产品自销售者开具购车发票之日起60日内或者行驶里程3000公里之内(以先

到者为准)，发动机、变速器的主要零件出现产品质量问题的，消费者可以选择免费更换发动机、变速器。发动机、变速器的主要零件的种类范围由生产者明示在三包凭证上，其种类范围应当符合国家相关标准或规定，具体要求由国家质检总局另行规定。

家用汽车产品的易损耗零部件在其质量保证期内出现产品质量问题的，消费者可以选择免费更换易损耗零部件。易损耗零部件的种类范围及其质量保证期由生产者明示在三包凭证上。生产者明示的易损耗零部件的种类范围应当符合国家相关标准或规定，具体要求由国家质检总局另行规定。

目前，我国大多数汽车4S店为了促销，在国家三包政策的基础上，实施了不同程度的店内延保政策，这在很大程度上为客户创造了更宽松的保修条件。

二、汽车保修索赔业务的流程

1. 免费保养作业流程

一般来说，汽车厂商对汽车提供两次免费保养(个别品牌是首次免费保养)，免费保养作业流程如图4-5所示。

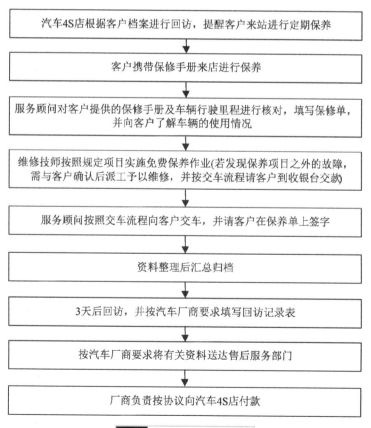

图 4-5　免费保养作业流程

2. 质保期内保修索赔作业流程

对于在质量保修范围内车辆出现问题的，需要进行保修索赔作业，具体分为到店处置和外出救援两种方式。到店处置作业流程如图4-6所示。

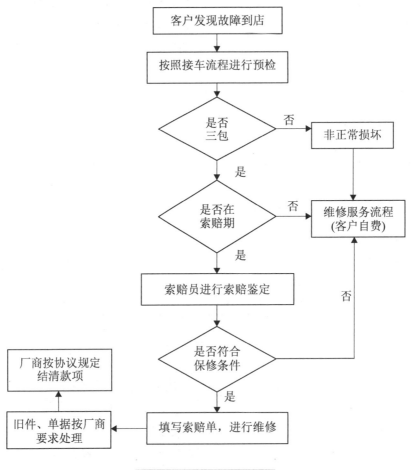

图 4-6 到店处置作业流程

汽车4S店接到救援电话，需要外出救援作业时，应先询问故障情况，并初步分析是否能够进行现场维修，如果不能，则需要立刻安排拖车将客户车辆拖至维修厂；如果分析认为可以进行现场维修，则应通知业务经理安排抢修小组，带好备件及工具赶赴现场进行援救。

三、保修费用结算单的报审程序

(1) 结算数据上报。目前，大多数汽车生产商采用电子邮件的方式上传结算数据，生产商规定1个月的某天为结算数据上传日。

(2) 费用的报审凭证。保养费，主要凭保养费结算通知单报审；工时费、材料费，凭保修费用结算申报单、保修材料回收统计单等报审；出差服务费，凭外出服务报审单和有效票据报审；旧件运输托运费，凭旧件运输托运费的有关票据报审。

(3) 从收到维修站的保修费用结算申报单及经确认的旧件回收单之日起，结算员原则上必须在 20 天内审核完毕。

(4) 结算员按标准规定审核后，交财务处复核。对审核费用及审核扣除的不合理费用，坚持三包结算回复制，结算员负责以书面或电子邮件的方式通知维修站。

(5) 财务处复核后转结算员，通知维修站开具增值税发票。维修站如有疑问，应在 5 天内提出复审，开票后不再受理复审，发票从通知之日起 2 周内必须寄达结算员。

(6) 维修站将发票直接寄给汽车生产商的售后服务部结算员，结算员接到发票后，填写费用报销单，经主管领导审核签字后交财务处，由财务处向维修站支付保修服务费。

(7) 结算申报单有下列情况之一者，不予受理。①有漏填、错填项目的；②故障原因不清的；③换件原因不符合保修规定的；④鉴定不准确、不符合规定的；⑤不按规定的零部件价格和工时标准填报的；⑥签章不齐全或无签章的；⑦按规定应退回的旧件未退回或旧件点验不符合要求及未附旧件回收统计单的；⑧需经批准而未填写批准人或授权号的；⑨结算申报单不按时间先后报审的，即后一次不再审核前一次截止时间以前的单据；⑩客户的地址、单位、联系人、邮政编码不清楚，信件无法投递，提供的客户电话错误而无法联系的；⑪结算申报单未填写配套厂标识代码及作业代码的。

四、汽车三包常识

1. 三包政策

2021 年 3 月 18 日国家市场监督管理总局第 4 次局务会议通过并于 2021 年 7 月 22 日公布了《家用汽车产品修理更换退货责任规定》，自 2022 年 1 月 1 日起施行。在此之前我国执行的是国家质检总局于 2013 年 1 月 15 日公布的《家用汽车产品修理、更换、退货责任规定》(即"汽车三包"规定)，该规定于 2013 年 10 月 1 日起施行，其出发点是保护汽车消费者的合法权益，约束生产企业、经销商的销售及售后行为。新规在 2013 年施行的《家用汽车产品修理、更换、退货责任规定》的基础上，进行了较大幅度的修改。

新规明确规定，家用汽车自三包有效期起算之日起 7 日内，出现因质量问题需要更换发动机、变速器、动力蓄电池、行驶驱动电机或者其主要零部件等情形的，销售者应当按照消费者的选择予以免费换车或者退车；销售者为消费者退换车时，应当赔偿消费者的车辆登记费、加装装饰费、相关服务费等损失；将动力蓄电池、行驶驱动电机等专用部件质量问题纳入三包退换车条款；对家用皮卡车实施三包，将家用汽车污染控制装置的主要零部件纳入重大质量问题退换车条款。

新规强化生产者的质量责任，要求生产者不得故意拖延或无正当理由拒绝销售者、修理者提出的协助、追偿等事项；加大违法行为处罚力度，对故意拖延或无正当理由拒绝承担三包责任的经营者，明确依照消费者权益保护法的有关规定实施处罚；借鉴国际通行做法，鼓励有关组织建立家用汽车三包责任争议处理机制，便于利用第三方专业资源免费为消费者提供公正、专业、便捷、高效的三包争议处理服务，同时降低行政和司法成本等。

【资料链接】家用汽车产品修理更换退货责任规定

家用汽车产品
修理更换退货
责任规定

2. 缺陷汽车召回管理

《缺陷汽车产品召回管理条例》经 2012 年 10 月 10 日国务院第 219 次常务会议通过，自 2013 年 1 月 1 日起施行，国务院产品质量监督部门负责全国缺陷汽车产品召回的监督管理工作。国务院产品质量监督部门缺陷产品召回技术机构按照国务院产品质量监督部门的规定，承担缺陷汽车产品召回的具体技术工作。对缺陷汽车产品，生产者应当依照本条例全部召回；生产者未实施召回的，国务院产品质量监督部门应当依照本条例责令其召回；生产者应当建立并保存汽车产品设计、制造、标识、检验等方面的信息记录以及汽车产品初次销售的车主信息记录，保存期限不得少于 10 年；销售、租赁、维修汽车产品的经营者(以下统称为经营者)应当按照国务院产品质量监督部门的规定建立并保存汽车产品相关信息记录，保存期限不得少于 5 年；生产者实施召回的，应当以便于公众知晓的方式发布信息，告知车主汽车产品存在的缺陷、避免损害发生的应急处置方法和生产者消除缺陷的措施等事项；国务院产品质量监督部门应当及时向社会公布已经确认的缺陷汽车产品信息以及生产者实施召回的相关信息；车主应当配合生产者实施召回；对实施召回的缺陷汽车产品，生产者应当及时采取修正或者补充标识、修理、更换、退货等措施消除缺陷，并承担消除缺陷的费用和必要的运送缺陷汽车产品的费用。

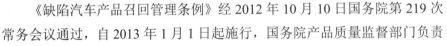

本章小结

汽车 4S 店设立售后服务部，由售后服务部经理主管，其主要工作就是负责技术咨询、车辆的首次免费保养、维修和保养业务、事故车接待处理、车辆及配件索赔、汽车召回等服务。绝大多数汽车 4S 店采用以客户为中心的服务运作流程，具体分为预约、预约准备、接车、维修、质量检验、交车、跟踪服务等环节。

汽车 4S 店的预约可以分为主动预约和被动预约两种，预约工作一般经历预约前的准备工作，预约接听、记录、确认，预约统计、移交，预约后的工作等过程。

接车服务的主要工作内容包括客户迎接工作、询问客户需求、车辆问诊与预检、维修项目估价、开具任务委托书、维修作业安排和客户安排、推销增加的服务、维修作业的跟进等。

维修检验的基本任务包括对汽车维修过程实施质量监督与控制，测定维修的整车、总成、零件等的质量特性，对汽车维修质量进行评定。

交车服务的内容主要包括：交车前准备、通知客户取车、客户沟通、付款交车、送别客户、带领客户验车、带领客户审验维修项目、提醒客户、向客户提出关怀性的建议、告知额外的免费服务、新车服务营销等。

保修是指特约维修站对质量担保期内损坏的车辆进行免费维修，并由汽车生产厂商对特约维修站的维修费用进行结算的服务方式。其费用主要包括车辆正常保修的材料费、工时费，以及外出救援的交通、住宿等费用。

 习题及实操题

1. 简述汽车 4S 店售后服务的内容及流程。

2. 售后服务预约有哪两种类型？电话预约的内容包括哪些？

3. 简述电话预约的标准和技巧。

4. 接车服务包括哪些内容？接车要点有哪些？

5. 简述交车服务的主要内容。

6. 简述交车服务的流程。

7. 简述汽车保修业务的工作流程。

8. 学生两人一组自愿组合，分别扮演客户和业务接待员，模拟售后服务的各业务流程，分析操作过程中的技巧和应注意的问题。

9. 实际调查一个汽车 4S 店售后服务岗位的相关情况，分析相关工作岗位对人员的基本要求。

第五章　汽车 4S 店配件管理

【知识点】

◎ 学习和了解汽车 4S 店配件的基本常识。

◎ 熟悉汽车 4S 店配件管理的主要内容和规定。

◎ 熟悉汽车 4S 店配件部门的组织机构。

◎ 掌握汽车 4S 店配件管理的基本流程。

◎ 掌握汽车 4S 店配件管理流程中的相关规范。

汽车配件管理是汽车4S店除整车销售、售后服务之外的又一大业务管理模块。配件的采购和仓储管理对配件的及时供应和成本控制有着非常重要的影响，这直接关系到售后维修作业的及时性，进而影响维修交车时间，最终影响到客户的满意度。

第一节　汽车4S店配件管理业务概述

一、汽车配件的基本知识

汽车配件的
基本知识

1. 配件的含义

关于汽车配件，有很多种定义，通用的一种定义是：在汽车商务和服务企业中，把汽车的零部件和耗材统称为汽车配件。

2. 配件的类别

汽车配件的分类比较复杂，由于配件品种繁多且日新月异，因此全球各个机构对汽车配件的分类方法各有不同，一般来说有以下几种分类方法。

(1) 汽车配件按照用途可以分为必装件、选装件、装饰件和消耗件等。

必装件是指汽车正常行驶所必需的配件，如转向盘、发动机等。

选装件是指汽车正常行驶非必需的配件，但是可以由车主选择安装以提高汽车的性能或功能的配件，如CD音响、氙气大灯等。

装饰件又称精品件，是指为了汽车的舒适和美观而加配的备件，一般对汽车本身的行驶性能和功能影响不大，如香水、抱枕等。

消耗件是指汽车使用过程中容易发生损耗、老旧，需要经常更换的备件，如润滑油、玻璃清洁剂、冷却液、制动液等。

(2) 汽车配件按照生产来源可以分为原厂件、副厂件和自制件3类。

原厂件是指与整车制造厂家配套的装配件。

副厂件是指由专业配件厂家生产的，虽然不与整车制造厂配套安装在新车上，但是是按照制造厂标准生产的，达到制造厂技术指标要求的配件。

自制件是指配件厂依据自己对汽车配件标准的理解，自行生产的，外观和使用效果与合格配件相似，但是其技术指标由配件制造厂自行保证，与整车制造厂无关的配件。自制件是否合格，主要取决于配件厂家的生产技术水平和质量保障措施。

【小提示】

不论是副厂件还是自制件都必须达到指定的标准水平，也就是说，不管是原厂件、副厂件还是自制件，都是合格的配件。那些不符合质量标准的所谓"副厂"配件，不属于上述范畴。

此外，汽车配件还可以按材质分为金属配件、电子配件、塑料配件、橡胶配件和组合配件等；按配件供销关系可以分为畅销配件、滞销配件和脱销配件；按安装的位置可以分为发动机配件、变速器配件、空调配件和制动系统配件等。每一个国际大型汽车制造厂商都有自己的配件分类方法，作为配件管理者应该了解常见的配件分类，以便于进行配件管理。

3. 汽车配件的原厂编码

通常汽车制造厂会对制造汽车所用的配件进行统计编码，不同品牌汽车的配件编码各不相同，但都有相对固定的规则，如图 5-1 所示。这些固定的编码统称原厂编码，由英文字母和数字组成，每一个字符都有特定的含义，从而方便汽车配件的管理。

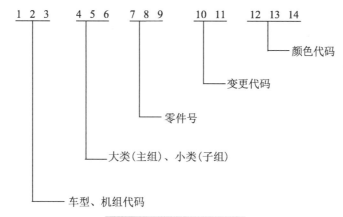

图 5-1 汽车配件编码规则

例如，德国大众汽车的零件号是由 14 位编码构成，主要由大类(主组)、小类(子组)、零件号、变更代码和颜色代码组成。

(1) 车型、机组代码(1～3 位)。当该零件是发动机及变速箱件时，前 3 位为机组代码，具体如下。

026：代表四缸 JW 发动机件。

034、035：代表五缸 RT、PR 发动机件。

078：代表六缸 ACZ 发动机件。

077：代表八缸 ABH 发动机件。

012：代表五挡手动变速箱件。

(2) 当该零件为除机组以外的零件时，前 3 位代表车型代码，一般情况下，前 3 位为奇数时代表左置转向盘车、为偶数时代表右置转向盘车，具体如下。

443：代表四缸、五缸车型。

(3) 大类(主组)、小类(子组)。是按照部件的位置来划定的，共分 11 大类。相关说明如表 5-1 所示。

表 5-1　配件大类说明

大　类	说　明
1 大类： 发动机及燃油喷射系统	100　发动机或发动机总成。 103　缸体、缸盖、缸头上布的通风软管、油底壳。 107　活塞、活塞环。 109　配气机构，包括进排气门、凸轮轴、正时齿轮、正时齿轮罩、皮带等。 115　机油泵、机油滤清器、托架、油标尺。 121　发动机的水冷却系统，包括水泵、散热器、进出水管、风扇等。 127　燃油泵(化油器车用)、燃油储压器、连接软管。 129　化油器及进气系统，包括空气滤清器、进气歧管等。 133　喷射式发动机用的喷油器、燃油管路、冷起动阀、压力调节器、燃油计量阀(其中包括空气滤清器总成及空气计量阀)等。 141　液压离合器(四缸、五缸通用)。 145　动力转向液压泵。 198　修理包，包括缸体密封件(包括曲轴前后油封)、活塞环、连杆、止推垫圈、轴瓦等。 199　发动机悬置件
2 大类： 油箱及供油管路、排气系统及空调设备的制冷循环系统	201　供油系统，包括油箱、燃油管路、燃油滤清器及燃油泵。 253　排气歧管及排气消声器。 260　空调设备的制冷循环系统，包括蒸发器、膨胀阀、 压缩机、冷凝器、制冷软管、高低压开关等。 298　修理包，包括磁性离合器的一套附件等
3 大类： 变速箱	300　变速箱总成。 301　机械变速箱壳体和变速箱及发动机之间的连接部件。 311　4 速和 5 速变速箱的所有齿轮、轴及换挡轴拨叉等。 321　自动变速箱壳体。 322　自动变速箱前进、直接、倒挡齿轮离合器、液压变矩器。 325　阀体、自动变速箱的油滤器。 398　修理包，包括变速箱密封件修理包、整套密封垫等。 399　变速箱悬置件
4 大类： 前轴(前悬挂)、差速器及转向系统	407　导向控制臂及连接轴(驱动轴)、轮毂。 408　差速器和齿轮组及自动变速箱和发动机相连接的壳体及连接件。 411　前悬挂，包括减震弹簧、稳定杆等。 412　前减震器。 419　蜗轮蜗杆转向器、转向盘、转向柱(不包括动力转向)。 422　动力转向机及液体容器和连接软管。 498　修理包，包括一套密封件(包括驱动轴油)、差速器齿轮、车轮支承座等

续表

大　类	说　明
5 大类： 后桥(副悬挂)	500 后桥及附件。 511 后悬置。 512 后减震器
6 大类： 车轮、刹车 系统	609 后鼓式制动器。 610 制动总泵及制动管路。 614 制动压力调节器。 615 前盘式制动器，包括制动片、制动柱塞缸、制动盘等。 616 自动调整系统，包括自动调整阀、压力真空罐等
7 大类： 手操纵系统、 脚踏板组	711 变速箱换挡机构、手制动操纵杆及冷起动钢索。 713 自动变速箱的换挡机构。 721 制动踏板、离合器踏板组、机械变速箱用的油门踏板及油门钢索。 722 自动变速箱用的制动踏板、油门踏板。 798 修理包，包括制动总泵推杆等
8 大类： 车身、空调和 暖风控制系统	800 车身总成。 805 散热器框及导水板。 807 前、后保险杠。 808 侧板(包括门框架侧板及后叶子板轮罩)。 813 后隔板(行李箱内侧)、后端板、后挡泥板。 821 前叶子板。 822 发动机罩盖。 827 行李箱后罩盖及箱锁。 831 前车门、车门铰链、车门密封件、限位杆 833 后车门、车门铰链、车门密封件、限位杆。 837 前门把手、内护板、玻璃框架及玻璃升降器。 838 后门把手、内护板、玻璃框架及玻璃升降器。 845 车窗玻璃(共计 8 块)。 853 所有玻璃嵌条、车门保护条、散热器护栏、驾驶室内通风口装饰板。 857 仪表板、杂物箱、遮阳板、后视镜、安全带(车前内部位等)。 860 灭火器。 862 中央门锁系统。 863 车身内各部件隔音板及装饰板(不包括前仪表板)。 867 车门、车门柱装饰板和顶盖的装饰板。 881 前座椅总成及头枕。 885 后座椅总成及头枕。 898 修理包，包括一套锁芯、一套保险杠安装件、叶子板修理包等

续表

大 类	说 明
9 大类: 电器	903 发电机及连接固定件。
	904 点火启动系统,其中包括点火线圈、点火线、火花塞、分电器、点火开关等。
	906 电控单元、速度传感器、防抱死开关、防滑控制开关。
	911 启动机及其零部件。
	915 蓄电池、蓄电池的固定件。
	919 在发动机和变速箱上的各种开关、传感器以及仪表盘上的各种指示器和点烟器。
	937 继电器盘及继电器(位置:方向盘下部)。
	941 前大灯、前雾灯、后牌照灯、仪表板的开关、保险丝/继电器盒中的所有保险丝和继电器(位置:车左前部)。
	945 后制动灯、转向信号灯。
	955 刮水器及洗涤件。
	957 车速表、距离传感器。
	959 电风扇、电动车窗及电动后视镜的开关
0 大类: 附件	000 火花塞(101 000 005 AB)。
	011 千斤顶。
	021 工具箱。
	018 发动机护板。
	035 收音机、收放机喇叭、火花塞接头、分电盘、高压线插头、自动天线
N 大类: 标准件	N010 螺栓。
	N011 垫圈。
	N012 弹簧垫圈、锁环、锁片。
	N013 密封圈。
	N017 灯泡、保险丝。
	N024 卡箍。
	N038 线

而奥迪车系的配件编码一般是一个 10 位的字符串,可以使用英文字母或阿拉伯数字。其分段规则是 3-1-2-3-1,例如奥迪 A6 汽车的一款发动机计算机原厂编码如下所示。

4 A 0	9	2 7	1 5 6	A
型号	主组	子组	零件号	变更字母

奥迪汽车配件主组:

主组 1——发动机   主组 6——车轮、制动系统

主组 2——油箱、油管、排气系统、制冷系统   主组 7——手操纵系统、脚踏板系统

主组 3——变速器   主组 8——车身

主组 4——前轴、差速器、转向器   主组 9——电器

主组 5——后桥   主组 0——附件

4. 真假配件的鉴别

汽车配件是决定汽车维修质量的重要因素之一。目前，汽车配件市场混乱，假冒伪劣产品充斥市场，让人真假难分、良莠难辨。由于大多数用户缺乏对配件质量的检测手段，他们只能从产品包装、外观、规格尺寸等方面进行选择，而无法对其内在质量进行检测或化验，致使假冒伪劣配件畅通无阻，严重影响了汽车的维修质量，给用户带来严重损失，并危及了行车安全。车辆装用假冒伪劣配件，使得用户叫苦不迭，轻则需要返工复修造成经济损失；重则危及行车安全，甚至造成交通事故。假冒配件的泛滥之势有增无减，已成为行业的公害。据调查，30%的车辆故障是由消费者的不良驾驶习惯造成的，而70%的车辆故障则是由汽车零配件的质量和装配技术等因素引起的，其中使用假冒伪劣配件造成车辆损害的情况占据大半。例如，前制动片若使用假冒伪劣配件，制动片会很快超出磨损极限，使得制动时有响声，严重时还会磨损前制动盘，使制动盘出现沟槽而无法继续使用；汽车灯具产品若使用了假冒伪劣配件，会造成亮度不足、聚焦不集中、射程太近、辐射面积小等问题，严重的伪劣汽车灯具由于密封不严，可能会发生雨水进入灯内导致生锈和短路着火等现象。

真假配件的鉴别方法主要有以下七点。

方法一：不贪便宜。

若发现常用汽车配件的产品价格远低于印象中的价格，就要提高警惕，一定要弄清是折价、降价，还是假配件。

方法二：观察包装。

真品外包装盒上字迹清晰、套印准确、色彩鲜明，标有产品名称、规格型号、数量，有注册商标、合格证和检验员章，一些重要部件(如分电器、喷油泵等)还要配有使用说明书。

大部分假冒伪劣产品在包装上总能找到破绽。

方法三：选择纯正原厂配件。

车辆配件出现故障，应去特许经销商(汽车 4S 店)处维修或更换，要选用原装配件，非原装配件很容易造成车辆机体的损害。

方法四：目测颜色。

原装配件会指定某种标准颜色，若遇其他颜色则为假冒伪劣产品。

方法五：观察油漆。

有些商贩将废旧配件进行简单加工、拼凑、刷漆、包装后冒充合格产品出售，这些配件从外观油漆上就可以看出来。

方法六：细看材料。

如发现汽车配件上有锈蚀、斑点，橡胶件老化、龟裂，结合处有脱焊、脱胶等现象，这样的配件多半有问题。

方法七：有无防护。

大多数汽车配件出厂时都有防护层，如活塞销、轴瓦用石蜡保护，在活塞环、缸套表面涂防锈油，并用包装纸包裹气门、活塞等之后再用塑料袋封装。

【知识拓展】

汽油滤清器和机油滤清器的鉴别方法

1. 汽油滤清器的鉴别

外观：原装汽油滤清器有零件号、厂家代码和生产国代码，副厂件没有零件号或没有生产国代码。

材质：原装配件外壳由铝合金制成，中间由多层棉滤纸制成，副厂件多是由铁皮制成，中间是由最普通的单层纸制成，且纸质非常差，影响过滤。

影响：副厂件透气不好，容易脏堵，使喷油压力降低，最终导致汽车动力不足、油耗升高，严重的会使汽油泵早期烧损，还有的滤纸纸质粗糙起不到滤清的作用，使喷油嘴和油压调节器堵塞，造成故障。

2. 机油滤清器的鉴别

外观：原装机油滤清器比较美观，且字迹清晰，机油滤清器上详细印有零件号、厂家代码、生产国家、品牌、生产日期，副厂件不具备以上条件且制造工艺粗糙。

材质：原装机油滤清器采用了透气性较好的过滤纸且过滤效果好，滤纸较大，基本占满整个壳体。副厂滤芯大多是采用普通纸或过滤性较差的滤纸作为制造原材料，且过滤面积小，一般不到客体空间的一半。

效果：在制造工艺上，原装滤清器在机油的进口处设有防止回油的橡胶垫，这使得启动时需要润滑的部件都有足够的润滑油，大大地减轻了机械上的磨损，这一点是副厂滤芯所没有的。原厂滤芯采用的材料和制造工艺保证了整个润滑系统在车辆高速运转时也有足够的润滑油，延长了发动机的使用寿命。

二、汽车配件部门的组织机构和人员设置

对于汽车4S店来讲，汽车配件部门的岗位设置和人员配备既要符合汽车厂商的要求，又要结合汽车的实际情况而定，从而避免机构臃肿造成资源浪费。在实际设置中，企业可以根据自身的经营规模，将采购工作、配送工作或调度工作设成兼职岗位。大多数汽车4S店配件部门的组织机构如图5-2所示。

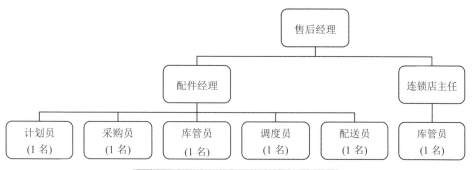

图 5-2　汽车4S店配件部门的组织机构

1. 配件经理

1)　任职条件

(1)　有大专或大专以上的学历。

(2)　有两年以上的汽配相关工作经验，具有一定的管理知识，熟悉目前的汽配市场行情。

(3)　有较强的组织能力、协调能力和事务处理能力。

(4)　熟练使用计算机，掌握一定的财务知识。

2)　岗位职责

(1)　按照汽车生产商的配件运作要求组织、督促配件工作人员做好特约维修站的配件管理工作。

(2)　根据汽车生产商的要求和市场的需求合理调整库存，将库存周转率控制在合理范围内，加快资金周转，减少滞销品种。

(3)　根据汽车生产商关于保证金设置的要求，确保在汽车生产商的账户中有充足的保证金余额。

(4)　对特约维修站工作人员进行配件业务的培训。

(5)　协调好配件部门和其他业务部门的关系，确保维修业务的正常开展。

(6)　及时向汽车生产商的配件部门传递汽车市场信息和本站业务信息。

(7)　审核、签发生产商的市场营销部、售后服务部订购配件的有关文件。

(8)　审核、签发向汽车生产商售后服务部提供的月度报表文件。

(9)　严格控制配件的采购及外汇储备，保证只向汽车生产商订购纯正的配件，不得参与购买非汽车生产商提供的假冒伪劣配件及倒卖配件的活动。

(10)　负责所辖员工的半年培训需求计划。

(11)　负责配件工作流程的不断优化。

2．配件计划员

1）　任职条件

(1)　中专以上学历。

(2)　具有两年以上汽配工作或汽配相关工作经验，熟悉汽车配件，并能熟练使用计算机进行操作。

(3)　对汽配市场信息较敏感，工作踏实，责任心强。

(4)　熟悉仓库管理或(及)物流管理，掌握一定的财务知识。

2）　岗位职责

(1)　配合部门经理完成厂家下达的配件销售任务，以及公司下达的配件销售任务与利润指标。

(2)　计划员应与厂家、供货商保持良好的供求关系，同时应了解市场信息。

(3)　掌握配件的现有库存和保险储备量，适时做出配件的采购计划和积压配件的处理方案，熟悉维修业务对配件的需求，确保业务的正常开展。

(4)　对于用量大的 A 类件，要实行"货比三家"的原则，做到质优价廉，并通过分析比较制定出最佳订货单。保证不断档，积压量最小。

(5)　根据供应和经营情况，适时做出库存调整计划，负责做好入库验收工作。对购入配件在质量、数量、价格上存在的问题做出书面统计，并监督采购人员进行异常处理。

(6)　负责供货商应付账款账目，及时做好电子账目。负责保管全部进货明细单、提货单、入库单并进行归类保存；临时管理进货发票及运单。负责同财务、业务往来单位的账务核对。

(7)　及时做好配件的入库工作，以实收数量为准，打印入库单。负责与配件相关的财务核算及统计工作。

(8)　完成部门经理交办的其他工作。

3．配件采购员

1）　任职条件

(1)　中专以上学历，有两年以上汽配工作或汽配相关工作经验。

(2)　熟悉汽车配件，并能熟练使用计算机进行操作。

(3)　对汽配市场信息较敏感，工作踏实，责任心强，正直。

(4)　熟悉仓库管理或物流管理。

2) 岗位职责

(1) 配合部门经理完成厂家下达的配件销售任务，以及集团公司下达的配件销售任务与利润指标。

(2) 对计划量进行审核，做好计划的延续和补充工作，对配件供应的及时性、正确性负责。

(3) 以低成本高品质为目标，积极开发配件配套厂家，降低采购费用，提高采购效率。

(4) 建立采购供应的业务档案，掌握不同运输方式的运输天数、费用等，进行定量分析，确定最佳采购方案。

(5) 对于用量大的 A 类件，要遵循"货比三家"的原则，做到质优价廉，并通过分析比较，制定出最佳订货单。保证不断档，无积压。

(6) 加强采购管理，适时、适量、适质、适价，与厂家保持良好的关系；按计划采购，遇特殊情况时有权做临时调整。

(7) 采购过程中，要强化验货工作，对配件的品牌、规格、数量等都要做到准确无误，认真完成配件的第一次检验工作。

(8) 在入库验收工作中，采购员要协同计划员、库管员做好配件的第二次检验工作，对配件质量、品牌、规格、价格等问题进行合理解释。

(9) 负责配件质量、数量的异常处理，及时做好索赔、退货及退换工作。

(10) 对于急件、零星采购件，采购员要进行充分的询价、比价、议价，并按照采购程序优先办理。

(11) 完成部门经理交办的其他工作。

4. 配件库管员

1) 任职条件

(1) 中专以上学历，有一年以上汽配工作或汽配相关工作经验。

(2) 具备一定的汽车维修常识，熟悉汽车配件，能熟练操作计算机。

(3) 工作认真、细致、踏实，责任心强，吃苦耐劳，正直。

(4) 熟悉库房管理程序。

2) 岗位职责

(1) 入库前要整理库房，为新到配件的摆放提供空间。

(2) 在货物入库验收的工作中，库房管理员要认真清点货物的数量，检查质量，同时填写实收货物清单(送货上门)，核实无误后签字确认。对于有质量问题的货物，库管员有权拒收。

(3) 库管员负责配件上架，按号就座，严格执行有关"配件的保管"的规定。

(4) 库管员负责根据核对好的入库单据，认真填写卡片账，做到账物相符。填写卡片账工作，应在当天完成。

(5) 在配件的发放过程中，库管员必须严格履行出库手续，根据调拨员签发的出库申请单提取配件，严禁先出货后补手续的错误做法，严禁白条发货。

(6) 出库后，库管员应根据出库单认真填写卡片账，做到账实相符。

(7) 确保库存准确，保证账、卡、物相符。库管员随时对出入库的配件进行复查。做好配件的月度和季度盘点工作。

(8) 对于因质量问题退换回的配件，要另建账单独管理，及时督促计划员进行库存和账目调整，保证库存配件的准确、完好，督促采购员尽快作出异常处理。

(9) 适时地向计划员作出配件库存调整(短缺、积压)的书面报告。

(10) 保管全部配件的业务单据、入库清单、出库清单并进行归类存档。

(11) 完成部门经理交办的其他工作。

5．配件调度员

1) 任职条件

(1) 中专以上学历，有两年以上汽配工作或汽配相关工作经验。

(2) 熟悉汽车配件，并能熟练使用计算机进行操作。

(3) 有较强的组织能力、协调能力及事务处理能力。

(4) 掌握一定的财务知识。

2) 岗位职责

(1) 调度员应协同库房管理员、提货人(或配送人员)根据配件出库清单，验收出库货物。出库清单可根据具体库存情况或提货人的临时要求进行调整，并可根据配件出库的实际情况补充出库清单。

(2) 调度员要督促库房管理员、提货人(或配送人员)在核实无误后的出库清单上签字确认，确保清单与实物相符。

(3) 调度员负责应收账款账目和收缴事宜，不得赊销，一律先收款后发货，减少不必要的死账、呆账。

(4) 调度员负责应收款往来账目，要做好电子账目的处理工作，及时录入往来票据(收款通知、出库清单、其他收款证明、运输费用)；负责保管全部配件业务单据、出库清单并进行归类存档；负责同财务、业务往来单位的账务核对。

(5) 调度员应协同采购员、库房管理员负责各业务往来单位的质量件退换工作，并严

格执行"退件规则"。

(6) 随时向采购员、计划员反映业务上出现的有关配件质量、价格、存货等方面的问题，并向计划员作出书面报告。

(7) 负责协同采购员、计划员、库房管理员进行配件验收入库工作，及时掌握配件来货情况，确保不丢失每一份配件订单。

(8) 建立并保持与各经营单位的良好合作关系，对客户在配件业务上提出的质疑(质量、价格、发运、往来账、业务咨询等)作出合理解释，进行协调解决，确保不丢失每一位客户。

(9) 完成部门经理交办的其他工作。

6. 配件配送员

1) 任职条件

(1) 中专以上学历，有两年以上汽配工作或汽配相关工作经验。

(2) 熟悉汽车配件，有两年以上的驾驶经验。

(3) 工作踏实，责任心强，吃苦耐劳，正直。

(4) 有较强的应变能力和沟通能力。

2) 岗位职责

(1) 及时准确地将货物发送到指定地点。

(2) 确保货物的安全到达，严禁出现损坏、遗失的现象。

(3) 合理选择运输工具和运输路线，节省时间、节约费用，提高工作效率。

(4) 对于客户的提问应当作出准确合理的解答，对于自己不能解释的问题，应合理地回避，不要给客户及公司带来不必要的麻烦。事后应积极找出答案。

(5) 积极收集有关的配件信息，尤其是对于出现的配件质量问题，应及时作出反馈。

(6) 送货时，必须带回有收货单位主管人签字的收货凭证，并协助收货方验收货物。

(7) 向外地发送货物时，应要求运送方签字证明，并及时与收货单位进行联系，准确地说出收货方式、收货地点及其他应说明的情况，确保货物的安全送达。

(8) 及时查询货物是否安全送达。

(9) 完成部门经理交办的其他工作。

7. 配件销售员

1) 任职条件

(1) 中专或中专以上学历，有两年以上汽配工作或汽配相关工作经验。

(2) 熟悉汽车配件，能使用计算机进行操作。

(3) 对汽配市场信息较敏感，工作踏实，责任心强。

(4) 有一定的应变能力和沟通能力。

2) 岗位职责

(1) 熟悉和掌握各类配件品名、编号、价格、性能和用途，对客户热情周到，及时准确地满足每一位客户的需求。

(2) 对客户提出的关于配件的问题(质量、价格、咨询等)能及时准确地回答。

(3) 严格执行配件销售价格，不得私自提价或降价(正常的价格降浮除外)。销售配件时必须开具相应的出库凭证，不准擅自赊账。

(4) 维修领料时必须严格执行维修领料流程，维修工领料必须有接车单才能领取配件，且必须交旧领新，不得打白条出库。

(5) 积极收集客户及维修工反馈回来的配件信息，以便计划员、采购员及时地调整配件计划及采购方式。

(6) 负责管理柜台物品和及时补充适销的配件库存，及时做出销售业务的配件需求计划。

(7) 对于出库和入库的配件，要及时登卡片账，确保配件库存的准确性。

(8) 完成部门经理交办的其他工作。

三、汽车 4S 店的配件业务管理规定

汽车配件管理的主要内容包括配件的计划采购、验收、库存管理、材料盘存、价格管理、协助财务做好资金运作等。

配件库保管员在办理配件入库手续时，必须认真清点所购物品与《配件采购申请单》中所列物品是否相符，以及核对有关人员的技术鉴定意见，并据实填写入库单，记入库存材料台账。配件部门负责人或配件库保管员要对所购进零配件的规格、名称、产地、价格等进行全面验收，确认合格后，方能在入库验收记录单上签字。配件库保管员对验收合格的配件要及时办理入库手续。

(1) 对办理入库手续的配件要及时做账，做账以正式收发凭证为依据。

(2) 入库配件要及时办理配件专用卡，清楚入库配件的名称、型号、规格、级别、储备额和实际储存量。

(3) 配件入库后要统一登记，一物一档，统一编号，便于查询。

(4) 配件库保管员要注意处理好配件的库存保管事宜，要对配件进行合理的分区、分架、分层管理，以便于计算机查询和出库，节省配件仓库的使用空间。

(5) 配件库保管员要努力做到安全库存，对于不常用的配件不宜储存过多，对于容易

变形、容易损坏的配件要谨慎存放，要处理好配件仓库的安全防火事宜，定期清仓、盘点，掌握配件的变动情况，避免配件的积压、损坏或丢失，保证账、卡、物相符。

(6) 要与维修车间密切配合，认真做好旧配件的回收管理工作。

四、配件仓库的基本设施及管理内容

配件仓库要配备专用的机动车辆(拣件手拉车)；配备一定数量的货架、货筐等；配备必要的通风、照明设施及防火器材；仓库各工作区域应有明显的标牌，如配件销售出货口、车间领料口、发料室、备货区、危险品库等；应有足够的进货、发货通道和配件周转区域。

货架的摆放要整齐划一，仓库的每个过道要有明显的标志，货架应标有位置码，货位要有零件号、零件名称，严禁将配件堆放在地上。为避免配件锈蚀及磕碰，必须保持完好的原包装。应将品牌轿车和其他车型的配件严格分开管理。油漆及其他易燃物品应与其他车型的配件严格分开管理，存放时要考虑防火、通风等问题，仓库内应摆放明显的防火标志。

索赔件必须单独存放于索赔件库中。修车时拆下的旧件、废件不得存放于配件库中，应集中存放。为使经销商的仓储器材实现统一化，汽车生产商配件部门一般推荐采用统一的货架标准，建议经销商采用可调式货架，便于调整、节约空间。中型货架和专用货架必须采用钢质材料(角钢或槽钢)，小货架材料不限，但要保证安全耐用，并按标准实施考核、验收。例如，一汽-大众配件科规定：经销商采用的货架颜色为"浅灰色"，货架布置方式为距窗口 0.8m、距入口 1m，主通道宽 1.5m 等。

配件仓库管理包括配件自入库到出库为止的全过程，是汽车配件管理的核心内容。在此管理期间，库管员必须严格执行配件的验收、保管、发放、盘点和旧件回收等制度，具体见本章第二节内容。

第二节　汽车配件管理流程

一、配件的盘点

库存配件的流动性很大，为及时掌握库存的变化情况，避免短缺丢失和超储积压，保持账、卡、物相符，必须进行定期和不定期的盘点工作。库管员应随时对有出入库记录的配件进行复查，各经营单元每月应对配件库存进行一次盘点，每季度应进行一次有财务参与的全面清点。盘点时应合理安排配件的出入库，以确保盘点的准确性，避免发生重盘、漏盘、错盘现象。在配件盘点过程中，不准以任何理由虚报、瞒报或私自更改账目。盘点

结束后，由盘点人员填写盘点报表，对盘盈、盘亏的配件要查明原因，分清责任，并进行必要的处理。季度盘点后，应进行配件的报损申报工作。

1. 盘点的目的和内容

盘点就是如实地反映存货的增减变动和结存情况，使账实相符，以掌握配件库存存货的数量。

盘点的内容如下。

(1) 核对存货的账面结存数与实际结存数，查明盘亏、盘盈存货的品种、规格和数量。

(2) 查明变质、毁损的存货以及超储积压和长期闲置的存货的品种、规格和数量。

盘点的形式主要有永续盘点、循环盘点、定期盘点和重点盘点等。

永续盘点，是指配件保管员每天都对有收发动态的配件进行一次盘点，以便及时发现收发差错。

循环盘点，是指配件保管员对自己所保管的物品分出轻重缓急，做出每月重点日盘点计划，并在计划日进行盘点。

定期盘点，是指在月、季、年度组织清仓盘点小组，全面进行盘存清查，并编制库存清册。

重点盘点，是指根据季节变化或工作需要，或因为某种特定目的而对仓库物资进行的盘点和检查。

2. 盘点的流程

配件盘点的具体流程如图 5-3 所示。

3. 盘点的准备工作

盘点时间：确定清点日期(起始日期及结束日期)，即每月的月末或 12 月 31 日是最常用的盘点日，这样可与结账同时进行，便于结账。

盘点人员：成立盘点领导小组，按划分区域分组(清点时每两人为一个小组)，参加盘点的管理人员必须是内行，清点人员不需要特别的专业人员，必要时可请其他部门工作人员协助，但是清点人员必须工作认真，责任心强。清点结果的准确与否由盘点人员负责。

盘点范围：清查盘点所有归属本部门的存货，如常用件、损耗件、索赔件、不适用件等。

盘点工具：主要包括盘点卡、盘点总表、盘点报表、笔、尺、秤。

(1) 盘点卡：盘点卡上有盘点日期、盘点人签字、配件号、配件名称和位置码、清点结果。

(2) 盘点总表：用于盘点结果登记，总表上包括每个件的位置码、账面数与清点数。

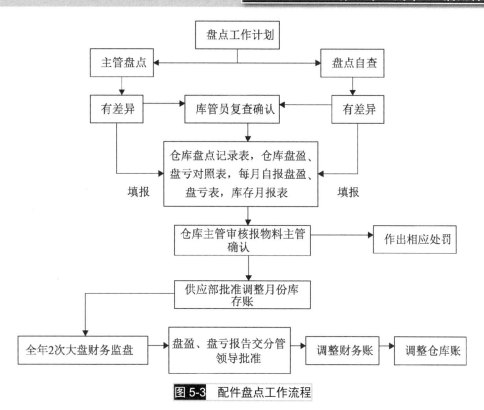

图 5-3 配件盘点工作流程

(3) 盘点报表：该表包括每个件的进货价格，反映每种件库存的账面数与实存数，反映盘亏、盘盈的数量、金额和原因，反映库存变质和超储积压的情况，以此作为盘点的结果和财务处理的依据。

(4) 笔、尺、秤：用于记录和测量。

4. 检查，整理，规范盘点区

(1) 所有的到货件应立即全部上货架，这样在清点时才不会遗漏或另放他处，盘点后再入库。

(2) 所有的件要分类存放，做到一目了然，堆放的方式要便于清点，以便清点时节省时间。

(3) 货架的标签应与实物相符，必要时要改正和补充，不清楚的标签要进行更换。

(4) 配件号不同而实物相同的件，要做好混库处理，做好记录和登记。要注意由此引起的库存实物与账目上的变化。

(5) 完整的包装放在货架的前面(或上面)，已打开的包装放在后面(或下面)，数量不足的包装要填充成标准包装。

(6) 盘点期间的出库，由于特殊原因必须出库的配件要做好记录和登记，事后再统一处理。

(7) 对货架上不经常销售的配件进行预先清点是必要的，这样可以在最后盘点时节省

时间。清点过的配件要做好标记和记录。

5. 正式盘点

在规定的时间内，盘点人员要对所有的配件进行逐一清点，不能重复，也不能遗漏。一般由两人分别清点，如果结果不同，就要重新清点。不便清点的小件可以用称重法求总数，即先数出一定数量的配件作为"标准件"，仔细称出这些"标准件"的重量，再称出所有件的库存重量，即可算出这些件的总数。

称重法计算公式为

$$总数=总重×标准件的数量/标准件的重量$$

合理储耗：对容易挥发、潮解、溶化、散失、风化的物品，允许有一定的储存损耗。凡在合理储耗标准以内的，由配件保管员填报"合理储耗单"，经批准后，即可转财务部门核销。正常储耗的计算，一般一个季度进行一次。其计算公式为

$$合理储耗量=保管期平均库存量×合理储耗率$$

$$实际储耗量=账存数量-实存数量$$

$$储耗率=保管期内实际储耗量÷保管期内平均库存量×100\%$$

实际储耗量超过合理储耗量的部分作盘亏处理，凡因人为因素造成配件丢失或损坏的，不得计入储耗内。

(1) 盈亏和调整：在盘点中发生盘盈或盘亏时，应反复落实，查明原因，明确责任。由配件保管员填制"库存物品报告单"，经配件部门负责人审签后，按规定报经企业主管领导审批。

(2) 报废和削价：由于保管不善，造成霉烂、变质、锈蚀的零配件，在收发、保管过程中已损坏并已失去部分或全部使用价值的，因技术淘汰需要报废的，经有关方面鉴定并确认不能使用的，由配件保管员填制"物品报废单"报经企业主管领导审批。由于上述原因需要削价处理的，经技术鉴定后，由配件保管员填制"物品削价报告单"，报经企业主管领导审批。

(3) 事故处理：由于被盗、火灾、水灾、地震等原因，或因配件保管员失职而使零配件数量和质量受到损失的，应作为事故向企业主管领导报告，并按企业有关规定处理。

(4) 调剂余缺：在盘点过程中，还应清查有无本企业多余或暂时不需要使用的配件，以便及时地把这些配件调剂给其他需要的单位。

6. 验收及总结

盘点后，其结果应由上级有关部门及律师事务所检查、验收；由财务部门核算出盈亏值，并由主管领导签字认可。盘点后应做出总结，对于盘点遗留的问题如索赔配件和变质、

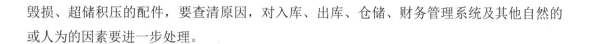

毁损、超储积压的配件，要查清原因，对入库、出库、仓储、财务管理系统及其他自然的或人为的因素要进一步处理。

二、配件计划

计划员应根据库存和销售情况搜集缺料信息，编制期货计划或临时计划，分析、汇总缺料信息后交由配件主管审核；配件主管审定签字后，计划员应出具一式三联计划单。一联计划员留存，验货用；一联交采购员，采购用；一联交内勤，附付款通知书进行付款审批。配件管理计划流程如图 5-4 所示。

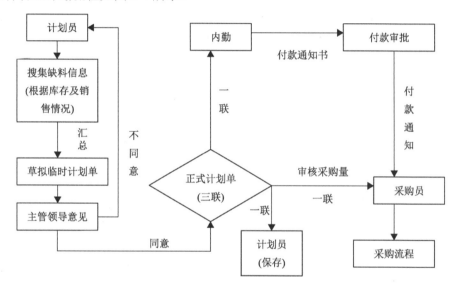

图 5-4　配件管理计划流程

三、配件的采购

汽车配件的采购以一汽-大众为例进行说明。

1. 一汽-大众备件供应的原则

一汽-大众备件科向已签订售后服务意向性协议、具备过渡维修能力及已开业的经销商提供一汽-大众汽车有限公司认可的备件。经销商的备件经理、备件订货计划员必须经过一汽-大众汽车有限公司备件科培训，考试合格后，才可提供备件。

(1) 经销商备件采购及备件销售(价格)的原则。必须全部使用一汽-大众原装备件，严禁向外采购，更不允许购买假冒伪劣备件和其他品牌备件，未经允许不准向一汽-大众汽车有限公司以外的生产厂家和备件经销商(含认定的协作配套厂)购买。

（2）备件。经销商之间可以开展备件的零售业务。经销商要制定出本部门稳定、合理的价格政策，要遵纪守法，要严格执行当地的物价规定。凡从一汽-大众公司订购的备件，不得利用各种名目重复加价，加价率不得超过一汽-大众规定的最高限价。已国产化的备件，不能按进口件的价格销售。经销商之间的备件调剂，必须实行优惠政策。

（3）备件订货的形式及要求。首次备件订货指的是一汽-大众经销商在正式开业前 45 天提出开业申请，并且必须向一汽-大众备件科订购备件作为基本库存储备，经一汽-大众备件科和服务科验收合格，方可正式开业。例如，一汽-大众奥迪 A6 经销商在正式开业前 45 天提出开业申请，并且必须向一汽-大众备件科订购 80 万元以上的备件作为基本库存储备，经一汽-大众备件科和服务科验收合格，方可正式开业。一汽-大众宝来经销商在正式开业前 45 天提出开业申请，并且必须向一汽-大众备件科订购 40 万元以上的备件作为基本库存储备，经一汽-大众备件科和服务科验收合格后，方可正式开业。一汽-大众经销商首批订货时，必须使用 R3 系统，如果系统出现问题，可使用 E-mail 的方式发送离网订单，并标注经销商代码、发运形式(注意电话跟踪)。订单的制定应根据当地的保有量(其库存储备能满足正常的维修和保养)、资金等情况进行；订货的品种及数量应根据《一汽-大众备件电子目录》或参照一汽-大众备件科提供的《备件推荐清单》或根据自己的工作经验做出。

经销商每周只允许订货一次，品种、数量不限；每周超过一次订货的经销商，一汽-大众加收订货金额 3%的管理费。经销商在发送订单前，应先自查订货金额，并通过 R3 系统查询本单位在一汽-大众的存款情况。若存款余额大于本批订单金额，可以发送订单，否则不要发送订单。备件订货次数和运费结算是以备件销售计划员制作的订单号为依据的。

中转库(含长春中心库)辐射半径为 500km 以上的经销商，每周一汽-大众免一次订货的运费，发运方式由一汽-大众备件科确定；在 500km 以内的经销商，运费由经销商自理。

2. 备件订货的要求

严格执行 R3 系统的备件订货规定。一汽-大众备件订货实行先付款后提货的原则，款项到账后，备件科才会发货。车身、发动机、变速箱等可以单独订货；保养件、易损件及玻璃等易碎件必须采用正常订货方式建立库存储备。在 R3 系统中，国产件号与进口件号均有替代关系，一般经销商订什么，备件科就提供什么。订货的数量要以备件科提供的包装单位为依据进行订货。未国产化的备件请不要随意在其备件号前加"L"。

特殊情况说明：一汽-大众备件订货原则上不再接受纸质订单，如遇到特殊情况(如计算机发生故障、系统出现问题等)，可通过 E-mail 的方式发送离网订单。

四、汽车配件提货

采购员将收到的发票交计划员，计划员登账后，将发票交给财务进行记账程序。采购员依据提货单提货，并依据发货清单验收货物，完成配件的第一次验收。验收完成后，采购员应将货物、发货清单交给库管员进行配件的第二次验收。如在第一次验收中发现问题，应立即与保险公司、运输部门联系，进行索赔。

五、汽车配件验收与入库

1. 验收

零配件验收是核对验收凭证，对零配件实体进行数量和质量检验的技术活动的总称，是确保入库零配件数量准确、质量完好的一个重要的环节。验收工作是一项技术要求高、组织严密的工作，关系到整个仓储业务能否顺利进行，所以必须做到及时、准确、严格、经济。

1) 零配件验收的必要性

(1) 由于入库零配件的来源复杂，在运输条件上存在差异，包装质量不等，致使零配件在供货时及供货途中会产生各种复杂变化，并对其数量和质量产生一定的影响。为了确保入库的零配件在数量上的准确与质量上的完好，必须对入库零配件进行认真、细致的验收。

(2) 为配件的保管和最终出库投入使用打下基础。因为只有在入库验收时，将配件的实际状况彻底检验清楚，才能剔除残次不合格品，才能为以后的保管、保养措施提供依据，才能在最终出库时为用户提供数量准、质量好的配件。因此，任何粗枝大叶、不负责任的行为都会给以后的工作造成不必要的麻烦和损失。

(3) 对配件的质量生产起到监督和促进的作用。验收工作实际上是对配件产品质量、包装和运输等情况的一次全面考核，验收过程中所发现的产品质量等一系列问题反映，都会对有关部门的质量管理起到一定的推动作用。

(4) 验收记录是仓库提出拒收、退货、索赔的依据。如果配件入库时未进行严格的验收，或没有做正确的验收记录，而在保管中或发货时才发现问题，就会给工作造成极大的被动，甚至带来不必要的损失，进口配件还会造成不良的政治影响和损失。

2) 零配件验收的基本要求

(1) 及时。到库配件必须在规定的时限内完成验收工作。要按照有关规定及时完成验收工作，提出验收结果。这是因为配件虽然到库，但是未经过验收的配件不算入库，不能供应给用料部门；只有及时验收，尽快提出检验报告，才能保证配件尽快入库，及时供应，满足用料部门的需要，加快配件和资金周转。同时，配件的托收承付和索赔都有一定的期限，如果验收时发现配件不符合规定，要提出退货、换货或赔偿等要求，均应在规定的时限内提出，否则，供方或责任方不再承担责任，银行也将办理拒付手续。

(2) 准确。验收工作"三抓、五清"。三抓即抓数量、抓重量、抓质量;五清即数量清、重量清、质量清、规格清、批次清。对入库配件的品种、规格、数量、质量验收的各项数据或检验报告必须做到准确无误,不得掺入自己的主观偏见和臆断,要如实地反映配件当时的情况,并真实、准确地加以记录。验收的目的是要弄清配件数量和质量方面的实际情况,验收不准确,就失去了验收的意义。而且,不准确的验收还会给人一种假象,造成错误的判断,引起保管工作的混乱,严重者还会危及营运安全。

(3) 严格。仓库各方人员都要严肃认真地对待配件验收工作。验收工作的好坏直接关系到企业利益,也关系到以后各项仓储业务的顺利开展。因此,仓库领导应高度重视验收工作,直接参与人员更要以高度负责的精神来对待这项工作。配件的验收关系到财产的安全,尤其是进口配件的验收,还关系到国家的利益和声誉,因此,验收人员必须具有高度的责任心,严格按制度、规定、标准和手续进行认真检验,并对所验配件负全部责任。

(4) 经济。在大多数情况下,配件验收不但需要检验设备和验收人员,而且需要装卸搬运机具和设备以及相应工种的工人。这就要求各工种密切协作,合理地组织调配人员与设备,以节省作业费用。此外,在验收工作中,应尽可能保护原包装,减少或避免破坏性试验,这也是提高作业经济性的有效手段。

【小提示】

一切配件入库时,必须在规定的时间内办理验收入库手续。入库前,必须检验数量、质量、型号,检验合格后方可入库。配件设备的说明书资料不齐全或质量、数量、规格不符时,不得入库,由采购员负责与供货单位联系处理。如发现假货或出现质量问题要追究责任。

3) 验收程序

验收程序包括验收准备、核对凭证和实物检验三个环节,详细内容如表5-2所示。

表5-2　验收作业程序

程　序	内　容
验收准备	仓库接到到货通知后,应根据配件的性质和批量提前做好验收前的准备工作,一般包括以下几个内容。 ● 人员准备。安排好负责质量验收的技术人员或用料部门的技术人员,以及配合数量验收的装卸、搬运人员。 ● 资料准备。准备全部验收凭证和资料,搜集并熟悉待检配件的有关文件。 ● 器具准备。准备好验收用的检验工具,如量具等,并校验准确。 ● 货位准备。确定验收入库时存放的货位,计算和准备堆码苫垫材料。 ● 设备准备。应做好设备的申请调用

程　序	内　容
核对凭证	● 入库通知单和订货合同副本，这是仓库接收配件的凭证。 ● 供货单位提供的质量证明或合格证、装箱单、发货明细表等。 ● 配件承运部门提供的运单，若配件在入库前发现残损情况，还要有承运部门提供的货运记录或普通记录，作为向责任方交涉的依据。核对凭证，也就是将上述凭证加以整理、全面核对，相符合后，再进行实物检验
实物检验	根据入库单和有关技术资料对实物进行数量检验和质量检验。 ● 数量检验。数量检验是保证配件数量准确的不可缺少的重要步骤，在质量验收之前，由仓库保管职能机构组织进行。按配件性质和包装的情况，数量检验分三种，即计件、检斤和检尺求积。 ● 质量检验。质量检验包括外观、尺寸、机械物理性能和化学成分检验四种形式

2. 入库

配件入库需登账建卡，根据配件实物检验的结果，建立配件保管账、在配件垛上挂上货卡，并按一物一档的原则建立配件档案。档案内容应包括：供货单位提供的全部资料；运输部门的凭证及记录、验收记录、磅码记录、出库凭证等。至此，配件验收入库工作结束，配件进入保管待发状态。库管员、采购员持发货清单、装箱单，计划员持计划单，共同进行配件的第二次验货，供货单位送货上门，库管员开具一式两联收货单，一联留存，一联交计划员打印入库单。采购员自提、验收后，计划员依据验货单打印入库单，入库单一式五联，一联交保管员登账进入库房管理程序，其他四联由计划员分配，一联计划员留存保管，一联交财务，二联配发票也交财务进入记账程序。货物验收不合格，计划员制一式两联差损单，一联交计划员，一联交采购员，采购员依据差损单进行异常处理。

3. 验收入库细则

(1) 计划员负责保管到厂的全部进货明细单、临时管理进货发票及运单。

(2) 入库前库房保管员要整理库房，为新到商品的摆放提供空间。

(3) 采购员从货场提取货物后，库管员协同计划员、调度员、采购员进行验货，清点数量，检查质量，完成配件的第二次验收。

(4) 采购员核实进货清单，同时对于送货上门、临时采购的，要协同保管员填写实收货物清单，核实无误后双方签字。对于有质量问题的货物，保管员有权拒收。

(5) 计划员凭进货清单打印入库单，数量以实收为准(如有价格变动应及时调整)。入库单一式五份，保管员一份，计划员四份(其中两份附进货发票及运单转交财务部门，如果票据未到，应在备查簿中做好登记以备查询，一份交财务记账，一份由计划员留存)。

(6) 计划员负责统计本批货物的缺件、坏件、劣质件以及高价件，并反馈给部门经理，

以便采购人员进行异常处理。

(7) 保管员负责配件上架，并根据核对好的入库单据，认真填写卡片账，做到账实相符。填写卡片账工作，应在当天完成。

六、配件库存管理

保管员、调度员、计划员根据入库单和出库单登账，结日库存。保管员负责对入库的配件进行验货并上架，完成配件的第三次验货。保管员、调度员、计划员、采购员定期对库存配件进行库存结构分析，并编制分析报告。保管员每月、每季度进行库存盘点，做出盘点表、盘盈盘亏书面说明，交给配件主管上报公司经理，并由财务部门进行账目调整。季度盘点后，进行配件报损工作。

1. 配件库存管理流程

汽车配件库存管理的具体流程如图 5-5 所示。

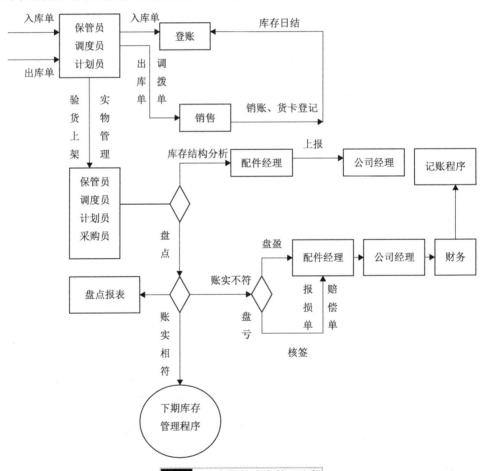

图 5-5 汽车配件库存管理流程

2. 配件的具体保管

为保证库存配件的准确，节约仓位，便于操作，配件的保管应科学、合理、安全。

1) 分区分类

根据配件的车型，合理规划配件的摆放区域。具体应做到分类四定，即划区定块、画线定位、货垛定型、仓库定量。

2) 五五摆放

根据配件的性质、形状，以五为计量基数做到"五五成行，五五成方，五五成串，五五成包，五五成层"，即大的五五成方，小的五五成包，高的五五成行，矮的五五成堆。根据实际情况制定具体的措施和方法，使其摆放整齐，便于过目成数，便于盘点与发放。

3) 建签立卡

对已定位和编制架位号的配件建立架位签和卡片账。架位签应标明到货日期、进货厂家、进出数量、结存数量以及标志记录。凡出入库的配件，应在当天进行货卡登记，结出库存数，以便实货相符。

4) 配件堆码

配件堆码要注意"四定""五限""五距"和"五标准"。

四定：按库号、架号、层号、位号对配件实行统一架位号，并与配件的编号一一对应，以便迅速查账和及时准确地发货。

五限：即限类、限高、限位、限量、限距。

五距：货垛的"五距"是指墙距、柱距、顶距、灯距、垛距。即货垛不能依墙靠柱，不能与屋顶或照明设备相连。

【知识拓展】

配件堆码"五距"规定

墙距，是指货垛和墙的距离。留出墙距能起到防止墙壁的潮气影响货物，便于开关窗户、通风散潮、检点药品、进行消防工作和保护仓库建筑安全等作用。垛与墙的距离一般不小于0.5m。

柱距，是指货垛和室内柱的距离。留出柱距，能起到防止药品受柱子潮气的影响和保护仓库建筑安全的作用。货垛与室内柱的间距一般不小于0.3m。

顶距，是指货垛与屋顶之间的必要距离。留有顶距，能起到通风散潮、查漏接漏、隔热散热、便于消防等作用。顶距一般规定为：平房仓库0.2~0.5m；多层建筑库房底层与中层0.2~0.5m，顶层不得低于0.5m；人字形屋架无天棚的库房，货垛顶层不能顶着天平木下端，应保持0.1~0.2m的距离。

灯距，是指货垛上方及四周与照明灯之间的安全距离，这是防火的要求，必须严格保

持在 0.5m 以上。

　　垛距，是指货垛与货垛之间的距离，视物品性能、储存场所条件、养护与消防要求、作业需要而定。一般情况下，货垛间距为 1m 左右。

　　五标准：垛形机械位要符合牢、齐、清、稳、美的五字标准。

　　5）零配件养护及管理

　　库存配件要采取措施进行维护保养，做好防锈、防水、防尘等工作，防止和减少自然损耗，有包装的尽量不要拆除包装。因质量问题退换回的配件，要另建账单独管理，保证库存配件的准确、完好。

　　零配件和零配件库房要做到"六清""三齐""四一致"。

　　六清：零配件的名称、规格型号、数量、质量、零部件及资料要清晰。

　　三齐：库容要整齐、码垛要整齐、标签要整齐。

　　四一致：账目、卡片、实物、金额要一致。

七、汽车配件出库

　　配件出库即发放，是指各类材料的发出，原则上采用先进先出法。物料(包括原材料、辅助材料)出库时必须办理出库手续，并做到限额领用(按消耗定额)。车间领用物料必须由车间主任(或其指定人员)统一领取，领料人员凭车间主任或计划员开具的流程单或相关证件向仓库领料，后勤各部门只有经主管领导签字后方可领取，领料员和仓管员应核对物品的名称、规格、数量、质量状况，核对正确后方可发料。仓管员应开具领料单，经领料人签字，登记入卡、入账。

　　汽车配件出库的工作程序，可分为发货前的准备工作和发货工作两部分。

1. 发货前的准备工作

　　原包装出库的汽车配件，如发现包装有破损或存在不良情况时，应随时修理、缝补、加固；凡要拆件零付的汽车配件，在入库时，即可拆开部分大包装。把零星汽车配件放在货架上，以免出库时临时拆件开箱，延缓发货时间；有些汽车配件需要挑选等级，也可以事前拆开大包装，放到货架上。汽车配件堆码，或平时整理、合并货垛时，应注意在货架两头或四周留出适当的墙距、走道与间隔，以便于汽车配件下垛和库内搬运。

2. 发货工作步骤

　　1）审核汽车配件出库凭证

　　仓库发货必须有正式的单据为凭证，所以第一步就是审核汽车配件的出库单据。其主要审核的是业务单位开制的汽车配件调拨单或提货单，核对其付货仓库名称有无错误，必要的印鉴是否齐全、相符，汽车配件品名、规格、等级、牌号、数量等有无错填，单据上填写的字迹是否清楚，有无涂改痕迹，提货单据是否超过了规定的提货有效日期。如发现问题，应立即联系或退回业务单位更正，不能含混不清地直接发货。但遇特殊情况(如救灾、抢险等)时，可经过领导批准先发货，事后再及时补办手续。在发货时，如出库凭证有问题，需经过原开证单位更正并盖章后方有效。手续不符的，仓库有权拒绝发货。

2)　凭单记账，核销存货

出库凭单经审核无误后，仓库记账员即可根据凭单所列的各项内容对照登记到汽车配件保管账中，并将汽车配件存放的货区库房、货位、排放号，以及发货后应有的结存数量等信息批注在汽车配件出库凭证上，交保管员查对配货。

3)　近号找位，据单配货

保管员根据出库凭证所列的项目内容进行核实并配货。属于自提出库的汽车配件，不论整零，保管员都要将货配齐，经过复核后，再逐项点付给要货人，当面交接，以清责任；属于送货的汽车配件，如整件出库的，应按分工规定，由保管员或包装员等在包装上刷写或粘贴各项发货必要的标志，然后集中待运；必须拆件取零、拼箱的，保管员则从零货架提取，或拆箱取零(箱内余数要点清)，交包装场所编配装箱。

4)　直接出库或装箱待运

出库的汽车配件有的可以直接出库，有的还需要经过包装待运环节。对于不足整件的零散货物，如果属于同一收货单位，可将几种汽车配件拼装在一个箱内，或将某种零货改装为小箱。特别是发往外地的汽车配件，为了满足安全运输的要求，往往需要进行编配拼装、换装、改装和加固包装等作业。凡是由仓库分装、改装或拼装的汽车配件，装箱人员要填制装箱单，填明箱内所装汽车配件的名称、牌号、规格、数量以及装箱日期，并由装箱人员签字或盖章后装入箱内供收货单位查对。汽车配件包装要妥善衬垫，包扎牢固，标志正确，字迹清晰。装箱单一式四联，一联存根，二联随货同行，三联放入包装内，四联粘贴包装外。包装妥善后，将汽车配件移入指定地点，等待发货。

送货的汽车配件，不论是整件还是拼箱件，均须进行理货、集中待运。待运配件一般分为公路、航运、铁路等不同的运输方式、路线和收货点，进行分单(票)集中，以便于发货。配件集中后，仓库应填制汽车配件启运单，并通知运输部门提货发运。

5)　配送发货

运输部门人员持汽车配件起运单到仓库提货时，保管员应逐单一一核对，并点货交予运输人员，划清责任。发货结束后，应在起运单上加盖"发讫"戳记，并留据存查。有的仓库发货人员经过核对托运单，将汽车配件点交给随车人员，同时将随货同行的凭证一并交给驳运车辆。

6)　挂账单位回款

转账回款：调度员持结账联填写报销单，经挂账单位签字确认后转财务人员。

现金回款：收款员收款后填写日报表交财务人员。

银行汇款：调度员及时与财务人员联系，确认后索要相关单据销账。

3. 出库注意事项

出库要做到"三不""三核""五检查"。

(1) 三不，即未接凭证不翻账、不经审单不备货、未经复核不放行。

(2) 三核，即发货时核对凭证、核对账卡、核对实物。

(3) 五检查，即根据单据和实物进行品名检查、规格检查、包装检查、件数检查、重量检查。

八、汽车配件零售

对于配件零售业务，销售员待客时要态度端正，言语有礼，严格执行《营业员行为规范准则》，认真介绍产品的性能、特点、价格、质量及保质期等。出售配件时必须当面验货(对于某些不能拆包的产品售货员要讲明)。对于某些特殊商品，如电子产品、昂贵电器产品等，要用测试仪测试，经双方认可，以避免纠纷。所有销售的配件必须开具出库单(包括零售出库单、三包领料单、修理领用单)，零售出库单一式四份，顾客一份，保管员一份，其余两份转交财务人员。

九、旧件回收及管理

汽车4S店维修车间修车所换下的旧配件应由配件部门集中存放。车辆维修完工后，将旧配件进行清点，做好清洁，打包好，并填写清单，如车牌、车型和旧零配件名称、数量等。如果车主要求带走，便将旧配件放到客户车辆的尾箱里。车主不带走的可利用旧配件，可存入旧配件库，不能利用的则作为废品处理；对可利用的旧配件要造册登记，进行统一分类管理。

为加强旧配件的统一管理，杜绝以旧充新现象，必须严格执行旧配件回收制度，加强废旧物品的管理。

(1) 三包、修理领用配件时，配件销售人员必须在领用人交回相应旧配件后才可发放新配件(三包旧件交于索赔员，三包外旧件交配件销售员)。

(2) 所有收回的旧配件要设专人妥善保管，不得随地堆放。三包旧件要建账管理。

(3) 顾客索要旧配件时(三包外维修)，旧配件管理人员要擦干净、整理后交还顾客。对于其他旧配件，公司应定期进行处理。

(4) 对于更换下来的废旧配件，能够进行修理的，一定要进行修理；同时检验其安全性和可靠性，检验合格的作为储备配件降价处理(必须事先与客户讲清情况)。

(5)　对于没有修理价值的废旧物品，可以集中报废处理。

十、4S 店索赔配件的处理

1. 配件索赔范围

(1)　委托发运的配件到达经销商处后，在包装没有破损情况下的盈、亏、错、损；当到达经销商处后，如属汽车生产商包装质量不合格而造成的损坏和丢失，也将给予索赔。

(2)　对于经销商在修车过程中使用配件时发现的质量不合格的配件，属于索赔服务范畴。因一汽-大众提供的电子目录的错误，使经销商错订或汽车生产商错发的不适合中国车型的配件，也在索赔范围内。

2. 配件非索赔范围

非汽车生产商提供的配件；经销商来人或指定人员自提所发生的亏、错、损；经销商在修车使用配件时，因违反装配工艺而造成的损坏；凡在运输途中，因外包装破损或被窃而造成的损失，应当立即要求运输部门出具事故证明，以便办理保险索赔。

3. 配件索赔规定

严禁经销商将不属于索赔范围的配件报赔，如有此事发生，汽车生产商将视情节轻重给予相应的处罚。经销商向汽车生产商提出的盈、亏、错、损索赔，有严格的时间限制，经销商要在收到配件 15 天之内完成配件的验收工作，并针对上述问题向汽车生产商办理索赔，办理索赔应先电话联系，再将《索赔申请单》和有关的材料以特快专递、传真或挂号信的形式向汽车生产商配件科寄发(时间以寄出邮戳为准)。

经销商向汽车生产商配件科发出配件质量问题的报赔，应立即对所发现的问题进行初步鉴定，由售后服务科索赔组办理服务索赔手续。发现的损坏配件，经销商应拍摄现场照片，如实地反映配件的损坏情况和原因，并整理成资料在一周内寄交配件科索赔员。索赔件包赔后，原件归汽车生产商配件科所有，经销商应等待汽车生产商配件科的通知，按要求将索赔件返回汽车生产商配件科或暂存在经销商索赔库中，索赔件的销毁应在汽车生产商现场代表的监督下进行。

玻璃件、塑料件等易碎件原则上不予以索赔，特殊情况除外。

汽车生产商承担索赔件当时的供货价，其他费用概不承担。

4. 配件索赔的鉴定流程

首先，由经销商自行鉴定，然后电话联系配件科索赔员，并按照配件科索赔员的安排

进行操作。配件计划员需如实填写《配件索赔申请单》并提交给汽车生产商配件科。

特殊配件(价值高的关键配件)由汽车生产商售后服务科的现场代表到现场进行鉴定,并作出鉴定报告及处理意见,填写《配件索赔申请单》,最终提交给汽车生产商配件科。

经销商订货计划员将索赔件返回给汽车生产商,由汽车生产商配件科的有关人员进行鉴定,写出鉴定、处理意见。原则上,所有需要索赔的损坏配件都应返给汽车生产商配件科或各中转库,但由于超大而不方便运输的损坏件可暂时存放在经销商处,处置权归汽车生产商,经销商不得擅自处理。

5. 《配件索赔申请单》的填写

《配件索赔申请单》由经销商配件计划员填写,需完整、清晰、真实,否则汽车生产商配件科概不受理,后果由经销商自负。《配件索赔申请单》应附有简要的说明和必要的照片,由经销商领导签字并加盖公章,经汽车生产商配件科有关人员核实无误、配件科科长签字后,方可生效、予以索赔。

6. 配件索赔申请方式

配件索赔申请方式即为《配件索赔申请单》上所指的内容。

(1) 多发补款:汽车生产商配件科发货的数量比装箱单上的数量多,并且经销商同意接收多出的数量,而把多出的件款补汇给汽车生产商。

(2) 欠货补发:对于经销商第一次订货汽车生产商不能提供,并且经销商要求实行欠货补发的订货,汽车生产商将把补发件加到经销商最近一次的订货中,并单独打印订单。

(3) 多发退货:汽车生产商配件科发货数量比装箱单的数量多,并且经销商不同意接收多出的数量,而把多出的件退还给汽车生产商。

(4) 欠货退款:对于经销商的订货,汽车生产商不能全部提供,并且件款已汇出的,汽车生产商配件科财务管理部将件款退回或件款存放在汽车生产商账户下,对其下一次订货将以冲账的形式进行。

(5) 错发退回:非经销商所订的配件,由于汽车生产商配件科或铁路等原因错发、错到的件,经销商不同意接收的,可以将件退回。

(6) 不合格件退回:由于配件本身的生产质量不合格,在修车使用时,发现了不合格件,可以把不合格件退回给汽车生产商。

7. 配件索赔术语

盈——实际收到的数量大于装箱单的数量。

亏——实际收到的数量小于装箱单的数量。

错——装箱单中所订的配件品种与实物不符。

损——收到的配件是未被发现的损坏件。

易碎件——泛指玻璃、塑料等件。

不适合中国车型件——因汽车生产商提供的技术信息错误,而使经销商错订的不适合中国车型的配件。

十一、汽车配件报损管理办法及申报流程

报损配件是指已经损坏或有质量问题或由于车型淘汰而不能继续销售的,且不能进行三包索赔、退货和修复处理的在账配件。

1. 报损配件的确认

在日常经营中产生的、月度和季度盘点中清理出的已经损坏或有质量问题或由于车型淘汰而不能继续销售的配件,必须经由服务经理、三包索赔主管、配件主管三方鉴定,确认不能进行三包索赔、退货和修复处理的配件方可作报损处理。由于人为因素所造成的质量配件不予报损批示,损失由责任人和连带责任人承担。例如,可作三包、退厂或修复处理的配件,未能及时作相应处理而导致过期无法处理,或由于维修工操作不当、保管员保管不善所造成的配件损坏。

2. 报损配件的申报

服务站在每季度的配件库存全面清点工作中,将需报损的配件整理、确认后,填写《报损配件明细表》(见表 5-3),并填写《配件报损申请单》(见表 5-4),上报服务部配件主管;服务部配件主管鉴定审核后进入配件报损申报流程,如图 5-6 所示。

表 5-3　报损配件明细表(样表)

编　码	名　称	单　位	数　量	单　价	金　额	供货厂家	发生时间	损坏原因
申报单位:			申报时间:			申报人:		

注:报损明细按供货单位分类。

表 5-4　配件报损申请单

填表人：

报损申请单位		报损申请日期	
报损原因	总经理：　　　服务经理：　　　配件经理(主管)：		
服务部处理意见			
总裁处理意见			
董事会处理意见			
财务部处理意见			

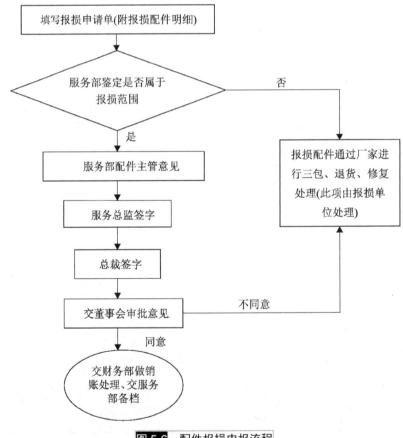

图 5-6　配件报损申报流程

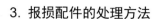

3. 报损配件的处理方法

配件报损批准后，配件由申报单位暂时保管，以便服务部作进一步处理，申报单位不允许私自将报损配件丢弃、变卖。

4. 激励机制

为控制配件的报损量，减少公司的经营损失，各公司的总经理、服务经理、配件主管必须严格控制配件的进货计划，及时进行异常处理(包括运输损坏配件、短缺配件、质量件、错发配件，以及向供应商索赔)。

5. 损失责任

对于所发生的配件报损损失，通常由该公司承担损失的 70%，由总经理承担损失的 10%，服务经理承担损失的 10%，配件经理(主管)承担损失的 10%。

十二、服务站特别订货管理

特别订货包括急订零件和专订零件，通过配件订货单订购，一般是指车型较少或冷门的零件。

配件部为了合理控制库存结构，降低库存风险，减少库存积压，现对丰田服务站特别订货作以下说明。

1. 订货

(1) 若有特别订货要填写配件订货单的，配件订货单要求填写完整的 VIN 码，填写正确的车型、车牌号、配件名称及数量和发货方式，并签字确认。特殊车型和无 VIN 码的车，请配件负责人现场确认。

(2) 在填写配件订货单的同时，服务顾问应向客户出示"公司订货声明"，并向客户进行详细说明，在双方自愿的基础上，由客户签名表示对"公司订货声明"约定条款的认可(注意签名务必与身份证等相关证件上的姓名相同)，并将其附在配件订货单后，同时交给配件部，配件部人员必须在接订单时仔细检查。

(3) 以下几种情况为订货要求。

在厂维修车辆订件。服务顾问根据车间提料单及报价，向客户说明情况，经客户同意后(电话确认或签字认可)，填写配件订货单。

非在厂车辆订件。服务顾问应向客户提供所需配件的正确信息及价格，收取所订配件总价值的 30%作为订金，在"订金"一栏中注明金额，并加盖财务证明章；对于无订金或订金不足者，视为服务顾问担保订货。

签约单位车辆订配件，2000元以下的，服务顾问自行担保，并通知配件部经理确认。

在厂维修车辆所订急件在途时，车辆离厂前，业务员必须通知库房将在途急件提前出库，并向客户进行说明。

业务员在进行零件查询时，若遇到无法确定的零件编号，应及时与配件部沟通，以免发错、漏发零件，造成损失。

配件订货单要保持干净，书写工整，严禁涂改。

配件订货单一式三份，业务、配件、库房各一份。

2. 发货

配件部在接到订货单时，应根据要求及时发货，并在订货单上注明发货和到货的时间及供货单位，以备查询。

(1) 订货单第一联由配件部担当人在发货后保管，以便掌握到货情况。

(2) 服务顾问的订单发出后，配件部应时刻跟踪零件的到货情况，如果遇到零件未能按要求时间到达的情况，应及时查明原因并在第一时间向业务员说明情况，采取补救措施。

3. 到货

(1) 急件到货后，库房按订货单电话通知服务顾问，并要求服务顾问在订货单上签字及注明时间。

(2) 在厂车辆应及时通知车间调度员及服务顾问并记录在到料单上以备查询。

(3) 库房要根据订单说明妥善保管零件，编入急订货位以便管理和查找。若出现异常零件，可以另编货位。

十三、到期未取走的零件的处理

自库房通知服务顾问的时间开始计算，超过30天未出库的零件，属于滞销急件。滞销急件若不及时处理，会造成库存积压，影响库存的正常周转。因此，对于滞销急件的数量要严格控制。

1. 责任的确认

以下所列的情况，责任由各订货的服务顾问承担。

(1) 非在厂车辆订货，未收取客户订金的。

(2) 协议单位订货，业务员自行做担保的。

(3) 所订零件报价金额在1000元以下，而收取的订金未满足30%的。

(4) 在厂维修车辆离厂时，业务员未通知库房将该车所订的在途零件提前出库或者未

收取在途零件订金的。

2. 特殊情况的处理

特殊情况下，服务顾问出示书面证明，由服务部经理签字，经配件部经理确认后，库存时间可延长 60 天。

3. 其他处理方法

其他处理方法如下。

(1) 库房在每个零件到货后 15 天内，再次通知服务顾问，并且在每月月底将信息汇总填入急订配件管理表中，交给服务部经理审核。

(2) 配件部将报表和订货单反馈给服务部经理，由服务部经理填写滞销原因，并在当日内将文件返回给配件部经理。

(3) 库管员将零件从急件货位转入正常货位。

4. 订货单

订货单由业务经理签字的，责任由业务经理承担(比例同服务顾问)。

5. 订金的处理

订金的处理如下。

(1) 若零件已发出在途，订单取消后，订金不予退回。

(2) 若零件已到库，订单取消后，订金不予退回。

(3) 若零件还未发出或者等待确认时，订单取消，订金可以退回。

如果所到零件超过规定的保存期限(自此零件到货日起算 30 日)而未取走，订金不予退回，且配件部不再继续为客户保管，有权自行处理该零件，并不再向客户告知。

6. 汽车 4S 店的配件结算(一汽-大众品牌)

财务规定，经销商必须建立独立的银行账号，在配件经营管理中，必须有单独的财务进出明细账目，账号和开户行变更时，应提前通知一汽-大众配件科。一汽-大众配件科及一汽-大众财务部门有权查阅经销商的配件经营账目；经销商应主动配合一汽-大众配件科及一汽-大众财务部门的巡访检查工作。

7. 配件结算办法

经销商向一汽-大众配件科订购配件是根据一汽-大众计算机系统规定的价格进行的，配件结算一律采用转账方式，不再收取现金，也不接受任何第三方的垫付款。到一汽-大众

配件科自提配件时,应遵循先付款后提货的原则,汇款可采用信汇、电汇、票汇等方式进行。为了简化结算手续、缩短汇款时间,如果经销商没有特殊要求,其售后索赔款及首保款将直接转为配件款。对于拖延配件款的经销商,配件科将停止供货,待欠款结清后,方可恢复供货。

经销商收到一汽-大众配件科发运的配件时,如果出现品种、数量不符或损坏等情况,可通过配件索赔的方式解决。经销商的财务人员应与一汽-大众汽车有限公司财务管理部随时核对一次账目,如有必要可派人到该公司核对账目,以保证双方账目相符。

 ## 本章小结

在汽车商务和服务企业中,一般把汽车的零部件和耗材统称为汽车配件。汽车配件按照用途可以分为必装件、选装件、装饰件、消耗件等;按照生产来源可以分为原厂件、副厂件、自制件三类。大多数4S店配件部门有配件经理、计划员、采购员、调度员、库管员、配送员等岗位,其工作的主要内容包括配件的计划采购、验收、库存管理、材料盘存、价格管理以及协助财务做好资金运作等。

配件盘点的目的是如实地反映存货的增减变动和结存情况,确保账实相符,保证配件库存的准确性。盘点内容包括核对存货的账面结存数与实际结存数,查明盘亏、变质、毁损的存货,以及超储积压和长期闲置的存货的品种、规格和数量。计划员应根据盘点的库存和销售情况收集缺料信息,编制期货计划或临时计划,并实施采购工作。

零配件验收是核对验收凭证,对零配件实体进行数量和质量检验的技术活动的总称,验收入库必须做到及时、准确、严格、经济。

配件的保管要确保库存配件的准确性,节约仓位,便于操作,配件的保管应科学、合理、安全。

配件出库即发放,是指各类材料的发出,原则上采用先进先出法。

配件零售业务,销售员待客态度要端正,言语有礼,严格执行《营业员行为规范准则》。维修车间修车时所换下的旧配件,应由配件部门集中存放。

习题及实操题

1. 简述汽车配件的常见分类方法。
2. 简述汽车配件管理的主要内容。
3. 简述汽车4S店汽车配件部的组织机构及各岗位职责。
4. 简述汽车配件管理的业务流程。

5. 简述汽车配件的盘点流程。

6. 简述汽车配件的入库验收流程及内容。

7. 配件出库发料时应注意哪些问题？

8. 简述汽车配件的索赔处理流程。

9. 以某一品牌汽车为例，收集其配件的编码知识并讲述给大家。

10. 调查某一汽车4S店，了解其配件部门设置情况及用人要求。

第六章　汽车4S店信息反馈及客户管理

【知识点】

◎ 理解汽车 4S 店信息反馈的含义及其信息反馈管理的意义。

◎ 理解并掌握信息管理的创新知识。

◎ 提高对汽车 4S 店信息管理重要性的认识。

◎ 了解汽车 4S 店客户管理的内容。

◎ 熟悉汽车 4S 店跟踪服务流程、规范及跟踪服务的方法。

◎ 掌握客户投诉的处理方法。

现在主流汽车销售实体的汽车4S专卖店,承担着整车销售、零部件供应、售后服务、信息反馈四大功能,如果说销售、售后和配件管理是汽车4S店提供给客户最直接的服务,那么信息管理是前三种业务管理决策的基础,信息越详尽,决策就越有"底气",客户满意度越高,企业经营效益自然也会越好。

第一节 汽车4S店信息反馈管理概述

一、信息反馈的含义

信息反馈(survey)指的是定期回访客户,了解客户的心理及需求,倾听客户的意见,认真地做好记录,建立客户档案。汽车4S店提供的销售和售后服务会使客户产生不同的感受,客户通过现场、电话回访、电话接听、信函、行政主管部门向公司表达自己对汽车4S店工作的肯定、建议或意见,以此促进公司改进工作,提升服务质量。汽车市场"信息反馈"的出现,是市场竞争所致的必然结果。汽车4S店处于市场竞争的最前沿,每天直接接触汽车用户,每个用户也直接与销售店打交道。同时,汽车4S店在市场上与竞争对手的短兵相接,掌握着市场上每一个细微变化。汽车4S店每天都要接待客户,进行车辆检查、保养、维修、索赔等,这些信息对改进汽车产品具有极大的价值。可以说,汽车的信息反馈在整个汽车营销过程中有着特殊的使命,对汽车产品和服务进入市场起着积极的过渡与推动作用,对汽车市场繁荣与发展有着深远的影响。

二、汽车4S店信息反馈工作的不足

尽管信息反馈工作意义重大,但在我国,大多数经销商所做的客户回访和信息反馈只是表面上的一种形式,客户的反馈信息最终并未得到满意的回应或有效解决,与发达国家及现代汽车市场的发展要求相比,存在着诸多不足。

1. 信息反馈的脱节

信息反馈功能的网点数量较少,许多特约维修站名不副实,无法发挥其应有的作用,导致消费者的权益难以得到有效保障。这种情况与生产商的授权及考核制度是否审慎和严格有直接关系。

2. 信息反馈和售后服务脱节也非常普遍

信息反馈和维修各自独立运营,缺乏有效沟通。信息反馈仅负责信息,不负责售后服务,导致在信息反馈过程中常常随意许诺;而特约维修站主要依赖维修和保养收取维修工

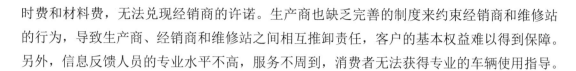

时费和材料费，无法兑现经销商的许诺。生产商也缺乏完善的制度来约束经销商和维修站的行为，导致生产商、经销商和维修站之间相互推卸责任，客户的基本权益难以得到保障。另外，信息反馈人员的专业水平不高，服务不周到，消费者无法获得专业的车辆使用指导。

3. 信息反馈的不完善

信息反馈在汽车4S店中尚未形成一个完整的体系，大多数4S店的信息反馈业务时断时续。很多汽车4S店的经营者认为，信息反馈工作会耗费大量的人力和财力，却看不到直接的经济效益，因此，他们不愿意把精力放在信息反馈工作上，从而使该项业务名存实亡，更谈不上信息反馈体系的完善了。

4. 数据库管理分析系统还不完善

首先，缺少统一的信息数据库，缺少统一的协调，导致形成了一个个信息"孤岛"；无法获取全部信息，无法整合散乱的信息，给管理工作带来了诸多不便。其次，对信息的分析不够深入，对应用统计技术分析与预测还不够深入细致，对质量技术问题提供支撑的数据库管理分析系统尚不完善。

5. 人才缺乏，力量分散，总体水平不高

汽车服务企业的领导人不重视竞争性信息的调查。信息管理的培训需要进一步加强，人员的素质有待进一步提高。

三、信息管理的创新

信息作为一条有序的、系统化的、连续的信息流，在保证汽车服务企业决策层的决策智能化及环境敏感性方面起着重要的作用。有效地发掘信息资源，对其进行深入分析加工，并以最快速度、最能满足需求的方式输出，正在成为汽车服务企业在市场上提高竞争力的关键因素。建立一个高效、稳定的竞争信息系统，是汽车服务企业获得持续竞争优势的根本保障。因此，汽车企业的信息管理必须实现五大方面的创新，即理念创新、体系创新、方法创新、技术创新和队伍创新。

1. 信息管理的理念创新

建立新的信息观念，切实认识到汽车服务企业的市场营销、销售、内部管理、财务分析、经营决策等都依赖于信息技术，并要尽快学会掌握信息、分析信息、运用信息。

2. 信息管理的体系创新

加快信息基础设施的建设，创建统一的信息网络平台。建立统一的数据库，并进行分

级控制，提供信息的收集、分析、管理、共享等功能，实现汽车服务企业内部资源的共享，形成全公司统一、规范、畅通的信息网络体系。

3. 信息管理的方法创新

加强信息标准化建设，制定信息收集的标准与规范，在正确理解各种信息的基础上对现有信息指标体系进行分类整合，对信息体系内部各种信息收集渠道进行合理规范，以提高信息的准确性和权威性。

4. 信息管理的技术创新

以内部计算机信息网络为基础，建立企业统一的信息沟通和处理平台，涵盖信息收集、信息评估、信息分析和信息服务，与企业的管理系统(包括营销管理、维修配件、人事和财务等系统)紧密相连，加速企业的信息流转周期，为更密切地服务于企业战略决策支持系统发挥了应有的作用和价值。

5. 信息管理的队伍创新

加强信息管理培训和信息队伍建设。信息网络的支撑和建设，需要一支能够规范地完成信息收集、传输、处理和应用服务的专业团队。

四、汽车 4S 店信息化的认识

目前，汽车修理行业检测、维修质量、服务水平低、经营模式单一，而汽车价格和技术却正在迅速地与国际接轨，虽然各大品牌特约维修店的服务系统越来越完善，但总体来看国内汽修产业滞后于汽车制造业。

为应对市场条件的变化，汽车维修业已经开始确立新的理念，新的维修技术革命正在展开，原有的"大拆大卸"的模式已被淘汰，"检测维修一条龙，视情维修"的新思维得到实施。汽车修理企业已经认识到技术进步会促进竞争力的提升，开始重视硬件的资金投入和软件水平的提高。同时，随着私人汽车的大量增加，消费者对汽车维修要求"一好、二快、三便宜"，对修理厂的维修质量要求更高，服务项目要求更全，汽车维修企业的服务范围和内容也需要随之不断扩大。

这就需要汽车维修公司建立与国际惯例接轨的、自主的、完善的服务体系，包括零配件供应、汽车维修、汽车美容、汽车救援和信息反馈等。将过去"以企业为中心"的经营理念转变为"以顾客为中心"的理念，更加注重个性化发展，并拓宽服务内容和经销网络，为顾客提供人性化、多功能、全方位的立体化服务。例如，建立完整的顾客档案，主动跟踪并通知顾客定期维护保养汽车，从简单的经销向建立"多功能立体化服务网络"转变。

【资料链接】

小档案，大作用

现在的竞争真是激烈，在市中心发生了一起奔驰S500与捷达轿车相撞的交通事故，不到半小时，已经有五六家维修企业赶到现场，找到车主建议到他们的维修厂去维修。

奔驰车的前保险杠、大灯、引擎盖等均损坏了，看来维修费用不会是个小数目。我感觉这辆车以前好像到过我厂维修过，就打电话让信息员查询一下顾客档案，结果不一会儿就出来了，这辆车确实在我厂维修过两次，车主姓李，是一家房地产公司的总经理，但有4个月没到我厂维修了。

我决定尝试接触一下李总，这时李总正被几个人围着，"师傅""老板""经理"地叫着，他显得有些不耐烦。我走上去热情地称呼"李老板"，他以为碰到了熟人，我帮他与交警一起处理完事故现场，他很感激，临别我留下了他的电话，并给了他我的名片，他看了名片后说："我们以前见过，你们修理厂挺好的，这次处理完事故，修车还要麻烦你。"就这样，事情顺利办成了，李先生也成了我们的忠诚客户。

每当谈起此事，我总是感慨多亏了客户档案，真是"小档案，大作用"。

(资料来源：栾琪文. 现代汽车维修企业管理实务[M]. 2版. 北京：机械工业出版社，2011.)

1. 信息技术应用是现代汽车4S店的必由之路

(1) 信息技术的应用是汽车4S店竞争的需要：面对全球化竞争和加入世贸组织，我国汽车4S店要在激烈的市场竞争中站稳脚跟，必须利用信息技术来革新管理和生产方法，全面、深入、持续地应用信息技术。

(2) 汽车4S店应用信息技术是科技发展的要求：以计算机技术为核心的现代信息技术飞速发展，使得先进的汽车4S店的基本科研、开发、生产、管理手段已经与信息技术难以分开。

(3) 汽车4S店应用信息技术是社会经济发展的要求：当今世界经济发展的趋势，使得未来的任何汽车4S店都无法脱离市场环境而封闭地生存。因此，以互联网技术为标志的现代信息技术的应用将成为汽车4S店与外部世界沟通和联系的重要方式。

(4) 汽车4S店信息化的成功经验表明信息技术对汽车4S店的重要作用：许多应用信息技术的汽车4S店的成功经验充分显示出走信息化之路是当代汽车4S店提高竞争力的有效手段。

2. 汽车4S店信息化的道路不止一条

对于汽车4S店而言，信息化是一项工作，也是一种任务或事件。汽车4S店的信息化可在不同的理念指导下，采用不同的方法和手段来实施。例如，以CIM哲理为指导实施；

或仅实施一些单元技术进行局部信息化；只实施 ERP 系统以解决经营管理信息化问题；从网站建设入手实施电子商务。但没有任何一项技术或软件产品能够解决所有问题，也没有任何一种技术观点可以解决所有汽车 4S 店的问题。信息化走什么道路，必须针对不同的汽车 4S 店的实际进行具体分析，然后根据汽车 4S 店的特点考虑采用不同的模式。诚然，用不同的理念、方法实施信息化，效果会有所不同。总之，任何技术理念、方法，最终都必须落实在提高汽车 4S 店经济效益和核心竞争力上，只有抓住了汽车 4S 店的瓶颈问题、解决了汽车 4S 店关键的技术问题，才能称为有效的手段。

3. 汽车 4S 店信息化的理念、方针、方法

尽管汽车 4S 店信息化的道路有很多条，但以不同的理念、方针为指导，采用不同的方法实施，必然会产生不同的效果。面对复杂多变的技术和经济形势，面对各种不同类型的汽车 4S 店，必须注重理念和手段的持续创新，并且不断地探索和采用新模式。以"集成"为例，过去将"集成"的注意力集中在"技术"和计算机硬件、操作系统平台及数据库上，现在转向重视"人和组织的集成"。由于计算机技术的发展，使得技术层面的集成已渐渐成为相对统一的标准，因此现在讲集成主要是指关注"应用集成"。

4. 信息技术应用宜适时、适度

追求好用、实用、够用，不盲目追求技术的"新""奇""高"，注重与国际经济和技术发展相衔接，但更要从汽车 4S 店的实际出发，充分考虑集成适时、适度，考虑汽车 4S 店现有基础情况和现实承受能力，考虑汽车 4S 店的观念、人、组织、基础管理是否能够适应实施信息化工程的要求。对带动汽车 4S 店管理模式、生产方式变革的信息化过程，应充分估计到它的难度，规划好它的步骤、节奏、阶段划分等。信息化的根本目的是提高汽车 4S 店经济效益和核心竞争力，对技术目标的追求必须最终落实到效益目标上。

5. 信息技术是手段，不是目的

汽车 4S 店应用信息技术，必定是根据自身生存和发展的需要，不是为了采用信息化手段而采用，更不是为了"作秀"。在信息社会里，信息技术好比工业社会的机械技术，它是社会重要的也是基本的生产、技术手段。伴随性是信息技术的突出特征之一，信息经济是伴随性的经济，信息科技必须与其他科技相结合才能发挥作用、带来效益。因此，任何为了体现信息技术而应用信息技术的做法，都将是徒劳无功的。近两年来，众多"纯"网站的泡沫破裂，就是现实的反面教材。

6. 汽车 4S 店信息化有始而无终，必须坚持到底

汽车 4S 店必须依靠信息化手段不断地改造其固有的生产方式，才能在现代复杂多变的

形势和环境下立于不败之地。信息社会的朝阳刚刚升起，信息化之路对于汽车 4S 店来说将是一条必须坚持走下去的路。一方面是信息化带来的综合效益，将使得汽车 4S 店自发地不断采用信息技术来改进流程、提高竞争力；另一方面，采用信息技术以后，汽车 4S 店的业务会对信息技术产生依赖性。总体规划下，信息化工程的实施对汽车 4S 店而言，不亚于一场生产方式的变革，在实施过程中由于牵涉到权和利的重新分配，必然会遭到一些人的抵触，遇到方方面面的问题。因此，一旦汽车 4S 店开始实施信息化工程，就必须义无反顾、坚持到底！

五、营销策划与反馈信息

在企业策划过程中，经常面临企业如何做好反馈信息执行的问题。企业的发展离不开信息，很多企业已经认识到这一点，于是他们每天都会从市场上收集大量的反馈信息。但是，收集到的市场信息只能说明企业迈出了把握先机、走近成功的第一步，关键的问题却在于如何有效地将这些信息转化为生产力，即迅速有效地做好反馈信息的执行工作。

那么，企业如何才能有效地做好反馈信息的执行工作呢？

1. 筛选并整理反馈信息

1）　筛选反馈信息

对企业来说，将信息筛选整理是有效执行反馈信息的第一步。由于从市场上收集到的反馈信息并不是完全有价值的，要想挖掘其价值，就要如毛主席所说的那样："去粗取精，去伪存真，由此及彼，由表及里。"通过现象看本质。企业进行信息筛选，主要是为了核实反馈信息，杜绝失真信息的误导。如果企业对信息未经辨别而盲目信从，往往就会导致巨大的经营危机。

信息经过筛选，企业就可以从中选出适合自身发展的信息。例如，通过知晓竞争对手营销策略的改变，有助于企业采取新策略作出正确决策，使企业在市场竞争中抢占先机。

信息的来源是多样化的，如互联网、电话、传真、报纸杂志等，所以筛选信息的难度也在加大，企业务必擦亮双眼，挑选出对企业当前工作有积极影响的信息，特别是潜在的、有价值的信息，才有利于更好地取得执行效果。

2）　整理反馈信息

信息之间都是有联系的，部分反馈信息在特定时期可能会共同反映一种现象。企业通过统计、归属、整理，提高信息处理的效率。

2. 反馈信息分类

在对信息进行筛选和整理之后，企业的下一步工作就是根据信息的时效性(轻重缓急)、

营销因素的针对性(产品研发、定价、渠道网络、促销方式、售后服务、销售管理、客户管理等)和信息的归属性(部门需要)对其进行分类、管理。在河南省营销经理高级研修班上,天泰饲料公司的一个销售主管分享说,公司每天接到很多反馈信息之后,就会按信息的轻重缓急程度和部门的实际需求进行分类。例如,属于技术部门的问题就列入技术部的信息卡,属于生产部的就列入生产部的信息卡,这样就大大提高了处理的准确性,同时也避免了后期信息传递的盲目性。企业在具体操作时应依照各自的情况进行反馈信息的分类,以避免在以后的工作中出现部门间相互推诿等不良现象,影响反馈信息的时效性和执行力度。企业在信息把握上要灵活有序,对反馈信息合理分类是信息反馈执行过程中的至关重要的一环,不可轻视。

3. 传递反馈信息

反馈信息经过整理、分类,其所反映的问题的本质也逐渐明晰,接下来合理传递信息成为信息执行中的一个关键环节。在传递信息时,企业既要保证信息的畅通无阻,又要注意信息的保密性。在具体操作时,很多企业由于信息传递途径过长而无法将信息执行下去,或者偏离既定方向,这是值得企业警惕的。另外,很多企业的失败之处在于部门间的信息不流通。销售部的信息反映到生产部,被搁置起来无人问津,本是很好解决的问题,却因销售部门不知道而丧失了客户;本应是科研部门的问题却在生产部门搁浅,从而失去了市场良机。

企业要发展,部门间的真诚合作是前提。如果一家企业的销售部门与售后服务部门不和,产品出了问题,销售部门推诿找售后服务部门,售后服务部门推说找销售部门,两者都不愿承担责任,企业内部不能齐心合力、团结一致,当然也就谈不上更好的发展,迟早会被市场淘汰。

一般情况下,部门主管收到信息签字后要马上执行,不能马上解决以及执行难度较大的,就要交给企业高层进行决策,并制定出解决问题的相关方针政策,与执行负责人协商,布置信息处理的目标及拿出合理的可行性方案交给相关的部门主管。

4. 对反馈信息进行有效执行

(1) 对反馈信息的执行是整个反馈信息处理流程的核心环节。部门主管在拿到执行方案后,就开始组织实施,调动相关的工作人员并配备相关的物力、财力等,从事具体操作、按要求完成任务。

(2) 在执行过程中,工作人员的态度、效率,信息执行情况是否达到预期目标,执行中出现了哪些新问题等,这些情况还需要管理者进行认真的监督。执行监督通常有制度监督和专职监督两种。制度监督是指企业按照内部章程和工作细则等进行监督。专职监督是指企业组织专门的督察人员进行监督,这两种方式相互使用,互补长短,这样效果更佳。

(3) 效果评估是反映反馈信息执行情况的经验教训的方法之一，它被企业所采用，也成为在整个反馈信息执行过程中必不可少的步骤。进行效果评估的必须是营销方面专家，这样才能确保作出专业、客观合理、科学的评判，使其具有较高的参考价值，企业也可据此自省和总结，使反馈信息的执行更有效。

5. 信息再反馈

经过整理、分类、传递、执行环节，企业还需要完成最后一道工序——信息再反馈。企业进行信息再反馈时，除了表示对客户的感谢外，还要征询他们对反馈信息执行过程中不满意之处，并鼓励他们对企业提出相关的建议，完善企业信息执行管理系统。

企业做好反馈信息的执行，需要全员参与和协作，尤其是企业的管理决策层、执行操作层的共同参与。反馈信息经过上述五个步骤，形成了一个反馈与再反馈的链条，不仅构成了企业对反馈信息执行的良性循环，还为企业在把握市场瞬息万变的形势中提供了无限商机。

第二节 汽车 4S 店的客户管理

一、客户管理的对象

客户管理是指对客户的业务往来关系进行管理，并对客户档案资料进行分析和处理，从而与客户保持长久的业务关系。为了加强服务与促销，企业必须对"产品使用者"进行有效的管理，不仅可以提升客户的满意度，而且可以增加销售机会，提高经营绩效。

二、客户管理的内容

客户管理的内容是丰富多彩的，但归纳起来主要有以下几项。

1. 客户基本资料的管理

客户基本资料的管理涉及客户最基本的原始资料的管理，主要包括客户的姓名、地址、电话、兴趣爱好、家庭成员、学历、年龄、能力等。这些资料是客户管理的起点和基础，主要是通过销售人员在客户访问中搜集来的。

2. 客户关系管理

客户关系管理就是要追求客户的高满意度，培养客户的忠诚度，在此基础上，最终建立起比较稳定、互惠互利的伙伴关系。结果，客户获得了满意的服务，而企业则获得了利

润。销售额增加，销售成本降低，建立企业自己稳定的客户关系网络。此外，由于企业提供的服务，客户在很多方面都相继受益，诸如缩短了决策时间，减少了冲突，节省了费用，盈利增加。

【小提示】

客户关系管理应注意以下三点。

(1) 加强与客户的感情沟通和售后服务。

(2) 关心客户购买产品后是否真正获得了利益，必要时还应加强对客户的业务指导和帮助。

(3) 处理好客户的抱怨，以实现客户满意度的最大化。

三、客户管理的方法

对客户进行管理，需要采用科学的管理方法。一般来说，客户管理方法主要有巡视管理、关系管理与筛选管理。

1. 巡视管理

管理客户，首先必须了解客户，而要想了解客户，就要多与客户进行接触，倾听客户的意见。与客户接触的途径就是实施巡视管理。工作人员在进行巡视的时候，至少要做以下三项基本工作。

1) 倾听

倾听可以帮助你了解客户的真实需求，加强与客户的沟通。倾听的方式既可以是拜访客户、召开客户会议，也可以是热情地接待来访客户，还可以是利用现代通信工具与客户进行沟通交流。倾听意味着深入到客户中去，倾听他想说的事情，了解他不想说的事情。从另一方面来看，倾听是一个很好的进行市场调查的机会，借此可以了解客户对企业产品是否满意，同时要认真处理客户来函、来信，及时消除客户的疑惑。现在，许多企业通过设立免费的"热线"投诉电话来处理客户的抱怨和倾听客户的心声。

2) 帮助

帮助即帮助客户在购买过程中办理各种手续，解决在使用过程中出现的各种问题等，为客户提供优质服务。

3) 教育

教育即引导客户树立正确的消费观念，教会客户如何使用本厂家的产品。

2. 关系管理

关系管理能指导销售人员与客户建立良好关系。销售人员能与客户搞好关系，那么他就能与客户做成交易，进而培养客户的忠诚度，建立长久的业务关系。

1) 为每个大客户安排精干的大客户业务代表

对许多企业来说，重点客户(大客户)占企业大部分的销售额，销售人员与重点客户打交道，除了进行业务访问外，还要做一些其他事情，比如邀请客户一起外出共同进餐，或者一起游玩，对他们的业务提供有价值的建议等。因此，很有必要为每个重点客户安排一名专职的业务代表。这名业务代表既要承担销售员的职责，又要充当关系经理的角色。其职责一是协调好客户组织机构中所有对购买有影响的人和事，以顺利地完成销售任务；二是协调好企业各部门的关系，为客户提供最佳的服务；三是为客户的业务提供咨询与帮助。

2) 加强客户的追踪与服务

对客户的追踪是与客户建立长久关系的有效途径。对客户的追踪有四种方法。

(1) 电话追踪。电话追踪是最常见和成本最低的，同时也是最难将追踪活动转化为销售和长久关系的。客户可能通过自动应答机器以及语音邮件等设备回避接听销售人员的电话。销售人员必须很有创意并激发对方的好奇心才能使他们希望与自己交谈。

(2) 邮件追踪。这是一种常见的追踪方法，但是邮件应别具特色。和电话追踪一样，邮件应具有个性化，以便使客户或潜在客户有所记忆。例如，销售人员可以在邮件中包含额外优惠，即当顾客回信时将会得到物质鼓励，可以是特别促销折扣或者优惠券。如果销售人员采用这个方法，让客户知道自己将在几天后打电话以求得他们的反馈，那么要打的这个电话就会为有效的追踪联系开辟另一扇大门。这是一个良性循环，客户感到自己被尊重，并且销售人员在与他们联系时，会受到热情的欢迎。

(3) 情感追踪。每个人都喜欢得到别人的感谢，并且我们都同意这个世界上缺乏宝贵的正面激励，所以应利用追踪系统让顾客知道销售人员感谢他们为自己带来生意。温情追踪应该成为销售人员销售保留节目的永久部分，一般采取短信致谢、电话道谢等形式。

(4) 多角度追踪。多角度追踪是指在不同的时间采用不同的追踪方式对同一个客户进行追踪，例如，在下次销售会议上，可以采用另外一种追踪办法；同一级别的其他销售人员对客户的追踪等。

3. 筛选管理

筛选管理是指企业销售人员每年年末时对手中掌握的客户进行筛选。筛选的依据包括客户全年购买额、收益性、安全性、未来性和合作性等。筛选是将重点客户保留，而淘汰那些无利润、没有发展潜力的客户。

四、客户跟踪服务

客户跟踪服务

在信息反馈管理中，除了对客户进行有效管理外，最重要的就是对客户进行售后服务跟踪，以有效地提升客户满意度、稳定客户关系。具体的跟踪服务流程如图 6-1 所示。

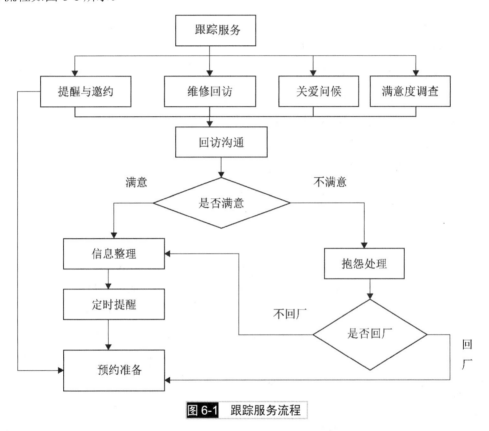

图 6-1 跟踪服务流程

1. 跟踪服务的好处

跟踪服务的好处有：表达对客户惠顾的感谢，增加客户的信任度；确保客户对维修满意，对客户不满意的地方采取措施加以解决，保证使客户满意；将跟踪结果反馈给业务接待员、车间主管等，找出改进工作的措施，以利于今后的工作。

2. 跟踪服务的目的

跟踪服务的目的是了解客户的满意程度，表达感谢之意；另外，转达企业管理者的关心之情。同时提高企业自身形象，培养忠实的客户群体；及时掌握客户不满意的情况，并能及时处理、沟通，查出分歧，赢得客户理解；对出现的问题及时整改，避免由此造成客户的失望及流失，及时挽回企业的声誉；加强与客户间的感情联络，让客户感觉企业对他

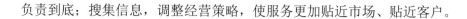

负责到底；搜集信息，调整经营策略，使服务更加贴近市场、贴近客户。

3. 准备工作

准备电话跟踪记录表和电话跟踪处理日报表。充分了解车主的档案信息，如车主的职业、职务、爱好、购车的目的，车辆使用情况、行驶里程，保养、维修情况，车辆维修档案，维修故障记录，本次维修故障现象及本次维修时出现的问题等。

4. 电话跟踪回访

汽车 4S 店进行电话跟踪回访时要注意以下几方面。

(1) 维修工作完成后，要定期对客户进行电话回访。

(2) 电话回访时，建议使用标准语言，发音要自然友善。

(3) 讲话速度不要太快，一方面给没有准备的客户时间和机会回忆细节，另一方面避免客户觉得电话回访人员很忙。

(4) 交车一周内打电话询问客户是否满意。

(5) 电话回访时要注意语言技巧。

(6) 回访比例不小于 1/2。

(7) 对部分具体的抱怨应有快速的、简洁的措施。

(8) 询问客户的其他愿望，以便知道这些愿望能否实现(即：有客户提出其愿望/要求，可以将这些愿望/要求通过在其他客户身上作参照/对比，如此一来，就可以明确判断其所提出的愿望/要求是否可实现)。

(9) 将回访结果定期在会议上讨论。

5. 合适的电话回访时间

电话回访应尽可能地少给客户带来不便，因此，这就意味着早上 9 点前和下午 5 点后不应该给客户打电话，最佳的电话回访时间如下。

上午 9:00—11:00；

下午 3:00—5:00。

如果电话没有成功接通，第二天应继续联系。

6. 如何进行电话谈话

开始介绍的阶段十分重要，如果在这个阶段不能有技巧地进行且缺乏准备的话，客户很容易对我们产生不信任，并怀疑我们打电话的动机，因此，我们要尽可能严格按照相关的电话流程进行。

【小提示】

电话回访时要注意的情况如下。

(1) 你的声音应该尽可能友好、自然，以便快速赢得客户的信任，只有这样，客户才能与你坦率交流。

(2) 要给客户一些时间回忆细节，你的语速不宜太快，不能给客户留下"你很匆忙"的印象。

(3) 一定要让客户把要说的话说完，不要打断客户说话，对客户所说内容作简要、清晰的记录。

(4) 如果客户抱怨或有意见，不要找借口，只要向客户表示："我已记录下您的意见。"如果客户乐意的话，要保证有相关的同事再打电话给他。

(5) 回访员应首先将客户的所有重要评论记录在便条纸上，电话结束后，自己把一些要点总结出来并清晰地写在"电话记录"中。

7. 电话跟踪不当的具体表现

(1) 自我介绍阶段不熟练，客户会怀疑回访另有隐情。

(2) 随意说话让客户产生误解，以为他的车辆有问题。

(3) 选择打电话的时间只考虑自己方便，不考虑客户方便。

(4) 电话回访人员不懂维修技术、沟通技巧及打电话的艺术。

(5) 客户表示不满。

(6) 对客户提出的不合理要求态度暧昧。

(7) 电话记录信息不完整或内容没意义。

五、客户投诉的处理

根据客户对汽车4S店工作的认可、建议或意见，我们将信息反馈的性质分为表扬、建议和投诉。表扬是指客户对汽车4S店服务工作表示认可、肯定，并通过当面、电话、信函等方式向公司表达，此视为表扬；建议是客户对汽车4S店的服务工作进行善意的提醒，并没有因此产生情绪波动，此视为建议；客户对汽车4S店的服务工作通过当面、电话、信函等方式反映问题，并产生情绪波动，此视为投诉。

1. 客户投诉处理的目的与效果

1) 客户投诉处理的目的

客户投诉处理的最终目的是要取得客户的满意，与此同时还要考虑到使自身获取收益。因此，客户投诉处理要达到以下四个目的。

(1) 消除客户的不满、恢复信誉。从保护、重视消费者的立场来看，客户投诉处理是事关企业生死存亡的大事。因此，处理投诉时最基本的目的就是要消除客户的不满、恢复信誉。企业应该真诚、及时地对客户的投诉内容进行处理。

(2) 确立企业的品质保证体系。利用客户投诉来促进自身的改革是企业的一项很重要的能力。通过处理客户投诉，改进企业的产品质量和服务水平，从而为客户提供更满意的产品和服务。

(3) 收集客户信息。客户投诉是顾客对产品和服务最真实的检查结果，也是最可靠的市场调研结果。因此，企业要将客户的投诉信息收集起来，然后对其进行充分的分析，妥善地保存其结果，并在生产及试验方法的改进方面加以利用。

(4) 挖掘潜在的需求。挖掘市场的潜在需求也是处理客户投诉的重要目的之一。投诉是客户不满意的一大信号，但在实际工作中，一般把注意力集中到追究商品缺陷的发生责任上或对投诉的处理上，却忽略了客户的真正需求。由于客户投诉是与市场紧密相关的，所以在研发新商品时如果考虑到客户投诉的提示作用，那么开发的新商品更容易适销对路，同时其开发成本也将大大降低。

要想达到上述处理目的，投诉处理应做好三方面的工作：①为顾客投诉提供便利的渠道；②对客户投诉进行迅速有效的处理；③对投诉原因进行彻底的分析。

2) 客户投诉处理的效果

客户投诉处理的宗旨就是挽回不满意顾客，具体来说，正确处理好客户的投诉可以产生如下效果。

(1) 提高企业的品质意识。一般的品质管理都是以公司内部标准为基准的活动。而客户投诉的处理则是直接与顾客需求相关，所以融合了客户投诉处理的品质管理范围更广、水准更高，从而能将企业的品质标准和客户的品质标准很好地结合起来。

(2) 强化组织的活动。在解决客户投诉的时候，需要企业各方面的配合。在调查、分析原因及寻找对策的时候，必须依靠企业各部门的协助及整个组织的力量。客户投诉处理时各个部门应跨越彼此间的隔阂进行真正的交流，在此基础上讨论实际对策，这对公司内部合作体制的建立起到一定的促进作用。

(3) 降低成本。如果由投诉引起的损失赔偿要求不断增加的话，其补偿额往往是很可观的。因此，减少客户投诉本身就能够降低成本。而且，在进行客户投诉处理的过程中，还有机会寻找能够减少生产过剩和浪费的更有效的生产方法。所以，如果采取了治本的对策，往往能够发挥降低成本的作用。

(4) 提高设计和生产技术。对于生产者来说，当然应该尽量为满足顾客需求而不懈地努力。但是，不管产品的设计、生产技术多么完善，它们总有其自身的局限。因此，企业在处理投诉时，要利用投诉达到改进产品的设计、生产技术的目的。如果不作出技术方面

的努力,企业是很难生存下去的。此外,投诉、索赔不但能促进产品的改良和技术的进步,还给企业提供了了解顾客潜在需求的机会。所以,企业可以通过客户投诉来发现顾客的新需求,进而开发新产品。

(5) 确保并扩大销路。投诉、索赔是阻碍顾客与生产者、提供者之间交流的一大因素。在处理客户投诉的过程中,如果能使这条管道畅通无阻,就能确保产品的销路。而且,这条管道并不仅限于成为投诉对象的产品的流通管道,它还是自己公司的其他产品的流通管道。

(6) 改善方法及保证契约。顾客投诉的对象并不仅限于产品品质,还包括产品的使用方法、售后服务等。在处理客户投诉的过程中,对客户的综合服务也会得到相应的充实。而且,处理客户投诉在产品责任预防方面也有着十分重要的作用,它可以帮助我们制定更完善的产品责任预防体系。

2. 客户投诉案件的受理

客户投诉是客户对商品或服务品质不满的一种具体表现。企业对外应化解客户投诉,圆满解决问题;对内应利用客户投诉,充分检查与改善销售和服务行为,将其转化为提升企业员工素质的良机。企业经营常会碰到"客户投诉",一旦处理不当,会引起不满和纠纷。其实从另一个角度来看,客户投诉是最好的产品情报。销售部门不仅要利用客户投诉找出症结所在,解决客户的问题,同时还必须努力恢复客户的信任。

遇到客户投诉的事情,应以机警、诚恳的态度加以受理;各级人员对客户的投诉案件,应以谦恭礼貌的态度迅速处理。

企业内部各经营部门对于决定受理的案件,应在作记录后迅速处理。客户投诉的处理必须迅速,各部门在处理客户投诉时,应设定处理的时限,不仅要迅速前往处理,而且要按照规定填写"客户投诉处理表"。若是受理案件限时结案有困难,在实务中,我们可以设定以"客户投诉处理表"流向各部门的处理期限为控制标的。对于逾期尚未结案的客户投诉,主管单位可以开立"催办单",督促相关部门加速处理。对每件"客户投诉"解决后,必须进行统计分析,以利于企业内部检讨、改善销售行为。

在实际工作中,汽车4S店一般将投诉分为三种情况进行处理。

(1) 对于言辞激烈的客户、其车辆存在严重的质量问题并影响车辆正常使用的客户,应即刻通知站长,迅速解决问题,以示对客户的理解和关注。

(2) 对于服务质量有问题,由责任人或站长向客户直接道歉,以获得客户的理解。

(3) 对维修质量不太满意又不影响使用的,可以和客户讲好再次来修的日期,而客户因工作忙而没有时间过来维修时,可以约定等下次维修保养时一起解决。

3. 客户投诉处理的程序

凡遇到处理客户投诉的，应填写"客户投诉处理表"，并注意该表单的流向。此表的联数多少可视企业规模大小、组织结构而自行确定。此表必须填写日期；为防止工作漏失，处理表应有流水编号。对投诉处理表单的流程，亦可进行以下规定。

(1) 客户管理中心一接到客户投诉，立即填写"客户投诉处理表"。

(2) 生产部门接到客户管理中心的"客户投诉处理表"后，应编号并登记于"客户投诉案件记录表"及"异常调查报告表"，送质量部门追查、分析原因，判定责任归属后，反馈给厂家分析异常原因与批定处理对策。另依异常情况送研发部，再送回总经理室查核后，送回客户管理中心拟定处理意见，再送到经理室，最后送回客户管理中心进行处理。

(3) 销售人员收到总经理室送回的"客户投诉处理表"时，应立即向客户说明，与其交涉，并将处理结果填入表中，呈主管核阅后送回总经理室。

(4) 经处理结案的"客户投诉处理表"由各部门按规定分别留存。

客户的投诉显示了企业和汽车品牌的弱点所在，除了要随时解决问题外，更应注意不要让同样的错误再度发生。

4. 有效处理客户投诉的要点

针对客户的投诉，处理时要注意以下问题。

(1) 虚心接受投诉。冷静地接受投诉，并且抓住投诉的重点，同时清楚地明白客户的要求到底是什么。

(2) 追究原因。仔细调查原因，掌握客户心理，诚恳地向客户道歉，并且找出让客户满意的解决方法。

(3) 采取适当的应急措施。应根据客户投诉的重要程度，采取不同的处理方法。为了不使同样的错误再度发生，应当果断地采取应变措施。

(4) 改正缺点。以客户的不满为参考找出差距，甚至可以成立委员会来追查投诉的原因，以期达到改善产品或服务的目的。

(5) 建立客户投诉管理体系。要建立反应快速、处理得当的客户投诉管理体系，如一些公司成立了客户(投诉)管理中心。

(6) 后续动作的实施。为了恢复企业的信用与名誉，除了赔偿客户精神上和物质上的损失以外，还要加强对客户的后续服务，以使客户恢复原有的信任。

5. 客户索赔的处理

当客户提出投诉并要求索赔时，公司内部必须细心应对，避免事件扩大，损害企业的形象。再者，索赔事件若处理得当，不仅可消除企业危机，甚至可以得到客户长期的支持。

客户索赔的处理方式如下。

(1) 与客户应接时，应切记以诚恳、亲切的态度来处理。

(2) 如果显然是本公司的问题时，首先应迅速向客户致歉，并尽快处理；如原因不能确定时，应迅速追查原因(应对本公司的产品具备信心)，不可在调查阶段轻易地向客户妥协。

(3) 对投诉的处理，以不影响一般消费者对本公司的印象为标准，由客户中心或公关部致函道歉，并以完好的产品予以调换；如果没有同样的产品时，应给予金钱补偿。若赔偿调查需要耗费较长时间，应向客户详细说明，取得客户谅解(应设法取得凭证)。在处理时应注意加强追踪。

(4) 责任不在本公司时，应由承办人员召集各有关人员，包括客户及相关部门共同开会以查明责任所在，并确定是否应该赔偿以及赔偿的额度。

(5) 当赔偿事件发生时，应迅速地与有关部门联络，回报相关情报，并以最快的速度加以处理，以防同一事件再次发生。

(6) 发生客户索赔事件时，对客户应给予补偿，同时如果是供货商的问题，应尽快向其索取补偿。

为应对客户索赔，在企业内部要建立相应的体系。

(1) 明确划分有关部门、有关人员的职责范围。

(2) 培养全体员工共同合作、协力解决索赔问题的精神。

(3) 整理有关索赔资料。应利用管理系统和索赔的记录资料，并依照一定的规则将索赔发生至处理完毕的经过详细地记录下来。

(4) 公司内有关人员和部门要共同处理索赔问题，并建立相应的索赔处理机制。

六、客户满意分析

客户满意是客户对其要求已被满足的程度的感受。客户抱怨是一种满足程度低的最常见的表达方式，但是没有抱怨并不表示客户一定很满意，即使企业提供的服务或产品符合客户期望，也不能确保客户很满意。

调查结果表明，大多数客户在车辆送修之前几乎总是看到汽车4S店的缺点，例如工时费用高、配件贵、送车取车费时以及维修时无车可开等。所有这一切原则上都是客户满意度的负面条件。因此，维修服务的目的就是增加其满意度，赢得客户信任，使客户满意。

1. 客户满意因素

著名学者诺曼(Earl Navman)引用赫兹伯格的理论来解释客户内心的期望和感受，他将影响客户内心感受的因素分为保健因子和满意因子。保健因子包括将车辆的故障排除、在预定交车的时间内交车、正确判断故障、维修质量等；满意因子包括被理解、感到受欢迎、感到自己的重要、感到舒适等。汽车 4S 店做到保健因子，只能降低客户的不满意度，却不能提升客户的满意度。所以汽车 4S 店要想在杜绝客户投诉的前提下真正提升客户满意度，还需要增加满意因子。

综上所述，我们可以把影响客户满意度的因素总结如下。

1) 品质素质

(1) 人员素质：包括基本素质、职业道德、工作经验、教育背景、观念、态度、技能等。

(2) 设备工具：包括设备工具是否完备，员工会不会用、愿不愿意用等。

(3) 维修技术：包括一次修复率和维修质量。

(4) 任务标准化：包括接待、维修、交车、跟踪服务流程的标准化等。

(5) 管理体制：质量检验、进度掌控、监督机制。

(6) 厂房设施：顺畅、安全、高效。

2) 价值因素

(1) 价格合理：包括工时费合理、配件价格合理。

(2) 品牌价值：包括知名度、忠诚度。

(3) 物有所值：包括方便、舒适、安全、高效。

(4) 服务差异：服务品质与其他企业的差别。

(5) 附加价值：包括免费检测、赠送小礼品等。

3) 服务因素

(1) 厂房规划：CI 形象、区域划分、指示牌。

(2) 专业作业：标准程序、广告牌管理、专业人员负责、5S 管理、专业分工。

(3) 价格透明：常用零件价格、收费标准。

(4) 兑现承诺：交车时间、维修时间、配件发货、解决问题。

(5) 客户参与：寻求客户认同、需求分析、报告维修进度、告知追加维修项目、交车过程、车主讲座。

(6) 专业化：语言专业、热忱、亲切。

4) 便利性因素

(1) 地点：与客户居住地的距离、客户进厂的路线、天然阻隔、接送车服务、指示牌。

(2) 时间：营业时间、假日值班、24 小时紧急救援、等待时间。

(3) 付款：付款方式、有人指引或陪同、结账等候时间、单据的整理。

(4) 信息查询：维修记录、费用、车辆信息、配件、工时费。

(5) 商品选购：百货等的选购。

(6) 功能：保险、四位一体、紧急救援、车辆年审、汽车俱乐部、接送车服务。

2. 客户关怀的基本原则

工作人员对客户的关怀要发自内心；把客户当成上帝，学会换位思考；主动式关怀，在客户困难时伸出援助之手；帮助客户降低成本，赢得客户信任；不要表现出明显的商业行为；在客户满意和公司利益之间寻找最佳平衡点。

3. 客户关怀的实施要点

1) 新车提醒

对购买新车的客户，工作人员应做到以下几点。

新车交车后的3~4周内使用信函或打电话询问新车的使用情况；提醒首次保养的里程和日期；主动告知保养的地点、营业时间、客户需要带的文件，并进行预约。

2) 维修回访

维修时，事先与客户讨论好回访的方式与时间；维修后三日内进行回访；对客户提出的意见要有反馈。

3) 联系久未回厂的客户

对于久未回厂的客户要重点联系，联系前应了解客户对上一次维修服务的内容是否满意。若客户不满意，应表示歉意，并征求客户意见，请客户来厂或工作人员登门拜访客户。

4) 定期保养通知

定期保养通知应在距客户车辆保养日前 2 周发出通知函或前 1 周打电话进行通知；主动进行预约；主动告知客户保养的时间与内容。

5) 季节性关怀活动

主动告知客户季节性用车注意事项；提醒客户免费检测的内容。

6) 车主交流会

成立车主交流会，要求客户积极加入。交流会的内容包括：正确的用车方式、服务流程讲解、简易维修处理程序、紧急事故处理等。人数以 10~15 人为宜，时间一般不要超过 2 小时。交流会可以请客户代表发言，赠送小礼品，进行客户满意度调研等。

7) 信息提供

向客户提供与其利益相关的信息，包括客户从事产业的相关信息、新的汽车或道路法规、路况信息、其他客户感兴趣的相关信息等。

七、数据统计分析工作

(1) 每月月底满意度调查工作完成后，客服部需对当月的调查结果进行统计分析，并向相关部门和领导出具《售后客户满意度调查分析报告》。

(2) 《售后客户满意度调查分析报告》内容分为数据统计和原因分析两大项目，其中数据统计中需提供本月调查量统计、满意度统计对比等；原因分析中需对本月客户反映良好和较差的项目进行分析。

(3) 《售后客户满意度调查分析报告》需在每月 28 日之前提交到各相关部门(遇长假期间及公司特殊情况如大型活动除外)。

(4) 满意度分数的统计主要有以下三个方面。

第一，满意度分数从客户处获得，有直接确认和间接确认两种方式。直接确认是指调查中向客户询问满意度分数，在百分制的情况下由客户直接评出分数；间接确认是指在客户未评出分数的情况下，将客户给出的满意度等级换算成分数，如表 6-1 所示。

表 6-1　满意度等级分数

序　号	项　目	权重/分
1	非常满意	95～100
2	满意	90～95
3	良好	80～90
4	一般	70～80
5	及格	60～70
6	不太满意	40～60
7	不满意	20～40
8	很不满意	0～20

建议调查中尽可能采用直接向客户确认满意度的分数，此方式最能体现客户对满意度的真实体会。

第二，每月满意度平均分数即当月满意度，平均分数的获得由当月调查的分数总和除以当月调查基数。如果在回访中采用其他调查方式时，客户不评出满意度分数，也不评出满意度等级，则此次调查不作为满意度统计的基数。

第三，对于不评出满意度的客户需进行引导，并在满意度报告中分析具体原因。

八、汽车 4S 店客户服务部工作职责及规范

1. 客户资料管理

1) 客户资料搜集

在公司的日常营销工作中，搜集客户资料是一项非常重要的工作，它直接关系到公司的营销计划能否实现。客户资料的搜集要求客服专员每日认真提取客户信息档案，以便关

注这些客户的发展动态。

2) 客户资料整理

客服专员把提取的客户信息档案递交客服主管,由客服主管进行信息汇总并分析分类,分派专人管理各类资料,要求每日及时更新,避免遗漏。

3) 客户资料更新备案

客服主管按照负责客户的数量均衡、兼顾业务能力的原则,分配给相关的客服专员。客服专员应在一周内与各自负责的客户进行沟通,对客户资料进行更新并作详细备案。

2. 客户投诉处理

(1) 客服人员接到客户投诉意见后,应在第一时间向客户致歉并记录投诉相关内容,如时间、地点、人员、事情经过、结果如何等,了解投诉事件的基本信息,并初步判断客户的投诉性质,在 1 小时之内上报客户经理或客户服务中心,由客户经理或客户服务中心立即填写《客户信息反馈处理单》和《客户投诉登记表》,如表 6-2 和表 6-3 所示。

表 6-2 客户信息反馈处理单

回访时间		编号	
类别	(抱怨/投诉)	客户名称	
车牌		联系电话	
客户意见			
经销商/维修站长或总经理批示			
服务经理处理结果			
回访员再次回访结果			
是否结案	(是/否)	结案日期	
是否产生新的抱怨或投诉	(是/否)	新抱怨或投诉单编号	

表 6-3 客户投诉登记表

序 号	投诉日期	顾客名称	联系电话	投诉抱怨内容(原因)	处理措施	经办人	与顾客的联络	备 注

（2）　客户服务中心应立即给该《客户信息反馈处理单》进行编号并简单记录其基本信息，如车牌号、填单人姓名、内容概要等。

（3）　对于能确定责任的质量问题、服务态度、文明生产、工期延误的投诉，处理方式如下所述。

①　客户经理在 24 小时内协同被反馈部门完成责任认定并对责任人完成处理意见后，完成与客户的沟通(如有必要)，并将《客户信息反馈处理单》转给管理部。24 小时内没有联系上的客户，客户经理应在 48 小时内完成上述工作。

②　管理部在接到《客户信息反馈处理单》后，在 4 小时内根据公司文件对处理意见进行复核，对认可的出具过失处理意见；对有异议的，召集客户经理和相关部门进行协商并签署协商意见。在 4 个小时内，将处理结果上报主管总经理，同时将主管总经理的处理意见反馈给客户经理和相关部门并行。

③　管理部在 8 小时内根据最终处理意见实施责任追究，进行过失沟通，完成最终的《客户信息反馈处理单》，并于当日转交客户服务中心。

（4）　对于当时无法确定责任的质量问题、配件延时、客户不在场、客户没有时间的投诉处理如下所述。

①　客户经理通知客户在客户方便时直接找客户经理解决，报主管总经理认可后，按未了事宜进行处理。

②　如投诉属于重大投诉，客户经理应请示主管总经理后上门拜访客户。

③　未了事宜由客户经理和客户服务中心分别进行记录，并在维修接待计算机系统中明确标注。

④　客户经理每月 4 日完成上个月未了事宜的客户沟通，提醒客户及时回厂处理，并及时掌握未了事宜的变化情况。

3. 与各部门密切沟通，参与营销活动，协助市场销售

企业实施电话营销对销售成功与否起着重要作用，这就要求客服专员具有一定的销售能力，掌握一定的业务技巧。

4. 投诉处理后的回访

（1）　客户服务中心对处理完毕的《客户信息反馈处理单》上有客户经理明确标明需要回访的客户，应在 24 小时内进行回访；对正在处理中的《客户信息反馈处理单》暂停回访，直到处理完毕后再进行回访。

（2）　对不同类型的客户进行不定期回访。客户的需求不断变化，通过回访不但能了解不同客户的需求，还可以发现自身工作中存在的不足之处，以便及时补救和调整，从而满足客户的需求，提高客户满意度。

回访方式：电话沟通、电邮沟通、短信沟通等。

回访流程：从客户档案中提取需要统一回访的客户资料，统计整理后分配给各客服专员，通过电话(或 E-Mail 等方式)与客户进行交流沟通并认真记录每一个客户回访的结果，填写记录表(此表为回访活动的信息载体)，最后分析结果并撰写《回访总结报告》，进行最终资料的归档。

回访内容：①询问客户对本公司的评价，对产品和服务的建议和意见；②特定时期内可做特色回访(如节日、店庆日、促销活动期)；③友情提醒客户续卡或升级为其他消费卡。

【资料链接】

回访标准用语范例

范例 1:

(1) 您好！我是×××特约店的信息员，请问您是××先生/女士吗？

(2) 您的车××月××日在本服务店进行维修/保养，我想将这次情况做个回访。请问您现在方便接电话吗？

A. 方便——好的，耽搁您 2 分钟时间！

B. 不方便——好的，那请问什么时候最适合打给您呢？(记下时间) 不好意思打扰您，谢谢您，祝您用车愉快！再见！

(3) 对接待人员在车辆方面的知识，您的满意程度如何？

(4) 通过您的描述，接待人员对您需求的了解程度如何？

(5) 在车辆诊断方面，对于工作人员可以正确诊断车辆故障，您的满意程度如何？

(6) 在维修前，接待人员对于将要进行服务内容的解释，您的满意程度如何？

(7) 在维修前，接待人员对于将要收取费用的解释(说明)，您的满意程度如何？

(8) 维修保养后，接待人员对已进行服务项目的解释(说明)，您的满意程度如何？

(9) 维修保养后，接待人员对最终收取费用的解释，您的满意程度如何？

(10) 谢谢您的意见！祝您用车愉快！

(11) 再见！

范例 2:

您好，这里是×××客服中心，请问您是××先生/女士吗？

现对您上一次入厂所接受的售后服务情况进行调查，希望了解您对我公司售后服务方面的宝贵意见，帮助我们提高服务水平，从而为您和其他用户创造一个更理想的汽车消费环境。我们想耽误您 2~3 分钟时间，请教几个问题。(这段话由信息员根据实际情况适当缩减)

(1) 到厂维修时是否有人及时主动接待您？(最低标准：起身、微笑相迎)

(2) 服务顾问是否在维修前为您估算了总体服务价格并详细说明了相关内容？(标准：客户能够明白维修内容及价格)

(3) 您的车辆是否在约定的时间内交付的？(客户回答"否"则转入下一问题，回答"是"则直接跳至问题5)

(4) 您是否被告知交车将延迟，并重新约定交车时间？

(5) 您对我店的服务场地、客户休息区的清洁程度、环境布置感到满意吗？

(6) 我们完成的工作是否符合您的要求？(即客户提出的需求是否得到满足)

(7) 这次售后服务工作后，您是否因为维修质量问题，需要再次将车送回我店维修？(体现一次修复率)

(8) 结账时，我们的服务顾问将所完成的工作向您一一说明了吗？

(9) 费用是否和估价相一致？估价准确率(不含增加修理的部分)如何？

(10) 是否为您的爱车清洁外观，是否倒掉烟灰缸内的杂物？您感到满意吗？(不清洁要具体到物品名称)

(11) 是否向您提供此次车辆维修后的使用保养建议？

(12) 您此次修车是否需要备件订货？(对订货情况做简单记录，要有跟踪)

感谢您的配合，祝您愉快！再见！

(资料来源：刘亚杰. 汽车4S店经营管理[M]. 长春：吉林教育出版社，2009.)

回访规范：一个"避免"、三个"必保"，即避免在客户休息时打扰客户；必须保证会员客户100%的回访；必须保证回访信息的完整记录；必须保证在3天之内回访(最好与客户在电话中约定一个方便的时间)。

本章小结

信息反馈(survey)指的是定期回访客户，了解客户的心理及需求，倾听客户的意见，认真做好记录，建立客户档案。为了更好地开展信息反馈工作，汽车4S店必须实现五个方面的创新，即理念创新、体系创新、方式创新、技术创新和队伍创新。

客户管理是指对客户的业务往来关系进行管理，并对客户档案资料进行分析和处理，从而与客户保持长久的业务关系。客户管理的内容主要有客户基本资料的管理和客户关系管理。一般来讲，客户管理的方法主要有巡视管理、关系管理与筛选管理。客户投诉处理要达到消除客户的不满、恢复信誉、确立企业的品质保证体制、搜集客户信息、挖掘潜在的需求等目的。客户投诉处理的宗旨就是挽回不满意顾客，具体来说，正确地处理好客户的投诉可以产生以下效果：提高企业的品质意识、强化组织的活动、降低成本、提高设计和生产技术、确保并扩大销路、改善方法及保证契约。针对客户的投诉，处理时要注意虚

心接受投诉、追究原因、采取适当的应急措施、改正缺点、建立客户投诉管理体系、后续动作的实施等。

客户满意因素有素质、价格、服务、专业化、便利性等；客户关怀的实施要点包括新车提醒、维修回访、联系久未回厂的客户、定期保养通知、季节性关怀活动、车主交流会、信息提供等；汽车4S店客户服务部工作职责包括客户资料管理、客户投诉处理、与各部门密切沟通、参与营销活动、协助市场销售、投诉处理后的回访等。

习题及实操题

1. 什么是信息反馈？汽车4S店开展信息反馈的意义是什么？

2. 我国汽车4S店信息反馈工作的不足之处体现在哪几方面？针对这些不足之处，应在哪些方面进行改进？

3. 简述汽车4S店跟踪服务的流程。

4. 简述电话回访的基本原则。

5. 对回访问题应如何处理？

6. 影响客户满意的因素有哪些？

7. 简述汽车4S店客服部的工作职责和规范。

8. 简述客户管理的内容和方法。

9. 简述客户投诉处理的目的和效果。

10. 按照跟踪服务规范，学生两人一组，分别扮演客户和客服，模拟汽车4S店跟踪服务业务，并互换角色进行客户投诉处理练习。

11. 实际调查一家汽车4S店的信息反馈岗位的相关情况，分析该岗位对人员的能力要求。

第七章　汽车 4S 店财务管理

【知识点】

- ◉ 了解汽车 4S 店资金活动的含义和企业的财务关系，熟悉汽车 4S 店财务管理的内容、特点及目标。
- ◉ 了解汽车 4S 店资金筹集的原因、渠道和方式，以及汽车 4S 店营运资金的含义和管理的基本要求。
- ◉ 了解汽车 4S 店持有货币资金的原因及管理方法。
- ◉ 了解汽车 4S 店应收账款的管理方法，理解汽车 4S 店存货、存货成本的含义。
- ◉ 熟悉存货的 ABC 分类管理方法及汽车 4S 店固定资产的类别与管理方法。
- ◉ 了解汽车 4S 店营业收入的含义，熟悉汽车 4S 店营业收入的管理要求，熟悉汽车 4S 店利润预测的方法。
- ◉ 了解汽车 4S 店应交纳税金的种类，以及成本及费用的含义、分类，熟悉汽车 4S 店成本和费用的管理方法。

第一节　汽车 4S 店财务管理概述

财务管理是在企业再生产过程中，基于客观存在的财务活动和财务关系而产生的一项经济管理工作。它负责组织企业资金活动，并处理企业与各方面的财务关系，是企业管理的重要组成部分。

一、汽车 4S 店的资金活动

汽车 4S 店的生产经营活动，从价值形态的角度来看，表现为资金的运动。这种资金运动包括资金的筹集、使用、耗费、收入和分配等内容。资金筹集是资金运动的起点；资金的使用是指把筹集的资金通过购买、建造等过程形成各种生产资料；资金耗费是指在生产经营过程中所耗费的各种材料、燃料、固定资产损耗、支付工资和其他费用等；资金的收入是指通过销售产品和提供服务所取得的收入；资金分配是指对所取得的收入进行分配，其中一部分用于弥补生产经营耗费，其余部分作为企业纯收入。企业的纯收入首先按规定的税率以税金的形式上缴国家，其余部分作为企业留存收益。企业资金的筹集和使用反映了企业对生产资料的取得和占用；企业资金的耗费则体现了企业物化劳动和劳动力的消耗；企业资金的收入和分配则反映了企业生产成果的实现和分配情况。企业财务，即企业的资金活动，它是企业再生产过程中的价值体现。

二、汽车 4S 店财务关系

企业在资金活动中与相关方面发生的经济关系即为财务关系。企业资金的筹集、使用、耗费、收入和分配，与企业内外部的各个方面都有着广泛的联系，概括起来有六个方面的财务关系。

1. 企业与国家之间的财务关系

企业与国家之间的财务关系，即企业应按照国家税法的规定缴纳各种税款，在应交税款的计算和缴纳等方面体现国家与企业之间的分配关系。

2. 企业与投资者和受资者之间的财务关系

企业与投资者和受资者之间的财务关系，是投资与分享投资收益的关系。

3. 企业与债权人、债务人及往来客户之间的财务关系

企业与债权人、债务人及往来客户之间的财务关系，主要是指企业和债权人的资金借

入和归还及利息支付等方面的财务关系、企业之间的资金结算关系和资金融通关系，包括债权关系和合同义务关系。

4. 企业与其他企业之间的财务关系

在市场经济中，各企业之间存在着分工协作的关系，因此，它们之间存在着由于相互提供产品或劳务而形成的资金结算关系。

5. 企业内部各单位之间的财务关系

企业内部各单位之间的财务关系，主要是指企业财务部门同企业内各部门、各单位之间发生的资金结算关系。

6. 企业与职工之间的财务关系

企业与职工之间的财务关系，主要是指企业与职工之间的结算关系，体现着职工个人和集体在劳动成果上的分配关系。

三、汽车 4S 店财务管理的内容、特点

财务管理通过财务预测、财务计划、财务控制及财务分析等环节的相互配合、紧密联系，形成周而复始的财务管理循环过程，构成完整的财务管理工作体系。它以最经济的方式筹措资金、以最有效的方式运用资金、以最快的速度回收资金、以最佳的比例分配资金、以严格的制度进行财务监督，从而促进企业提高经营管理水平，获得最佳经济效益。

财务管理的内容包括筹资管理、投资管理、成本费用管理、营运资金管理、收益和利润分配等。汽车 4S 店财务管理的内容主要包括筹资管理、投资管理、资产管理、收入管理和分配管理，此外，还包括企业设立、合并、分立、改组、解散、破产的财务处理，它们构成了企业财务管理不可分割的统一体。

企业财务管理与其他管理的主要区别在于它是一种价值管理。财务管理利用资金、成本、收入等价值指标来组织企业价值的形成、实现和分配，并处理这种价值流动中的经济关系。其目的是最大限度地发挥资金的作用，实现价值增值，提高资金效益。

财务管理是企业管理中的一个独立的方面，又是一项综合性的管理工作。企业各方面生产经营活动的质量和效果大多可从资金活动中综合地反映出来，通过合理地组织资金活动，有效地促进企业的生产经营活动。财务管理的各项价值指标是企业经营决策的重要依据。及时组织资金供应、节约使用资金、控制消耗，大力增加收入以及适时合理地分配收益，将会促使企业增产节约、增收节支、提高经济效益。

四、汽车4S店财务管理的目标

明确财务管理的目标，是有效组织财务管理工作的前提，同时也是合理评价财务管理工作质量的客观标准。财务管理的目标不会脱离企业的目标而独立存在。

企业的目标是生存、发展、获利。为了持续发展，企业必须创造利润，控制好现金流，保持偿债能力。这些财务目标的实现，有赖于其他的管理功能都能维持良好的状态。企业付薪给管理者，便是希望他们能创造新产品、提供服务、扩大市场、提高生产力，预测市场变化，运用新技术制定明确的战略，此外还需要雇用及激励员工、处理困难的抉择，解决问题，协调业务上的各种利益冲突(例如顾客要求低价，而员工要求高薪)；而且大众也期待管理者能够遵循道德准则，遵守各项法律，对社会大众负责，同时还能创造利润，有效管理现金，避免财务危机。

企业的基本财务信息可由财务报表体现。财务报表是依据会计资料及业务记录编制的，这些资料来自会计系统。会计资料必须完备、正确和及时，并需要有可靠的会计系统作为支持。

企业财务管理的目标是企业价值最大化，企业在追求自身的目标时，不仅要看企业未来收益的大小，还要看收益取得的时间，同时要看收益与风险的配合情况。一般来说，收益越高，风险越大。因此，财务管理在追求企业价值最大化目标的过程中，要综合考虑资金的时间价值和风险价值。

第二节　汽车4S店的资金筹集和营运资金管理

资金是企业进行生产经营活动的必要条件。企业开展日常生产经营活动，购置设备、原材料等生产要素，都需要生产经营资金；扩大生产规模，开发新产品，提高技术水平，则需要追加投资。筹集资金是企业资金运动的起点，是决定资金运动规模和生产经营发展程度的重要环节。企业通过一定的筹资渠道和资金市场，运用一定的筹资方式，合理筹措和集中资金，以满足证企业生产经营活动的需要，这是企业财务管理的一项重要内容。

一、企业筹资的动机

企业筹资的基本目的是为了自身的生存与发展。企业具体的筹资活动通常受特定目的的驱使。例如，为了购置设备、引进新技术和开发新产品而筹资；为了对外投资、兼并其他企业而筹资；为了资金周转和临时需要而筹资；为了偿付债务和调整资本结构而筹资等。在实际工作中，这些筹资目的有时是单一的，有时是相互结合的，归纳起来主要有三类，即扩张筹资动机、偿债筹资动机和混合筹资动机等。筹资动机对筹资行为和结果有着直接影响。

1. 扩张筹资动机

扩张筹资动机是企业因扩大生产经营规模或追加对外投资的需要而产生的筹资动机。例如，企业销售的品牌汽车销售量和提供的保养服务在本地区名列前茅，为稳定市场占有率，企业需要扩大汽车产品销售和服务规模，扩建店面和改善库存条件、采购更多的车辆、增加人员等，这些需求直接导致企业资产总额和筹资总额的增加。

2. 偿债筹资动机

偿债筹资动机是企业为了偿债而形成的借款动机，即借新债还旧债。通常，偿债筹资有两种情形：一是调整性偿债筹资，即企业虽有偿还到期旧债的能力，但为了调整原有的资本结构，使企业资本结构更趋合理，仍需举新债；二是恶化性偿债筹资，即企业财务状况已恶化，现有的支付能力已不足以偿付到期债务，而被迫举新债还旧债。偿债筹资动机只改变企业的债务结构。

3. 混合筹资动机

企业因同时需要扩张筹资和偿债筹资而形成的筹资动机，即为混合筹资动机。通过混合筹资，企业既可扩大资产规模，又可偿还部分旧债。筹资动机直接影响筹资行为，并产生不同的筹资结果。

二、企业筹资类型

1. 股权筹资和债务筹资

根据企业所获得资金的权益特性不同，企业筹资分为股权筹资和债务筹资，这也是企业筹资方式最常见的分类方法。

2. 直接筹资与间接筹资

根据是否通过金融机构作为媒介来区分，企业筹资可分为直接筹资和间接筹资两种类型。

3. 内部筹资与外部筹资

按资金来源的范围不同，企业筹资分为内部筹资和外部筹资两种类型。企业筹资时首先应采用内部筹资，然后再考虑外部筹资。

4. 长期筹资与短期筹资

按所筹集资金的使用期限不同，企业筹资分为长期筹资和短期筹资两种类型。

三、企业筹资渠道和筹资方式

1. 企业筹资渠道

1) 银行信贷资金

银行对企业的贷款是汽车4S店重要的资金来源。银行一般分为商业性银行和政策性银行。商业性银行为各类企业提供商业性贷款，政策性银行主要为特定的企业提供政策性贷款。银行信贷资金有居民储蓄、单位存款等经常性的资金来源，财力雄厚，贷款方式多种多样，可以满足各类企业的多种资金需要。

2) 非银行金融机构资金

非银行金融机构主要有依托投资公司、租赁公司、保险公司、证券公司、企业集团的财务公司等。非银行金融机构除了专门经营存贷款业务、承担证券的推销或包销工作以外，有些机构为了一定的目的而聚集资金，还为一些企业直接提供部分资金或为企业筹资提供服务。通过这种渠道筹资的规模通常比商业银行要小，但这些金融机构的资金供应比较灵活方便，因此具有广阔的发展前景。

3) 其他企业资金

企业在生产经营过程中，往往有部分暂时闲置的资金，也可能在较长时期内获得额外资金为企业所用。例如，已提取而尚未使用的折旧，未动用的企业公积金等，可在企业之间相互调剂使用。随着横向经济联合的开展，企业同企业之间的经济联合和资金融通日益广泛，既有长期稳定的资金联合，又有短期临时的资金融通。这种企业间资金的联合和融通已经成为企业筹集资金的一个渠道，并得到广泛应用。

4) 职工和民间资金

职工和民间资金是指本企业职工和城乡居民手中暂时或较长时期内闲置的资金，通过投资的渠道成为企业资金的一项来源。这种筹资渠道已逐渐被企业利用，促进了个人和企业资金的有效流通。

5) 企业自留资金

企业自留资金即企业内部形成的资金，主要是指企业盈利所形成的资本积累，如提取公积金、未分配利润等，此外还有企业内部形成的折旧准备金。企业自留资金是生产经营资金的重要补充来源。

6) 外商资金

外商资金是指外国投资者以及我国香港、澳门特别行政区和台湾地区的投资者投入的

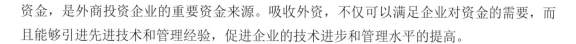

资金，是外商投资企业的重要资金来源。吸收外资，不仅可以满足企业对资金的需要，而且能够引进先进技术和管理经验，促进企业的技术进步和管理水平的提高。

2. 企业筹资方式

认识筹资方式的种类以及每种筹资方式的属性，有利于企业选择适宜的筹资方式和筹资组合。目前，企业的筹资方式一般有以下七种。

1）吸收直接投资

吸收直接投资简称吸收投资，是指企业按照共同投资、共同经营、共担风险、共享利润的原则吸收国家、企业、单位、个人、外商投入资金的一种筹资方式，可以直接形成生产能力。在吸收投资中的出资者是企业的所有者，可通过一定的方式参与企业的经营决策，有关各方按出资额的比例分享利润、承担损失。

2）发行股票筹资

股票是股份公司为筹集资金而发行的有价证券，是持股人拥有公司股份的入股凭证。股票持有者为企业的股东，股票可证明持股人在股份公司中拥有的所有权。发行股票可使大量社会游资得到集中和运用，并把一部分消费基金转化为生产资金，它是企业筹集长期资金的重要方式，也是股份制企业筹集权益资本的主要方法。

【知识拓展】

发行股票筹资的具体方式

1. 发行优先股筹资

优先股是企业为筹集资金而发行的一种混合性证券，兼有股票和债券的双重属性，在企业盈利和剩余财产分配上享有优先权。

2. 发行普通股筹资

普通股代表对公司资产的剩余索取权，即在其他所有权得到满足后对企业收入和资产的所有权，普通股股东拥有并控制企业，具有选举董事会、获取股息和红利收入、出售和转让股份等权利。

3. 发行债券筹资

企业债券是指企业按照法定程序发行，约定在一定期限内还本付息的债券凭证，代表持有人与企业的一种债务关系。企业发行债券一般不涉及企业资产所有权和经营权，企业债权人对企业的资产和所有权没有控制权。

3）银行借款

银行借款是指企业根据借款合同向银行以及其他金融机构借入的需要还本付息的款项。利用银行的长期借款和短期借款筹集资金，这是一种重要的筹资方式。

4)　商业信用

商业信用是指商品交易中以延期付款或预收货款的方式进行购销活动而形成的借贷关系，是企业之间的直接信用行为。随着市场经济的发展，我国商业信用日益普及，成为企业筹集短期资金的一种重要方式。

5)　发行债券

债券是企业依照法定程序发行的，约定在一定期限内还本付息的有价证券，是持券人拥有公司债权的证明。发行债券是企业筹集负债资金的一个重要途径。

6)　发行短期融资券

短期融资券又称商业票据、短期债券，是由大型企业所发行的短期无担保本票。它是许多国家各类公司融通短期资金的重要方式。

7)　租赁筹资

租赁是出租人以收取租金为条件，在契约或合同规定的期限内将资产租让给承租人使用的一种交易行为。租赁活动由来已久，现代租赁已成为解决企业资金来源的一种筹资方式。

3. 筹资方式与筹资渠道的配合

特定的筹资方式可能只适用于特定的筹资渠道，但是同一渠道的资金可以通过多种不同的方式获得，而同一筹资方式也可能适用于多个不同的筹资渠道。筹资方式和筹资渠道之间有着密切关系，必须实现两者的合理配合。

【知识拓展】

企业筹资之股权筹资

股权筹资形成企业的股权资金(权益资本)，是企业最基本的筹资方式。股权筹资又包括吸收直接投资、发行股票和利用留存收益三种主要形式，此外，我国上市公司引入战略投资者的行为，也属于股权筹资的范畴。

(一)吸收直接投资

吸收直接投资是非股份制企业筹集权益资本的基本方式。

1. 吸收直接投资的种类

吸收直接投资的种类包括吸收国家投资、吸收法人投资、吸收外商直接投资、吸收社会公众投资。

2. 吸收直接投资的出资方式

吸收直接投资的出资方式包括以货币资产出资、以实物资产出资、以土地使用权出资、以工业产权出资。

3. 吸收直接投资的筹资特点

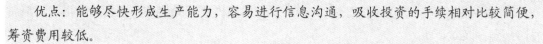

优点：能够尽快形成生产能力，容易进行信息沟通，吸收投资的手续相对比较简便，筹资费用较低。

缺点：资本成本较高，相对于股票筹资来说，吸收直接投资的资本成本较高；企业控制权集中，不利于企业治理，如果某个投资者的投资额比例较大，则该投资者对企业的经营管理就会有相当大的控制权，容易损害其他投资者的利益；不利于产权交易。

(二)发行普通股股票

股票作为一种所有权凭证，代表着股东对发行公司净资产的所有权。股票只能由股份有限公司发行。

1. 股票的特征

永久性、流通性、参与性、风险性，风险的表现形式有：股票价格的波动性、红利的不确定性、破产清算时股东处于剩余财产分配的最后顺序等。

2. 发行普通股筹资的特点

优点：所有权与经营权相分离，分散公司控制权，有利于公司自主管理、自主经营；没有固定的股息负担，资本成本较低，相对吸收直接投资来说，普通股筹资的资本成本较低；能增强公司的社会声誉；促进股权流通和转让。

缺点：筹资费用较高，手续复杂；不利于快速形成生产能力；公司控制权分散，公司容易被经理人控制；同时，流通性强的股票交易，也容易被恶意收购。

(三)留存收益

1. 留存收益的筹资途径

提取盈余公积金和未分配利润。

2. 利用留存收益筹资的特点

优点：不用发生筹资费用，维持公司的控制权分布。

缺点：筹资数额有限。

四、营运资金的含义

1. 营运资金的概念

营运资金可以从广义和狭义两个方面来理解。广义的营运资金又称毛营运资金，是指一家企业的流动资产的总额。狭义的营运资金又称净营运资金，是指一家企业流动资金减去流动负债后的金额，即企业在生产经营中的可用流动资产的净额。

流动资产是指在一年或超过一年的一个营业周期内变现或者耗用的资产，包括货币资金、短期投资、应收预付款项和存货等。营运资金是指流动资产减去流动负债后的金额，是一家企业维持日常经营所需的资金。

流动负债是指在一年或超过一年的一个营业周期内偿还的债务,包括短期借款、应付预收款项、应交税费等。

根据资产与所有者权益平衡的公式,从来源的角度看,营运资金实际上等于企业以长期负债和所有者权益为来源的那部分流动资产。也就是说,它只能来源于流动负债以外的项目,包括企业利润、长期负债、权益资本、长期投资收回以及其他非流动资金减少所获得的收入等。因此,对营运资金的管理需要从企业资金运营的全过程进行系统性的把握。本章仅从狭义概念的角度介绍营运资金管理。

【知识拓展】

流动资产与流动负债

1. 流动资产

(1) 根据占用形态不同,流动资产可以分为现金、交易性金融资产、应收及预付款项和存货等。

(2) 根据在生产经营过程中所处的环节不同,流动资产可以分为生产领域的流动资产、流通领域的流动资产以及其他领域的流动资产。

2. 流动负债

(1) 以应付金额是否确定为标准,流动负债可以分为应付金额确定的流动负债和应付金额不确定的流动负债。

(2) 以流动负债的形成情况为标准,流动负债可以分为自然性流动负债和人为性流动负债。

(3) 以是否支付利息为标准,流动负债可以分为有息流动负债和无息流动负债。

2. 营运资金的特点

营运资金作为流动资金的一个有机组成部分,有以下显著特点。

1) 周转短期性

营运资金在生产过程中虽然需要经历供、产、销循环过程,但周转期较短,一般不超过一年。在营运资金的整个投资中,各环节都需要一定数额的资金,必须要有多种融资途径,以解决和满足流动资金的需要数额。

2) 高度变换性

营运资金变换能力较强,正因为这一点,才使企业有足够的能力去维持和运作,获得高度的经营能力。在营运资金的形态转换过程中,转换为货币资金的时间越短,或转换为货币资金的数额越接近于原有价值,其转换性也就越高。

3) 形态并存性

由于生产经营是连续不断的,营运资金的占用形态从空间上看是并存的,各种占用形态同时分布在供、产、销各个过程中;但从时间上看又是变动的,经常处于货币资金、存货、应收账款、货币资金的变化之中。

4) 投入补偿性

营运资金的投入回收期短,它的耗费能较快地从产品销售收入中得到补偿。一般来说,它的实物耗费与价值补偿在一个生产经营周期内同时完成。

五、营运资金管理的基本要求

营运资金的管理就是对企业流动资产和流动负债的管理,主要是处理好流动资产与流动负债的关系。控制营运资金的数额,既要保证有足够的资金满足生产经营的需要,又要保证能按时、按量偿还各种到期债务。企业营运资金管理的基本要求如下。

1. 认真分析生产经营状况,合理确定营运资金的需求量

企业流动资金的需求量与企业生产经营活动密切相关,取决于生产经营规模和流动资金的周转速度,同时也受市场及供产销情况的影响。因此,企业财务管理人员应认真分析生产经营状况,综合考虑各种因素,合理预测流动资金的需求量,既要保证企业生产经营的要求,又不能因安排过量而造成浪费。

2. 做好日常管理工作,尽量控制流动资产的占用量

企业在日常管理工作中,要建立有效的管理和控制系统,营运资金的利用在保证生产经营需求的前提下,要恪守勤俭节约的原则,充分挖掘资金潜力,精打细算地使用资金,科学地控制流动资金的占用量,提高企业的经济效益。

3. 提高资金的使用效益,加速流动资金的周转

企业占用资金都要为之付出相应的取得或使用成本。当企业的生产经营规模及其耗费水平一定时,流动资产的周转速度与流动资金的占有数量成反比,所以,周转速度越快,所占用的流动资金就越少,使用成本就越低,因此,加快资金的周转也就相应地提高了资金的利用效果。为此,企业需加强内部经营管理,适度加速存货周转,缩短应收账款的收款周期,以改进资金的利用效果。

4. 合理安排流动资产与流动负债的比例,保证较高的资产获利水平

营运资金是流动资产减去流动负债后的余额,一般来说,营运资金数额相对较大,也

就是企业流动资产较多，流动负债较少，企业短期偿债能力较强，反之则较弱。但如果企业营运资金较大，也即企业流动资产过多、流动负债过少，企业必须有更多的长期资金来源用于短期资产，即流动资产占用的，则会加大企业的资产成本，影响获利能力的提高。因此，要合理安排流动资产和负债的比例，既要确保企业有足够的偿债能力，又要保证企业有较高的资产获利水平。

第三节　汽车4S店货币资金和应收账款管理

货币资金是指企业在生产经营过程中暂时处于货币形态的资金，包括库存现金、银行存款和其他形式的货币资金。

在资产中，货币资金的流动性和变现能力最强，企业在生产经营中，因供、产、销各环节的种种需要，必须置存货币资金，但应合理安排货币资金的持有量，减少货币资金的闲置，以提高货币资金的使用效果。因此，货币资金管理是企业财务管理的重要组成部分。

一、置存货币资金的原因

通常情况下，企业要持有一定数量的货币资金，置存货币资金的原因大致有以下几方面。

1. 交易性需求

这是为了满足企业在生产经营中货币资金支付的需求，如购买销售用的汽车、维修材料、支付工人工资、偿还债务、缴纳税金等。尽管企业每天都会有一定的货币资金收入和支出，但收入与支出很少同时发生，即使同时发生，收支金额也难以相等。如果不置存适当的货币资金，企业的交易活动就很难正常地进行下去。而且这种需求发生频繁，金额较大，也是企业置存货币资金的重要原因。

2. 预防性需求

这是企业为了应付意外的紧急情况而需要储备的货币资金，例如生产事故、自然灾害、客户违约等情况可能会打破原来的货币资金收支平衡。企业为预防性需求而储备的货币资金的多少取决于：①企业的举债能力；②企业其他流动资产的变现能力；③企业对货币资金预测的可靠程度；④企业愿意承担风险的程度。

3. 投资性需求

这是企业为了抓住稍纵即逝的市场机会，投资获利而置存的货币资金，如捕捉机会超低价购入有价证券、原材料、商品等，意在短期内抛售获利。

根据货币资金的特点和置存的原因，货币资金管理的目标就是要在货币资金的收益性和流动性之间作出权衡，要求既要保证生产经营对现金的需求，又要提高资金的使用效率。企业库存现金没有收益，银行存款的利息率也远远低于资金利润率，因此置存货币资金过多，会使资金的收益率下降；但货币资金又有普遍的接受性，能满足企业各种支付的需要，如果企业不能满足各种货币资金支付的需求，便会影响企业生产经营的正常进行，降低企业的信用。

二、货币资金管理

货币资金管理的目的是在保证企业生产经营所需资金的同时，节约使用资金，并从暂时闲置的货币资金中获得最多的利息收入。货币资金结余过多，会降低企业收益；货币资金太少，又可能会出现现金短缺，影响企业生产经营活动。货币资金管理应力求做到既保证企业日常所需资金，降低风险，又避免企业有过多的闲置资金，以增加收益。

货币资金管理的内容主要包括：编制现金收支计划，以便合理地预测未来的现金需求；对日常现金收支进行控制，努力加速收款，延缓付款；采用特定方法确定理想的现金余额，即当企业的实际现金余额与最佳的现金余额不一致时，可以通过短期融资、偿还借款或投资于有价证券等策略来达到比较理想的状况。

现金收支计划是在预定的时期内，企业针对现金的收支状况，对现金进行平衡的一种打算，它是企业财务管理的一个重要内容。企业可通过现金周转模式、存货模式及因素分析模式等方法确定最佳现金余额，并作为企业实际应持有现金的标准，来进行现金的日常控制。其主要内容是：一要加速收款，尽可能地加快现金的收回；二要控制支出，尽量延缓现金支出的时间；三要进行现金收支的综合控制。因此，要实施现金流入与流出的同步管理；要实行内部牵制制度，即在现金管理中，要实行管钱的不管账、管账的不管钱，使出纳人员和会计人员相互牵制、相互监督；要及时进行现金的清理，库存现金的收支应做到日清月结，确保库存现金的账面金额与银行对账单余额相互符合；要使现金、银行存款日记账款额分别与现金、银行存款总账款额相互符合，做好银行存款的管理，对超过库存限额的现金应存入银行统一管理，并按期进行清查，保证存款安全、完整。当企业有较多闲置不用的现金时，可投资于国库券、企业股票等，以获得较多的利息收入；当企业现金短缺时，再出售各种有价证券获取现金，这样既可保证企业有较多的利息收入，又能增强企业的变现能力。

【知识拓展】

货币资金管理规定

为了规范货币资金的管理，规范企业货币资金的收支行为，企业应制定货币资金管理

规定，具体包括如下条款。

(1) 任何项目的货币资金收入，都必须做收入凭证，所制收入凭证(发票或收据)上必须有收缴人与收款人的签章。

(2) 任何项目的货币资金支出，均必须取得有效的原始凭证，否则不予支付。

(3) 原则上所有款项的支出，均必须经主管会计审核签章后，出纳方可支付。

(4) 出纳付款时，原则上应做到能用银行转账的款项，就不得使用现金支出。

(5) 任何款项的支出凭证上，均必须有收款人的签章。

(6) 出纳必须将当日的收支逐笔登入现金日记账或银行存款日记账上，做到账、款相符。出纳必须及时将所有的有关收支凭证交给主管会计进行账务处理。

(7) 银行存款预留印鉴必须分开保管，财务专用章由主管会计负责管理，不得随意使用。

(8) 日库存用现金原则上不得超过公司规定的限额。

(9) 下班前应将留存的现金存入银行，不允许现金在公司过夜。

(10) 任何人不得以任何形式和借口挪用公款。

三、应收账款管理

汽车4S店所涉及的有关应收款及预付款的业务主要是：企业提供汽车服务的劳务性作业而发生的非商品交易的应收款项、企业向外地购买设备或材料配件等所发生的预付款项、其他业务往来及费用的发生涉及的其他应收款项。

应收账款是企业因销售产品、材料、提供劳务等业务，应向购货单位或接受劳务单位收取的款项。汽车4S店因销售产品、提供汽车服务等发生的收入，在款项尚未收到时属于应收账款。

近年来，由于市场竞争的日益激烈，汽车4S店应收账款数额明显增多，已成为流动资产管理中的一个日益重要的问题。应收账款的功能在于增加销售、减少存货，同时，也要付出管理成本，甚至发生坏账。因此，要加强对应收账款的日常控制，做好企业的信用调查和信用评价，以确定是否同意顾客赊欠款。当顾客违反信用条件时，还要做好账款催收工作，确定合理的收账程序和讨债方法，使应收账款政策在企业经营中发挥积极作用。

1. 应收账款的作用

1) 增加销售

应收账款是在对客户销售产品以后，允许客户暂不付款而形成的，也就是对客户赊销产品而形成的资金占用。采用赊销的方式对客户销售产品比现销更能刺激客户的购买欲望，已经成为企业推销产品的一种重要手段，并被广泛使用。

2) 减少存货

应收账款不仅可以帮助企业扩大销售，占有市场，开拓新市场，而且还可以减少积压的存货，从而减少存货资金的占用。

2. 应收账款的成本

应收账款的成本，包括机会成本、管理成本、坏账成本和短缺成本等。

(1) 机会成本是指因资金占用在应收账款上而不能用于其他投资而减少的收益。这种成本一般按有价证券的利息率进行计算。

(2) 管理成本是指进行顾客信用调查、搜集各种信用资料的费用和收账费用等。

(3) 坏账成本是指因发生坏账而造成的损失。

(4) 短缺成本是指不向客户提供商业信用而减少的销售收益。

3. 应收账款的管理目标

既然企业发生应收账款的主要原因是扩大销售、增强竞争，那么其管理目标就是获得利润。应收账款是企业的一项资金投放，是为了扩大销售和盈利而进行的投资。而投资肯定要发生成本，这就需要在应收账款信用政策增加的盈利和这种政策增加的成本之间作出权衡。只有当应收账款所增加的盈利超过所增加的成本时，才应当实施应收账款赊销；如果应收账款赊销有着良好的盈利前景，就应当放宽信用条件来增加销量。

4. 应收账款的日常管理

应收账款发生后，企业应加强管理，尽量争取按期收回款项，否则会因拖欠时间过长而发生坏账，使企业遭受损失。应收账款的日常管理包括对应收账款回收情况的监督、收账政策的制定等。

1) 对应收账款回收情况的监督

企业发生应收账款的时间有长有短，有的尚未超过收款期，有的超过了收款期。一般来讲，拖欠时间越长，款项收回的可能性越小，形成坏账的可能性就越大。对此，企业应实施严密的监督，随时掌握回收情况。实施对应收账款回收情况的监督，可以通过编制账龄分析表进行。

账龄分析表是一份能显示应收账款在外天数长短的报告，如表 7-1 所示。

利用账龄分析表，企业可以了解以下情况。

(1) 有多少欠款在信用期内。表 7-1 显示，有 80 万元的应收账款在信用期内，占全部应收账款的 40%，这些欠款未到偿付期，欠款是正常的；但到期后能否收回，还需到时再确定。

表 7-1　账龄分析表

应收账款账龄	账户数目/个	金额/万元	百分比/%
信用期内	200	80	40
超过信用期 1～20 天	100	50	25
超过信用期 21～40 天	50	30	15
超过信用期 41～60 天	30	20	10
超过信用期 61～80 天	10	10	5
超过信用期 81～100 天	5	5	2.5
超过信用期 100 天以上	5	5	2.5
合　计	400	200	100

(2) 有多少欠款超过了信用期，超过信用期的款项各占多少，有多少欠款会因拖欠时间太久而可能形成坏账。表 7-1 显示，有价值 120 万元的应收账款已超过信用期，占全部欠款的 60%。不过，其中拖欠时间较短的(1～20 天)有 50 万元，占全部欠款的 25%，这部分欠款的回收有一定的难度；而拖欠时间超过 20 天的欠款，随着时间的推移，回收的难度增大；拖欠时间超过 100 天以上的有 5 万元，占全部欠款的 2.5%，这部分欠款可能会成为坏账。

2) 收账政策的制定

企业对各种不同的过期账款的催收方式，包括准备为此付出的代价，就是它的收账政策。例如，对过期较短的顾客，不过多地打扰，以免将来失去这一市场；对过期稍长的顾客，可措辞婉转地催款；对过期较长的顾客，可频繁地以信件或电话催询；对过期很长的顾客，可在催款时措辞严厉，必要时提请有关部门仲裁或提交诉讼。

第四节　汽车 4S 店存货与固定资产管理

一、存货管理

1. 存货的含义

存货是指企业在生产经营过程中为销售或耗用而储备的各种物质。汽车 4S 店的存货包括汽车、汽车配件、汽车保养和维修用材料、汽车装饰品、低值易耗品等。在企业的流动资产中，存货占很大的比重，特别是汽车 4S 店的存货比重更大，占流动资产的 80%以上。所以，加强存货的管理，对企业的财务状况将产生极大的影响。

存货管理的目标，就是要尽力在各种存货成本与存货效益之间作出权衡，在充分发挥存货功能的基础上，降低存货成本，实现两者的最佳结合。

存货的功能是指存货在企业生产经营过程中起到的作用，具体包括以下几个方面。

(1) 保证生产正常进行。

(2) 有利于销售。

(3) 便于维持均衡生产，降低产品成本。

(4) 降低存货取得成本。

(5) 防止意外事件的发生。

汽车 4S 店存货的功能体现在以下几个方面：储存必要的汽车商品以利于扩大销售；储存必要的汽车配件和维修材料，保证汽车售后服务的需要；留有保险储备，以防不测事件的发生；有利于降低成本和费用。

2. 存货的持有成本

保持一定的存货就必然产生一定的成本，存货的成本包括取得成本、储存成本和短缺成本。

1) 取得成本

取得成本是指为取得某种存货而支出的成本。取得成本又分为订货成本和购置成本。

(1) 订货成本是指订购商品而发生的成本，如采购人员的差旅费、电话费、办理结算的手续费等。

(2) 购置成本是指存货本身的价值，经常用数量与单价的乘积来确定。在无商业折扣的情况下，购置成本是不随采购次数的变动而变动的，是一项与决策无关的成本。

2) 储存成本

储存成本是指为了保持存货而发生的成本，包括存货占用资金所应计的利息、仓库费用、保险费用、存货破损和变质损失等。

3) 短缺成本

短缺成本是指由于存货供应中断而造成的损失，包括由于材料供应中断而造成的停工损失、由于产品库存缺货而造成的销售数量的流失即丧失销售机会带来的损失。如果企业以紧急采购等方式解决库存短缺之急，那么短缺成本表现为紧急额外购入成本。

3. 最优存货量的确定

1) 经济订货模型

这些假设包括以下几个方面。

(1) 存货总需求量是已知常数。

(2) 订货提前期是常数。

(3) 货物是一次性入库。

(4) 单位货物成本为常数，无批量折扣。

(5) 库存持有成本与库存水平呈线性关系。

(6) 货物是一种独立需求的物品，不受其他货物的影响。

2) 保险储备

在交货期内，如果对存货的需求量很大，或交货时间由于某种原因被延误，企业可能发生缺货。为防止存货中断，再订货点应等于交货期间的预计需求与保险储备之和，即：

再订货点=预计交货期内的需求+保险储备

最佳的保险储备应该是使缺货损失和保险储备的持有成本之和达到最低。

库存管理不仅需要各种模型帮助确定适当的库存水平，还需要建立相应的库存控制系统。传统的库存控制系统有定量控制系统和定时控制系统两种，现在许多大型公司都已采用了计算机库存控制系统。

4. 存货的 ABC 分类管理

1) ABC 分类管理的概念

ABC 分类管理法就是依据事物的特征，按照一定的标准对事物进行排序和分类，从而区分出重点和一般事物，区别对待，实施分类管理。这是一种现代化管理的基本方法。

【知识拓展】

ABC 分类管理法的主要用途

(1) 客户分类管理，即根据客户的年订货额大小，按 ABC 分类管理法进行分类，然后进行重点分类管理。

(2) 供应商分类管理，即根据供应商的年供货量大小，按 ABC 分类管理法进行分类，然后进行重点分类管理和辅导。

(3) 物料分类管理，即根据物料的使用量，按 ABC 分类管理法进行分类，对重点的物料加强管理，并且还可以同时控制呆料。

2) ABC 分类管理的程序

(1) 编制品种序列表。编制品种序列表就是对库存物资品种按库存额或耗用额大小进行自大到小的排列，并计算出品种比重和金额比重。

(2) 进行 ABC 分类。具体分类的方法是要在品种序列表中自上而下依次找出 A、B、C 三类存货。A 类存货约占品种数的 5%～10%，金额比重占 70%～80%；B 类存货约占品种数的 10%～20%，金额比重也占 10%～20%；C 类存货约占品种数的 70%～75%，而金额比重却占 5%～10%。但应注意上述标准是有一定灵活性的，分类时主要掌握金额比重这一标准。总的原则是 A 类存货应体现关键少数，C 类存货要体现次要多数。

(3) 建立管理标准。通过上述分类找出 A、B、C 三类存货后，要确定各类存货管理的不同标准。对于 A 类存货要重点管理，严格执行计划，按经济订货量组织进货，实行经常检查的方法，采取按品种、花色的数量和金额记录，要将其数额压缩到最低限度；对于 B 类存货可以采取一般对待，有时可宽一些，有时可严一些，可以按大类金额控制，采用定期检查的方式，有的可以按经济订货量订货，有的则可根据需要进行订货；对于 C 类存货应采取宽松的方法管理，可以按总金额控制，进一次货可以保证较长时间的需要，存货数量高一些也没关系。

5. 仓库管理

仓库是企业各种材料物资周转和储存的场所，做好仓库管理工作，对于保证企业生产经营活动所需各种材料物资的按时、按量供应，合理储存，加速物资周转，清除积压，降低物资保管费用，减少存货资金占用等都具有重要的作用。

1）仓库验收的管理

仓库验收的管理即按一定的程序和手续，对入库商品和物资进行检查和核对，这是合理管理和有效使用各项存货的前提。入库材料物资的验收包括规格品种的验收、数量的验收和质量的验收。

规格品种的验收就要依据供货合同、采购计划或随货凭证所规定或证明的规格品种对入库物资进行核对，要求与材料物资相符；数量的验收是对入库材料物资进行数量的点收，一般情况下，要根据随货凭证所标明的数量对入库材料物资全部进行点收，但对供货关系比较稳定、证件齐全、运转情况正常、数量大、包装完好的材料物资，可以采用抽点的办法；质量的验收要求对材料进行质量技术鉴定和化学成分的分析检查，应由质量检查部门负责进行。

入库材料物资验收工作必须做到及时、准确、认真。要按规定的期限进行验收，要严格按验收的操作规程办事，防止照抄发货票作为验收入库依据的做法，不能马虎从事。没有经过认真验收的材料物资不能入库。

2）仓库保管的管理

验收入库的物资必须进行妥善保管，加强库存材料物资的合理存放和科学养护。合理存放就是要根据各种材料物资的物理特性和化学特性进行分类保管、集中存货，做到分区分类、四号定位、五五摆放。科学养护就是要根据库存材料物资的特点、储存的自然条件以及储存期限，对不同种类的物资进行相应的养护，做好防锈、防腐、防潮、防尘、防虫、防盗等工作。

3）仓库发货的管理

仓库发货的管理要求按时、按质、按量供应物资，服务于企业的生产经营活动。在材料物资出库管理中，必须严格执行材料物资出库手续和材料物资领用方法，凡是有消耗定额的材料物资，应根据消耗定额限额发放，没有消耗定额的物资发放应从实际出发，精打细算，杜绝不合理领用。发放材料物资要根据材料物资入库的顺序，先进先出、后进后出，防止超期储存造成损失。

4） 仓库盘点的管理

库存材料物资随着进货和领用，流动性很大。对库存材料物资要按规定进行经常和定期的清查盘点；对账、卡、物不符和损坏、变质的材料物资，应核定盘亏数量和查清损坏变质的程度，查明原因、分清责任、加以处理；对超期储存的物资也必须及时采取措施，以防积压。

二、固定资产管理

1. 固定资产的概念

固定资产是指使用年限超过一年的房屋、建筑物、机器、机械、运输工具以及其他与生产经营有关的设备、器具、工具等。不属于生产经营主要设备的物资，单位价值在 2000元以上，使用年限超过两年的，也应当作为固定资产。具体来讲，固定资产是指那些单位价值较高、使用期限较长、在使用的过程中不改变其原有实物形态、其价值随磨损而逐渐减少的资产。企业投放在固定资产上的资金，称为固定资金。在汽车 4S 店中，汽车展厅、维修车间、存储仓库、办公场所和设施、机械设备等固定资产占企业全部资产的比例较高，一般为 90%左右。

2. 固定资产的特点

企业固定资产是指沿着固定资产的购建、价值转移与价值补偿、实物更新的顺序周而复始地循环和周转的。其基本特点如下。

1） 单位价值较高，一次性投资较大，投资时间长，技术含量高

固定资产是企业生产经营的主要劳动资料，是企业创造财富的主要手段，其单位价值较高，使用时间长，它和无形资产一起被称为长期资产，并成为企业技术实力的主要载体。这些资产不易改变用途，因此变现能力差。也可以说，固定资产的投资具有不可逆转性，这就要求固定资产投资决策必须科学谨慎，否则当固定资产闲置时，由于盘活困难，会增加企业运营的难度。

2） 收益能力高，风险较大

固定资产具有其他资产无法比拟的创造财富的能力。固定资产的固定性不仅表现在其实物形态的长期不变，还表现在其内含的技术形态的相对固定，进而使其用途也较为固定。在科学技术迅速发展和市场需求不断变化的时代，固定资产的这些固定性也会与市场的多变性产生矛盾，在以技术为竞争焦点的市场经济环境中遭到淘汰的可能性也会相应增大，企业经常会出现一些不再需要的闲置资产，加上固定资产自身价值较大的特点，一旦潜在

的风险转变为现实，企业受到的损失将是巨大的。

3)　价值双重存在

在企业生产经营过程中，随着固定资产价值的转移，其价值的一部分脱离实物形态，转化为进入营运资金的货币准备金，而其余部分则继续存在于实物形态之中，直到固定资产丧失其全部功能。固定资产在其全部使用年限内，束缚在实物形态上的价值逐渐减少，而脱离实物形态转化为货币准备金积存的价值逐年增加，直到固定资产报废时，垫支在固定资产上的资金才实现全部价值的补偿，需要在实物形态上进行全部更新。于是货币资金又同固定资产完全统一起来，重新开始另一个周期的循环。

4)　投资的集中性和回收的分散性

固定资产的价值补偿和实物更新在时间上是分开进行的，这与流动资产不同，流动资产在取得价值补偿后就要立即重新购买。企业购建固定资产需要一次性投入全部资金，由于其价值是逐渐转移的，所以固定资产的回收是分次逐步实现的。

3. 固定资产的分类

汽车4S店的固定资产可以按性能划分为以下几类。

(1)　房屋、建筑物。房屋、建筑物具体是指企业的营业用房、非营业用房、简易建筑物等。

(2)　机器设备。机器设备是指供电系统设备、供热系统设备、中央空调、通信设备、洗涤设备、维修设备、电子计算机和其他机器设备等。

(3)　交通运输工具。交通运输工具是指大型客车、中型客车、小轿车、货车、摩托车等。

(4)　家具设备。家具设备是指营业用家具设备、办公设备、地毯等。

(5)　电器及影视设备。电器及影视设备具体是指闭路电视播放设备、音响设备、电视机、电冰箱、空调和其他电器设备等。

(6)　文体娱乐设备。文体娱乐设备是指高级乐器、健身设备等。

(7)　其他设备。其他设备包括工艺摆设、消防设备等。

固定资产按性能分类，可以反映企业固定资产不同的类别，从而为确定不同类别固定资产的折旧年限、确定分类折旧率奠定了基础。

4. 固定资产管理要求

根据固定资产的经济性质和周转的特点，企业固定资产管理的基本要求如下。

1)　保证固定资产的完整无缺

保证固定资产的完整无缺是管好、用好固定资产的基础，也是企业生产经营正常进行的客观要求。为此，要严密组织固定资产的验收、发出、保管工作，正确、全面、及时地

反映固定资产的增减变化，定期对固定资产进行清查，确保卡卡、卡账、账账、账实相符，保证固定资产的完整无缺。

2) 提高固定资产的完好程度和利用效果

应加强固定资产的保管、维护和修理工作，使之保持良好的技术状态并充分得到合理的利用，提高固定资产的完好率和利用率，减少固定资产资金的占用，节省固定资产寿命周期内的费用支出。

3) 正确核定固定资产需用量

正确核定固定资产需用量，对固定资产需用量做到心中有数，固定资产管理的各个环节才有可靠的根据，各类固定资产的配置合理，形成生产能力，才有可能提高固定资产的利用效率。

4) 正确计算固定资产折旧额，有计划地计提固定资产折旧

企业必须根据实际情况，选择合适的固定资产折旧方法，正确计算固定资产折旧额，编制固定资产折旧计划，按规定有计划地计提固定资产折旧，保证固定资产更新的资金供应。

5) 进行固定资产投资预测

企业在进行固定资产投资时，既要研究投资项目的必要性，又要分析技术上的可行性，还要分析经济上的效益性，为进行投资决策提供依据。科学地进行固定资产的投资预测是固定资产管理的一项重要要求。

5. 固定资产日常管理

固定资产日常管理是企业对固定资产的投资、使用、保管、维护、修理等环节和使用固定资产的各个部门所进行的管理。其基本目标是：保证固定资产正常运转，完整无缺；充分发挥固定资产的效能，提高固定资产的利用效率。其具体内容包括以下几个方面。

1) 固定资产的归口分级管理

固定资产的归口分级管理就是在企业经营者的统一领导下，按照固定资产的类别，指定有关职能部门负责归口管理，然后根据固定资产的使用情况，由各级使用单位具体负责，进一步落实到班组或个人，并与岗位责任制结合起来。

固定资产的归口分级管理包括以下两方面的内容。

(1) 固定资产归口管理。它是在经理的领导下，按照固定资产的类别归口给有关职能部门负责管理。例如，房屋建筑物、管理用具归口给行政事务部门负责管理；汽车维修设备归口给维修部门管理等。各归口部门负责对固定资产进行合理的使用、维护和管理，定期对固定资产的使用保管情况进行检查，并经常与财务部门保持密切联系。

(2) 在归口管理的基础上，按照固定资产的使用情况将管理的责任落实到各部门、各班组，乃至职工个人，由他们负责固定资产的日常管理工作，做到权责分明，层层负责。

为了进一步健全固定资产的责任制，还必须明确规定各有关方面的权、责、利关系，并加以具体化，形成相应的规章制度，做到使用有权限、管理有责任、考核有尺度、奖惩有标准。

2)　固定资产的制度管理

企业财务部门是固定资产管理的综合部门，它应全面组织和切实保证固定资产的安全保管和有效使用。财务部门应会同各有关职能部门制定固定资产管理制度和财务管理办法，具体包括以下一些活动。

(1)　按现行制度规定执行固定资产的标准。凡是符合固定资产标准的都应及时入账，并按照规定提取折旧，不允许存在账外的固定资产。

(2)　建立健全固定资产账卡和记录，为了管好、用好固定资产提供准确、详细的资料，应加强与财产管理和使用部门的协作，设置各项固定资产的总账、明细账和台账，详细记载固定资产的编号、类别、名称、规格、使用单位等情况。固定资产购建、调入、内部转移、出租、调出和清理报废等变化都必须经过审批程序，即准确记入固定资产卡片、总账和明细账。任何单位和个人，未经批准不得擅自拆除、调出、挪用、外借、变卖固定资产。

(3)　定期清查盘点固定资产。企业应定期对固定资产进行盘点，每年至少盘点一次，并应形成制度。对于盘点情况以及盘点中发现的问题，应由负责保管和使用的部门查明具体原因，并出具书面报告，经企业主管人员或有关部门批准后及时进行处理。对没有估价入账的固定资产，应按新旧程度、质量，参考同类固定资产价格估价入账。对已满使用年限不能再继续使用的固定资产或技术性能落后、消耗高、效益低的固定资产，应经审批后及时处理；对因责任事故造成的财产损失，要追究相关人员的经济责任。

3)　固定资产报废与清理管理

固定资产报废是指固定资产退出使用范围而丧失了它的使用价值，造成固定资产价值的减少。财务部门要严格掌握固定资产的报废，认真履行固定资产报废的审批手续，分析固定资产报废的原因，了解报废的固定资产是否需要报废清理、是否还有继续使用的可能。判明报废的原因是属于正常损耗造成，还是由于保管、使用、维修不善而造成的提前报废。对报废的固定资产，要把好审批关。固定资产已超过规定的使用年限，或者因火灾、水灾、地震等遭受严重损坏而无法修复使用等情况，方可申请对固定资产进行清理和报废。财务部门根据报废固定资产的实际情况与原因，并且确认符合报废的相关规定之后，提出处理意见，报请领导审批。必须经领导批准以后，方可进行固定资产清理。对确已丧失使用价值的固定资产的报废，必须经过审查鉴定。对专业性较强的专用设备报废，必须由专业技术人员审查、鉴定，取得技术鉴定书，写明详细理由，按规定程序报上级主管部门和领导批准。

在被批准固定资产进行清理之后，财务部门配合有关部门正确估计报废固定资产的残值，监督清理费用的开支，并将变价收入及时入账，并入营业外收入，由企业安排使用。

第五节　汽车 4S 店营业收入管理

一、营业收入的含义

营业收入是指企业销售商品、提供劳务及转让资产使用权等日常活动中形成的经济利益的总收入。企业取得的收入，要在补偿各种成本费用，并按规定缴纳各种税金之后有剩余，才能形成营业利润，扩大销售收入是企业获取利润的主要途径。因此，营业收入是评价企业生产经营活动的重要财务指标之一。

企业营业收入包括基本业务收入和其他业务收入。

1. 基本业务收入

基本业务收入又称主营业务收入，不同行业的主营业务收入所包括的内容不同。汽车4S 店的主营业务收入主要包括销售汽车商品，提供汽车维修服务、汽车配件和精品销售等所取得的收入。

2. 其他业务收入

其他业务收入是指主营业务之外的收入，即副业业务的收入，如汽车 4S 店的保险代理、维修材料销售、技术转让、固定资产出租等的收入。其他业务收入一般不太稳定，占营业收入的比重较低。

二、营业收入管理的要求

企业作为独立的经营者，必须加强经营管理工作，提高经济效益，从而使企业在激烈的市场竞争中立于不败之地。为了增加销售收入，必须加强生产经营各环节的管理，做好预测、决策、计划和控制工作。

(1) 根据市场的预测分析，调整企业的经营策略。企业应密切观察了解市场变化，适时地调整经营活动，做好市场预测，为作出经营决策提供充分的依据。

(2) 根据市场预测，制订生产经营计划，以销定购，保证销售收入的实现。为此，必须加强生产经营管理，改进技术；提高产品和服务质量，以增加企业的信誉，这样才能使企业占有更多的市场、拥有更多的客户。

(3) 企业在生产经营过程中，因为预测偏差、计划失误、管理不善或市场环境发生变化等原因，可能会出现许多问题，如供应失调、汽车产品品种结构不合理、存货积压等，这些问题都会影响企业收入的正常实现。所以，企业必须适应客观环境的变化，协调好供、销、服务等经营环节，妥善处理各种问题，以增加销售收入，提高企业的经济效益。

(4) 销售收入的实现，需要良好的营销策略和积极的促销方法，企业应制定合理的销售价格，采用多种销售方式，扩大售后服务范围并提高服务质量，以保证销售计划的完成。

三、利润预测方法

利润预测是企业经营预测的一个重要方面，它是在销售预测的基础上，通过对影响利润高低的各种因素进行分析测算，预测出企业未来一定时期的利润水平及其变动趋势，为企业确定最优利润目标提供依据。同时，进行利润预测可以发现生产经营中存在的问题，以便充分调动企业各方面的积极性，不断改善经营管理，提高企业经济效益。

利润预测要在了解企业过去和现在的生产经营状况及所处的经济环境的基础上，运用一定的科学方法对影响利润的各种因素进行分析，作出判断，一般可以以利润计算的基本公式来分析影响利润的因素。

$$利润 = 销售收入 - 销售成本$$

在利润总额计算公式中，营业利润占比重最大，是通过预测、编制计划进行管理的重点。上式亦可写为

$$利润 = 销售收入 - (变动成本 + 固定成本)$$
$$= 销售单价 \times 销售量 - 单位变动成本 \times 销售量 - 固定成本$$

这个方程式中含有 5 个相互联系的变量，给定其中 4 个，便可求出另一个变量的值。影响利润的因素归结起来实际上只是成本和业务量。对成本、业务量和利润三者之间的变量关系的研究，称为本量利分析。

例如：某企业每月固定成本 20 万元，销售一个品牌的汽车产品，单价 10 万元，单位变动成本 9 万元，某月实际销售 100 辆，则预期利润为

$$利润 = 销售单价 \times 销售量 - 单位变动成本 \times 销售量 - 固定成本$$
$$= 10 \times 100 - 9 \times 100 - 20$$
$$= 80(万元)$$

以上公式也称损益方程式，是进行利润预测的基本公式。在进行利润预测时，人们总是希望知道企业在什么销售水平下才能达到不亏不盈，这样就可以进行保本预测，在此基础上进行目标利润的预测。

1. 保本点预测

保本点亦称盈亏平衡点、盈亏临界点，是指当企业的销售量达到某一点时，销售收入恰好等于销售成本，在这一点上企业正好不亏不盈，处于保本状态，故称这个点为保本点。保本点一般有两种表现形式：一是实物量形式，称保本销售量；二是价值量形式，称保本

销售额。保本是获利的基础，也是企业得以继续经营的条件。企业只有扩大超过保本点以上的销售量，并提供优质服务，才能获得最大的利润。保本点预测有以下三种方法。

1) 方程式法

根据成本、业务量与利润三者之间的依存关系，保本点用方程式表达为

利润=销售收入-变动成本总额-固定成本总额

=销售单价×销售量-单位变动成本×销售量-固定成本

那么，当利润等于零时，这时的业务量就是保本点，将上述方程式移项、整理得

保本销售量=固定成本÷(销售单价-单位变动成本)

保本销售额=固定成本÷(销售单价-单位变动成本)×销售单价

例如：某汽车4S服务厂，每车消费额为600元，每车变动成本为370元，固定成本总额为23万元，则保本进厂车辆数是多少？

解析：

根据上述公式得　保本进厂车辆数 = 230 000 ÷ (600-370) = 1000(辆)

2) 边际贡献法

边际贡献又称边际收益、贡献毛益、边际利润。边际贡献法是根据边际贡献对固定成本之间的补偿关系来确定保本点的一种本量利分析法。

边际贡献总额是指产品销售收入总额减去变动成本总额。它首先用来补偿固定成本，如果补偿后尚有多余，才是利润；否则，为亏损。因此，只有当产品提供的边际利润总额正好等于固定成本总额时，企业才能处于不亏不盈的状态，即达到保本点，可用公式表示为

边际利润总额=固定成本总额

边际利润总额=销售收入总额-变动成本总额

单位产品边际利润=销售单价-单位变动成本

保本销售量=固定成本÷单位产品边际利润

保本销售额=固定成本÷单位产品边际利润×销售单价

边际贡献法的最大优点是可以预测多种产品的保本点。大多数企业往往不是销售或生产一种产品，而是同时销售或生产几种产品。在这种情况下，总的产品保本销售量就无法用实物数量来计算，只能用金额来表示。根据边际贡献法的基本原理，首先应求出综合边际利润率，然后再计算综合保本点，最后计算出各种产品的保本点。

综合保本点=固定成本总额÷综合边际利润率

综合边际利润率=∑(某产品的边际利润率×该产品销售收入占总收入的比重)

某产品保本点=综合保本点×该产品销售收入占总销售收入的比重

3) 图示法

保本点的预测可用绘制盈亏平衡分析图的方式进行，以横轴表示销售量，以纵轴表示销售收入和成本金额，具体如图 7-1 所示。

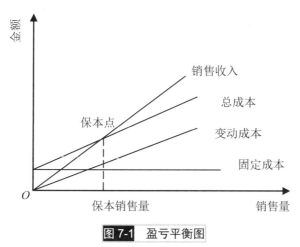

图 7-1　盈亏平衡图

通过对盈亏平衡图的分析，可以清楚地看到：①在保本点不变的情况下，产品销售每超过保本点一个单位的业务量，即可获得一个单位贡献毛益的盈利，销售量越大，能实现的盈利额就越多；反之，产品销售低于保本点一个单位的业务量，即亏损一个单位贡献毛益，销售量越小，亏损额就越大。②在销售量不变的情况下，保本点越低，产品的盈利能力越大，亏损额就越小；反之，保本点越高，产品盈利能力就越小，亏损额就越大。③在销售收入不变的情况下，单位变动成本或固定成本总额越小，则保本点越低；反之，则保本点越高。

2. 目标利润预测

企业在预测保本点后，就可以根据预计的销售量或销售额进行利润预测，并在利润预测的基础上，再根据市场需求情况和企业所具备的条件，确定最优的目标利润。目标管理是现代企业管理的一种重要方法，目标利润更是企业目标管理的一个重要的综合性目标。企业可以通过本量利分析，预测出在一定销售水平下的利润，也可以预测出为了达到一定的目标利润所需要实现的销售额。通过分析，企业可以比较现有的销售水平与实现目标利润的销售水平之间的差距，研究提高利润的各种方案，比如降低售价、薄利多销，或压缩固定成本等。

四、汽车 4S 店需缴纳的税金

税金是国家为了实现其职能，凭借政治权力，按照法律预先规定的标准，强制参与社会产品和国民收入分配和再分配的一种形式，是取得财政收入的主要手段。汽车 4S 店按照

《税法》的规定，需要缴纳的税种包括增值税、城市维护建设税、教育费附加、企业所得税、土地使用税、房产税、车船使用税等。

1. 增值税

增值税是以流转额为计税依据，运用税收抵扣的原则计算征收的一种流转税。根据《中华人民共和国增值税暂行条例》的规定，增值税的纳税人是：在我国境内销售货物或者提供加工、修理修配劳务以及进口货物的单位和个人，为增值税的纳税人。增值税的原理是依据增值额进行征税。增值额是指纳税人在销售货物或者提供加工、修理修配劳务以及进口货物时新增的价值额。

实行增值税，按企业产品销售额中的增值部分计税，可以排除重复征税因素，消除税负不平衡的现象。同一种产品，只要其售价相同，其税收负担是一致的，这就鲜明地体现了增值税所具有的公平、中性、简化、规范的特征。

增值税应纳税额的计算公式为

应纳税额=当期销项税额−当期进项税额

当期销项税额=销售额×适用税率

当期进项税额=购进货物或应税劳务已缴纳的增值税

当期销项税额是指纳税人销售货物或提供应税劳务，按照销售额和规定的税率计算并向购买方收取的增值税税额。当期进项税额是指纳税人从销售方取得的增值税专用发票上注明的增值税税额。小规模纳税人不实行税款抵扣制，而按简易办法纳税，即按销售额的6%征税。汽车4S店属于一般纳税人，适用基本税率17%。

2. 城市维护建设税

城市维护建设税是为了适应城乡建设的需要，扩大和稳定城乡维护建设资金的来源而开征的一种税，它属于地方附加税。它是以实际缴纳的营业税、消费税、增值税税额为课税对象的一种税，属于"三税"的附加。其计算公式为

应纳城市维护建设税=(营业税税额+消费税税额+增值税税额)×适用税率

城市维护建设税的税率由纳税人所在地区确定，因而各地是不同的，如果纳税人所在地为市区，则税率为7%；如果纳税人所在地为县城、建制镇，则税率为5%；不在以上这些地区的，则税率为1%。

3. 教育费附加

教育费附加是国家为发展教育事业而征收的一种费用，是按汽车4S店缴纳的增值税的一定比例计算的，其附加率为3%。

4. 企业所得税

企业所得税是对汽车4S店从事经营活动所得和其他所得利润征收的一种税。它是国家直接参与企业利润分配的一种形式。

按照《税法》规定，企业所得税征税对象是其经营活动所得和其他所得，其计税依据是应纳税所得额。纳税人在计算应纳税所得额时，其财务、会计处理办法同国家有关税收的规定有抵触的，应当依照国家有关税收的规定计算纳税额。

企业计算应纳税所得额时，依照下列公式进行，即

$$应纳税所得额=利润总额-允许扣除项目的金额$$

允许扣除项目的金额是指经国家批准的可在纳税前从利润总额中扣除的项目，如分给其他单位的利润、抵补以前年度亏损(5年内)等。不允许扣除的项目，如资本性支出、违法经营的罚款和被没收财物的损失、各项税收的滞纳金、罚金和罚款、自然灾害或意外事故损失有赔偿的部分、各种赞助支出等。

应纳税所得额计算出来后乘以适用的企业所得税税率，便是企业应纳的所得税税额。

除以上主要税种外，企业还需缴纳房产税、车船使用税、土地使用税、印花税等，这些税金将纳入企业的管理费用。企业还要根据《税法》规定的标准，代职工缴纳应由职工个人承担的个人收入调节税。

第六节　汽车4S店成本费用管理

成本费用在企业财务活动中占有十分重要的地位，它是企业生产经营耗费的最低尺度，是衡量企业工作业绩与效率的基础，是制定和修订产品价格的主要参数，因此，企业必须加强成本费用管理。

一、成本费用的含义

汽车4S店在实现服务的过程中，必然伴随着一系列人、财、物的消耗，构成汽车4S店经营活动的成本费用。对此，分析成本费用的含义与关系，明确各类费用的经济内容、消耗特性与开销方式，对强化成本费用的控制、考核与管理具有十分重要的意义。

汽车4S店的成本费用是指企业为完成服务而进行的一系列经营活动所发生的各种费用消耗，是企业在获取收入过程中所付出的经济代价。在成本管理活动中，把汽车4S店在经营活动中耗费的费用分为经营成本和期间费用两个部分，使"成本"与"费用"相互区分开来。

1) 成本

成本即经营成本，是指企业在经营过程中实际发生的与销售、服务、维修等生产经营

活动直接有关的各项支出，包括在此过程中支出的人工费、材料费和其他费用。成本的支出具有明确的针对性，以特定的产品或劳务为归集基础和核算对象，能较好地体现企业在经营活动中所支出的物质消耗、劳动报酬及有关费用支出。成本的各项费用要素均直接或按一定的标准分配计入经营成本。

2) 费用

费用即期间费用，是指企业(不含企业基层生产组织管理部门)为组织管理销售和服务活动而发生的管理费用和财务费用。此类费用的发生是间接为经营生产活动服务的，也有用于非生产方面的耗费，只能以费用发生的时间即相应的会计期间为归集基础。各种期间费用不能计入经营成本，只能直接计入当期损益，是当期损益的抵减项目。

3) 不得列入成本、费用的支出

下列支出是既不能列入经营成本，也不能列入当期费用的：为购建和建造固定资产、无形资产和其他资产的支出；对外投资的支出；被没收财物的损失；支付的滞纳金、罚款、违约金、赔偿金；企业赞助和捐赠支出；国家法律、法规规定以外的各种付费；国家规定的不得列入成本、费用的其他支出。

二、经营成本

1. 经营成本的内容

经营成本是指企业在经营过程中实际发生的与维修、销售和其他业务等直接有关的各项支出，包括人工费、材料费和其他费用。

(1) 人工费。人工费是指企业直接从事汽车销售和服务活动的人员的工资、福利费、奖金、津贴和补贴等。

(2) 材料费。材料费是指企业在汽车维修服务活动中实际消耗的各种材料、备品、备件、轮胎、专有工器具、动力照明、低值易耗品等支出。

(3) 其他费用。其他费用是指除人工费和材料费以外的、应直接或间接计入经营成本的各项费用。对于汽车4S店，它主要包括企业在经营活动中发生的以下一系列费用：固定资产折旧费、修理费、租赁费(不含融资租赁的固定资产)、水电费、办公费、差旅费、保险费、劳动保护费、职工福利费、事故净损失等。

2. 经营成本要素

汽车4S店经营费用在按其经济内容进行分类的基础上可进一步划分出若干费用要素。

(1) 工资：支付给职工的基本工资、工资性津贴。

(2) 职工福利：按规定的工资总额和标准计提的职工福利费。

(3) 进货费用：包括进车、购入维修材料、购入汽车备件和各种消耗性材料等。

(4) 外购低值易耗品：外购的各种用具物品，如维修工具等不在固定资产范围的有关劳动资料。

(5) 折旧：按规定提取的固定资产折旧。

(6) 修理费：企业修理固定资产而发生的修理费用。

(7) 其他费用：根据其使用特性不能明确地归类到上述各项费用要素中的一系列费用。

三、期间费用

汽车 4S 店的期间费用是指企业为组织生产经营活动而发生在会计期间的管理费用和财务费用。期间费用不能计入成本，而应直接计入当期损益，以便于及时结算各期损益。

1. 管理费用

管理费用是指企业行政管理部门为管理和组织经营活动而发生的下列各项费用：公司经费、职工教育和培训经费、职工保险费、董事会费、咨询费、诉讼费、税金、土地使用费、无形资产摊销、开办费摊销、广告费、展览费、坏账损失、存货盘亏(减盘盈)和其他不属于以上范围的管理费用。

2. 财务费用

财务费用是指企业为筹集资金而发生的各项费用，包括汽车 4S 店在经营期间发生的下列各项费用：借款利息、汇兑损益、金融机构手续费和筹集资金发生的其他财务费用。

四、成本费用管理

汽车 4S 店对其经营活动中所发生的成本费用，进行有组织、系统性的预测、计划、控制等工作的总和，即成本费用管理。汽车 4S 店加强成本费用管理，应以提高企业经济效益为中心，建立健全成本、费用管理责任制，认真做好各项原始记录，积极开展全员性、全面性、预防性的成本费用管理工作。

1. 成本费用预测

所谓成本费用预测，就是指根据成本费用的特性及有关信息资料，运用科学的分析方法对未来的成本费用水平及变动趋势作出测算与推断的过程。进行成本费用预测，主要是为了掌握市场变化趋势及各成本费用影响因素，预测出计划期内成本降低率、成本影响因素变动对经营成本的影响以及目标成本等，以便编制成本计划与费用预算。

2. 成本计划与费用预算

成本计划及费用预算是企业生产经营活动计划的重要组成部分，是进行成本控制、考核及分析的依据。成本计划与费用预算的内容一般包括以下几个方面。

(1) 成本项目的计划耗费额。即企业计划期内各种费用耗费目标，这是进行其他各方面成本计划工作及分析成本变化情况的基础。

(2) 计划单位成本和计划总成本。计划单位成本就是计划生产单位产品而平均耗费的成本，是将计划总成本按不同消耗水平摊给单位产品的费用；计划总成本就是各成本项目计划耗费额之和，即计划期内经营成本应达到的水平。

(3) 成本降低额与成本降低率计划。成本降低额是由于计划单位成本较之基期实际单位成本节约而导致的经营总成本节约额；成本降低率是指在计划期内应达到的成本降低目标，即总成本节约额与基期总成本的比率。

(4) 期间费用预算。期间费用是企业生产经营过程中消耗费用中的一个重要部分，必须本着节省开支、提高效率的原则，科学合理地编制期间费用预算，以便加强管理与控制。编制期间费用预算，可参照上一年度各费用项目的实际耗费，考虑计划本年度内生产经营情况变化对费用开支的影响，逐项列出计划耗费额。

3. 成本的控制

1) 成本控制的含义

成本控制是对企业生产经营过程中发生的各种耗费进行控制。它有广义和狭义之分。广义的成本控制就是成本经营，强调对企业生产经营的各个环节和方面进行全过程的控制。广义的成本控制包括成本预测、成本计划、成本日常控制、成本分析和考核等一系列环节。狭义的成本控制也称成本的日常控制，主要是指对生产阶段产品成本的控制。

汽车4S店进行成本控制，其基本任务是通过建立健全成本、费用控制系统，运用各种控制手段与方法对成本、费用的形成进行适时、全面、有效的控制，防止生产、经营、运输活动中的损失、浪费，避免成本偏差的发生，保证企业成本、费用目标的实现。

2) 成本控制的一般程序

成本控制的一般程序为：确定成本费用控制标准；监督成本、费用的形成，检测、搜集成本、费用信息，衡量成本、费用绩效；寻找偏差，分析原因，采取措施，纠正偏差。

3) 成本控制的基本方法

(1) 标准成本控制的含义。标准成本是指运用技术测定等方法制定的在有效的经营条件下应该实现的成本，是根据产品的耗费标准和耗费的标准价格预先计算的产品成本。

(2) 标准成本的种类及含义如表7-2所示。

表 7-2 标准成本的种类及含义

种 类	含 义
理想标准成本	是指在现有条件下所能达到的最优的成本水平
以历史平均成本作为标准成本	是指过去较长时间内所达到的成本的实际水平
正常标准成本	是指在正常情况下企业经过努力可以达到的成本标准，这一标准考虑了生产过程中不可避免的损失、故障和偏差

(3) 标准成本的制定。制定标准成本，通常要区分成本项目确定直接材料、直接人工和制造费用等的标准成本，最后制定单位产品的标准成本。制定时，无论是哪一个成本项目，都需要分别确定其用量标准和价格标准，两者相乘后得出成本标准，如表 7-3 所示。

表 7-3 标准成本项目

成本项目	用量标准	价格标准
直接材料	单位产品材料消耗量	原材料单价
直接人工	单位产品直接人工工时	小时工资率
制造费用	单位产品直接人工工时	小时制造费用分配率

(4) 成本差异的含义。在标准成本制度下，成本差异，是指一定时期生产一定数量的产品所发生的实际成本与相关的标准成本之间的差额。

$$成本差异=实际成本-标准成本$$

(5) 成本差异的类型，如表 7-4 所示。

表 7-4 成本差异的种类

种 类		公 式
用量差异与价格差异	用量差异	用量差异是反映由于直接材料、直接人工和变动性制造费用等要素实际用量消耗与标准用量消耗不一致而产生的成本差异。其计算公式为 用量差异=标准价格×(实际用量-标准用量)
	价格差异	价格差异是反映由于直接材料、直接人工和变动性制造费用等要素实际价格水平与标准价格水平不一致而产生的成本差异。其计算公式为 价格差异=(实际价格-标准价格)×实际用量
纯差异与混合差异	纯差异	把其他因素固定在标准的基础上，计算得出的差异就是纯差异
	混合差异	混合差异又叫联合差异，是指总差异扣除所有的纯差异后的剩余差异
有利差异与不利差异	有利差异	是指因实际成本低于标准成本而形成的节约差。 这里的有利与不利是相对的，并不是有利差异越大越好。例如，不能为了盲目追求成本的有利差异，而不惜以牺牲质量为代价
	不利差异	不利差异是指因实际成本高于标准成本而形成的超支差

续表

种　类		公　式
可控差异与不可控差异	可控差异	是指与主观努力程度相联系而形成的差异，又叫主观差异。它是成本控制的重点所在
	不可控差异	是指与主观努力程度关系不大，主要受客观原因影响而形成的差异，又叫客观差异

 本章小结

　　财务管理是基于企业再生产过程中客观存在的财务活动和财务关系而产生的，是组织企业资金活动、处理企业同各方面的财务关系的一项经济管理工作，是企业管理的重要组成部分。汽车4S店财务管理的内容主要包括筹资管理、投资管理、资产管理、收入管理和分配管理，此外，还包括企业设立、合并、分立、改组、解散、破产的财务处理，它们构成了企业财务管理不可分割的统一体。

　　筹资目的主要有扩张动机、偿债动机和混合动机；企业筹资渠道包括银行信贷资金、非银行金融机构资金、其他企业资金、职工和民间的资金、企业自留资金、外商资金。企业筹资方式有吸收直接投资、发行股票筹资、银行借款、商业信用、发行债券、发行短期融资券、租赁筹资。企业营运资金管理的基本要求是认真分析生产经营状况，合理确定营运资金的需求量，做好日常管理工作，尽量控制流动资产的占用量，提高资金的使用效益，加快流动资金的周转，合理安排流动资产与流动负债的比例，保证较高的资产获利水平等。

　　汽车4S店的成本费用是指企业为完成服务而进行的一系列经营活动所发生的各种费用消耗，是企业在获取收入过程中付出的经济代价，是企业在经营过程中实际发生的与销售、服务、维修等生产经营活动直接相关的各项支出，包括在此过程中支出的人工费、材料费和其他费用。费用即期间费用，是指企业(不含企业基层生产组织管理部门)为组织、管理、销售和服务活动而发生的管理费用和财务费用。

 习题及实操题

　　1. 简述汽车4S店财务管理的内容。

　　2. 企业筹资的动机有哪些？

　　3. 简述汽车筹资的渠道和方式。

　　4. 什么是营运资金？营运资金有什么特点？

　　5. 简述营运资金管理的基本要求。

　　6. 企业置存货币资金的原因有哪些？

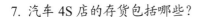

7. 汽车 4S 店的存货包括哪些？

8. 简述存货的 ABC 分类管理方法。

9. 简述固定资产的特点和分类。

10. 固定资产管理有哪些基本要求？

11. 汽车 4S 店应缴纳哪些税金？

12. 什么是成本和费用？汽车 4S 店的经营成本包括哪些内容？

13. 搜集一个汽车 4S 店固定资产的有关情况，分析其用途。

参 考 文 献

[1]　倪勇，吴汶芪. 汽车 4S 企业管理制度与前台接待[M]. 北京：机械工业出版社，2011.

[2]　段钟礼，张摺挑. 汽车服务接待实用教程[M]. 北京：机械工业出版社，2012.

[3]　米奇·施奈得. 汽车维修企业管理指南[M]. 袁和，译. 北京：机械工业出版社，2006.

[4]　朱刚，王海林. 汽车服务企业管理[M]. 北京：北京理工大学出版社，2008.

[5]　李保良. 汽车维修企业管理人员培训教材[M]. 北京：人民交通出版社，2004.

[6]　张国方. 汽车服务工程[M]. 北京：电子工业出版社，2004.

[7]　刘亚杰. 汽车 4S 店经营管理[M]. 长春：吉林教育出版社，2009.

[8]　高玉民. 汽车特约销售服务站营销策略[M]. 北京：机械工业出版社，2005.

[9]　刘同福. 汽车 4S 店管理全攻略[M]. 北京：机械工业出版社，2006.

[10]　宋润生. 汽车营销基础与实务[M]. 广州：华南理工大学出版社，2006.

[11]　吴崑. 管理学基础[M]. 北京：高等教育出版社，2012.

[12]　加里·德斯勒. 人力资源管理[M]. 14 版. 刘昕，译. 北京：中国人民大学出版社，2017.

[13]　王怀明. 绩效管理[M]. 济南：山东人民出版社，2004.

[14]　梁军. 汽车保险与理赔[M]. 北京：人民交通出版社，2004.

[15]　李恒宾，张锐. 汽车 4S 店经营管理[M]. 北京：北京交通大学出版社，2010.

[16]　叶东明. 如何经营好 4S 店[M]. 北京：化学工业出版社，2012.

[17]　刘军. 汽车 4S 店管理全程指导[M]. 北京：化学工业出版社，2011.

[18]　栾琪文. 现代汽车维修企业管理实务[M]. 4 版. 刘昕，译. 北京：机械工业出版社，2018.

[19]　房红霞. 汽车维修财务管理[M]. 北京：人民交通出版社，2005.

[20]　宓亚光. 汽车售后服务管理[M]. 3 版. 北京：机械工业出版社，2018.

[21]　叶东明. 汽车 4S 店系统化运营实务[M]. 北京：化学工业出版社，2020.

[22]　王晓菲. 汽车 4S 店财务管理实务与案例[M]. 北京：机械工业出版社，2020.